Anne Nürnberger, Jan Rentzow
Reich kann jeder

PIPER

Zu diesem Buch

Wer von den Reichen lernen will, muss zu ihnen hin, sich unter sie mischen, sie beobachten und sich möglichst viel von ihnen abgucken. Die Autoren kennen keine Reichen, sie haben ein bisschen Angst vor Reichen. Sie müssen ihre Ängste überwinden. Und zwar schnell. Sie müssen ihre Ansprüche hochschrauben. Und zwar gründlich. Dieses Buch ist das aberwitzige Abenteuer von zweien, die auszogen, die Oberschicht zu erobern, und nicht glauben können, was ihnen da passiert. Ein großes Sittenbild, das zeigt, wie nahe Gut und Böse beieinander liegen, und wie schwer es ist, beides auseinander zu halten. Der gelebte Erfolg.

Anne Nürnberger, geboren 1967 in Hamburg, studierte Wirtschaft, Politik und Geschichte an der Aston University in Birmingham. Sie arbeitete in der Chefredaktion einer großen Zeitung und lebt heute mit ihren beiden Söhnen als freie Autorin in Berlin.

Jan Rentzow, geboren 1978 in Schwerin, arbeitete während seines Wirtschaftsstudiums in Berlin und Verona beim Fernsehen, und danach für verschiedene Medien des Springer-Verlages. Er lebt heute als freier Autor in Berlin.

Anne Nürnberger, Jan Rentzow

Reich kann jeder

Unser Millionen-Abenteuer

Piper München Zürich

Mehr über unsere Autoren und Bücher:
www.piper.de

FSC
www.fsc.org
MIX
Papier aus verantwortungsvollen Quellen
FSC® C083411

Originalausgabe
1. Auflage Dezember 2011
3. Auflage Dezember 2011

Umschlagkonzeption: semper smile, München
Umschlaggestaltung: Bauer + Möhring, Berlin
Umschlagabbildung: Privat, Riviera Marriott Hotel La Porte de Monaco
Satz: Kösel, Krugzell
Gesetzt aus der Utopia
Papier: Munken Print von Arctic Paper Munkedals AB, Schweden
Druck und Bindung: CPI – Clausen & Bosse, Leck
Printed in Germany ISBN 978-3-492-27409-8

»Man muss mindestens 70 Prozent seiner Energien in die Zukunft investieren.«
Bernd Eichinger

»Man ist immer größer, als man denkt.«
Anne Nürnberger

»Jetzt, wo ich so reich bin, sage ich nicht mehr, wie es mir geht. Danke, sehr gut, und Ihnen?«
Jan Rentzow

»Das weiß ich doch nicht«, rief Anne und guckte mich an. »Woher soll ich denn wissen, wie man reich wird?«

»Anne«, sagte ich, »das solltest du aber!«

Als ich an diesem Abend nicht nach Hause ging, sondern mit Anne noch was trinken, als wir uns einen Gin Tonic bestellten und uns raus auf die Holzbank setzten, wusste ich noch nicht, dass das der Anfang war. Dass schon bald vieles anders würde. In meinem Leben, in dem von Anne, und dass nichts mehr sein würde, wie es war.

Wie wird man in Deutschland reich, wollte ich eigentlich nur wissen, und Anne hatte keine Ahnung.

»Anne, mal ehrlich. Wie geht das?«, fragte ich, aber sie sagte, sie interessiere sich zunächst erst mal dafür, wie sie ihren Kontostand ausgleichen könne, und beobachtete den Deutschlehrer neben uns, der Abi-Aufsätze korrigierte.

Er machte kein glückliches Gesicht. Sein Rotstift schwang über das Papier, er strich ganze Absätze einfach durch.

»Was habe ich eigentlich die letzten zwei Jahre gemacht?«, fluchte er und trank zur Korrektur.

»Woran kann man sehen, ob jemand es schaffen wird oder nicht?«, fragte ich ihn, um ihn aufzumuntern.

»Das weiß ich schon nach dem ersten Satz, dass der Rest Mist ist.«

»Sind Sie Vollstrecker oder Zukunftsgestalter?«

»Ich will beides nicht sein. Ich wäre gerne einfach nur frei«, sagte er, lächelte uns zu und hob noch einmal das Glas.

»Hast du dich noch nie gefragt, wie man reich wird?«, fragte ich Anne noch einmal, und es war überhaupt nicht klar, dass wir es am nächsten Tag schon ausprobieren würden, dass wir da schon aufbrechen würden an den Starnberger See, dorthin, wo in Deutschland angeblich die meisten Reichen auf einem Fleck leben.

»Nein«, sagte sie. »Geld ist mir nicht wichtig.«

Wir sprachen lange über unsere Träume an diesem Abend, der Lehrer war längst weg, neben uns küssten sich Paare, und wir bestellten noch mehr und sprachen die halbe Nacht lang.

Wir hatten viele Träume.

»Ich würde gerne endlich das machen können, was ich wirklich möchte, von niemandem abhängig sein«, sagte Anne, die eigentlich meine Chefin war.

Sie erzählte mir von ihren Kindern und dass sie wolle, dass sie mal richtig stolz auf sie sein würden und sich was trauen in ihrem Leben.

Ich erzählte ihr, dass ich als Student in Italien gelebt hatte, in Verona, und dass ich in der Arena immer Krieger war, der Beschützer von »Nabucco«.

Dass ich dahin mal zurückwollte, nach Italien. Mit einem Haus auf einem Hügel. Oder direkt unten am Meer, lieber unten am Meer.

Ich erzählte ihr von dem Radfahrer, der am Morgen an mir vorbeigezogen war, und was er mir zugerufen hatte. »Jeder hat das Recht, seine eigenen Ideen nicht zu verwirklichen.«

So etwas passiere einem doch nicht einfach so, dass fremde Radfahrer einem Lebensweisheiten an den Kopf ballern.

Dass ich das wirklich merkwürdig fände, sagte ich zu Anne, so, als sei es eine Art Aufforderung gewesen, ich hätte ja so viele Ideen und wisse gar nicht, wann und wie ich die alle verwirklichen sollte. Dass unser Chef das bestimmt auch nicht wüsste.

»Jeder hat das Recht, seine eigenen Ideen nicht zu verwirklichen« sei ein ziemlich merkwürdiger Satz, befand Anne, nicht gerade ein sehr tatkräftiger.

»Es ist wichtig, dass man sich nicht kleiner macht, als man ist«, sagte sie, und für solche Sätze liebte ich sie. »Wenn man sich klein macht, wird man auch klein behandelt.«

Das war der Anfang.

»Ich würde gerne alles tun, was die Reichen machen, mir alles bei ihnen abgucken«, sagte ich.

»Was willst du?«

»Ja, Anne! Irgendwas müssen die ja richtig machen und wir falsch«, sagte ich.

Dass sie ja etwas haben müssten, eine besondere Ausstrahlung oder was weiß ich. Eine Art, die erfolgreich mache, einen Ton. Das wolle ich alles lernen.

Anne war noch nicht begeistert.

»Muss man als Reicher klug sein?«, fragte ich. »Ist Heidi Klum klug?«, fragte ich. »Ist Heiner Lauterbach klug? Ist Schumi klug? Ist Josef Ackermann klug?«

Anne lachte.

»Was muss man machen?«, fragte ich sie. »Wie muss man sein?«

Anne lachte immer noch.

Ich sagte, dass die meisten Reichen wahrscheinlich wahnsinnig arrogant seien, aber dass man das bestimmt auch könne, ohne arrogant zu werden, und dass meine Mutter mir das bestimmt verzeihen würde, wenn ich das jetzt ausprobierte.

Dass ich nicht einfach nur Lotto spielen wolle, sagte ich, machen, was alle machten, sondern mir Leute suchen, die mir helfen würden nach ganz oben, dorthin, wo man sich gegenseitig helfe und alles ganz einfach sei.

»Du bist verrückt«, befand Anne. Aber dann fragte sie, ob ich das wirklich ernst meine, und ob ich das wirklich alleine machen wolle. Und ob das nicht etwas wäre, was man besser zu zweit mache.

»Niemand wird gern alleine reich«, sagte sie.

Und dann kamen die ersten Ideen.

Wir könnten ja einen Truck mieten und Erde vor den Toren der Bundesgartenschau verkaufen als Erde, die den Garten zu Hause genauso schön mache wie auf der Ausstellung. Als Wunder-Erde »Röschen-Rot«. 50 Cent pro Kauf gingen an Wüstenkinder in Afrika.

Wir könnten an die Reichenstrände an der Côte d'Azur fahren und uns einen Mäzen suchen.

Wir könnten den Mann im Jobcenter bestechen und gucken, ob er uns nicht einen richtig dicken Traumjob gibt. »70 000 Euro Jahresgehalt!«

Wir wurden immer lustiger und auch ein bisschen böse.

Wir erfanden eine Guru-Show, bei der wir ausgelaugten Werbern für viel Geld einflüstern wollten, dass sie Millionär werden können. Das sei doch nun wirklich eine Industrie, den Leuten zu erzählen, wie man noch erfolgreicher wird. Wir stellten uns vor, wie es wäre, Annes Wohnung für eine Million Euro an Amerikaner zu verkaufen, die *Europe so small und beautiful* finden.

Sogar eine Kanzler-Offensive schlug ich vor.

»Lass uns zu Frau Merkel vors Wochenendhaus fahren, mit einem Kuchen, und nach einen Job fragen!«

Anne sagte, sie sei nicht so gut im Backen.

»Lass uns einen Film produzieren, den ersten Sex-Film mit echten Gefühlen.«

»Ja«, sagte Anne.

Ich war wie weg. Mir gefiel das, einfach mal alles vorschlagen und überlegen, wie das wohl wäre.

Anne schlug vor, dass wir zuerst nach Hamburg fahren sollten, nach Blankenese, und gucken, wie die Millionäre leben und was sie anders machen. Ich schlug Radebeul vor, wo die reichen Ostdeutschen leben, die angeblich noch so nett sind. Am Ende einigten wir uns auf Starnberg, weil wir da beide noch nicht waren.

»Schönen guten Tag, mein Name ist Rentzow«, rief ich, da war es schon morgens um halb vier. »Was, Sie kennen mich nicht? Dann googeln Sie mal!«

»Schönen guten Tag! Mein Name ist Nürnberger. Ich bin Arme a. D.«, rief Anne.

Es war ein unbeschwertes Glück, ein Rausch war es.

»Machen wir das wirklich?«, fragte ich Anne, bevor wir gingen.

»Ja«, sagte sie. »Das machen wir.«

Und am nächsten Morgen am Telefon, da machte sie, was die Leute sonst nie machen, wenn sie am Abend Großes beschlossen hatten: Da sagte sie das immer noch.

Sie sagte es immer noch!

***

Vielleicht war es ja auch Patricia Riekel. Vielleicht war ja sie schuld daran, dass wir das dann wirklich alles durchzogen, Anne und ich. Vielleicht war es mein Kontostand, der wirklich bedrohlich war, oder mein Chef.

Aber mit Sicherheit wären wir ohne Patricia Riekel nie so staunend an den See gefahren und hätten diese ganzen Leute beobachtet, wie sie gehen, sich bewegen, miteinander sprechen, was sie anders macht. Die Familie Baby-Brei-Hipp, den Zigarren-Baron Zechbauer, Peter Maffay, Jürgen Habermas, Fürstin Gloria und wie sie alle heißen.

Vielleicht hätten wir dann nie erfahren, wie anders sie sind. Die Golfplatz-Chefin hätte nie gesagt, dass es da dieses Mädchen gab bei ihr im Club, das sich angeboten hatte, mit ihren Händen ein bisschen rumzumassieren, und dass es für mich dort keine Chance auf Arbeit gab.

Vielleicht wäre alles anders gekommen, bestimmt wäre es das. Anne und ich, wir hätten wirklich nur ein bisschen ausprobiert, hier ein bisschen und da ein bisschen.

Nein, ich hätte später nicht überlegt, diese hübsche, reiche Mutter zu gewinnen. Die Mutter vom Schulfreund von Annes Sohn. Damit sie was locker macht für ein ungewöhnliches Geschäft.

Was dann wohl geworden wäre?

Vielleicht hätten wir wirklich ein bisschen gepokert, bestimmt hätten wir das, aber nicht mit Sandra Naujoks, der Poker-Millionärin.

Ob wir zwischen die jungen Millionärs-Bubis mit den jungen Millionärs-Mädchen beim Fummeln und Knutschen geraten wären, ich weiß nicht. Ob wir bis zu Gunter Sachs gekommen wären, und ich zu dieser Baronin mit den goldenen Strapsen, die sich mit ihren langen, spitzen Fingernägeln über die Schenkel strich?

Aber dann waren wir bei Patricia Riekel, der Chefin der *Bunten*, Anne und ich.

Sie war erkältet, sie war schlimm erkältet, sie schwärmte uns Geschichten vor von sich und dem See, von den Menschen dort, wie herrlich diskret sie sind, wie zufrieden und wie bescheiden, sie sagte nur Tolles über den See, wenn die Sonne dort untergeht, dann brennen da Kerzen, und an den Ufern sitzen sie und machen ihre Feuerchen.

Sie sprach von den Reichen wie von unseren Freunden, die auch gerne grillen.

Sie erzählte uns, wie die Menschen dort baden, und in mir blühte alles auf: Wenn der Morgen noch früh ist und die Luft ganz klar, kommen sie aus ihren Villen. Frauen und Männer. Nackt springen sie in den See.

Selbst wenn da zehn Nackte auf einmal ins Wasser hüpfen würden, die in Deutschland jeder kennt – keiner guckt. Stur raus auf den See geht ihr Blick, und erst wenn sie richtig drin sind im Wasser und nur noch der Kopf draußen ist, dann sagen sie: »Guten Morgen.«

Ein eigenes Universum sei der See, sagte Patricia Riekel, ein eigener Planet. Ich sah die Sterne, als sie von dem See sprach, und sie fielen mir ins Portemonnaie.

Der See, von dem sie sprach, roch nach Holz, das nass geworden ist, er lag milchig da und dunkel, er glänzte, er leuchtete. Er sei Inspiration, sagte sie, und sprach von Frühstücksrunden, von ihrem Hund.

Dieser See ruhe in ihr, ganz tief, sagte sie. Nirgendwo sei es so schön, könne es schöner sein. Nicht einmal im Himmel.

Und dann saßen wir im Auto und fuhren an den See, Anne aus Hamburg-Fischbek und ich, der Jung-Ossi aus Schwerin. Die Schöne und der Große, die Blonde und der Blonde.

Der See, auf den wir setzten, kam näher und näher, die Wiesen wurden schon grüner und die Kühe größer, brauner und mächtiger. Auf dem Weg stellten wir uns Frühstück im Gästetrakt von Heiner Lauterbach vor, und nachmittags ein bisschen Trecker fahren auf dem Hof von Peter Maffay. In Gedanken fuhren wir Porsche und Jacht, wir jagten nach Italien und an die Côte d'Azur.

Wir lachten, wir lachten laut. Wir machten Witze, ich sagte: »Gestatten, mein Name ist Hipp. Ich bin nackt!«

Anne fragte: »Ist da noch Baby-Brei?«

Wir spürten den Reichen-Swing, als wir im Auto unterwegs zum Starnberger See saßen. Der Reichen-Swing kribbelte im Bauch.

Es war eine herrliche Fahrt, fast so, als habe sie kein Ende, und dann wieder so, als habe sie doch eines, ein gutes.

Wir stellten uns vor, dass wir bald in Betten schlafen würden, von denen aus man das Meer sehen und plätschern hören kann, und dass wir unsere massierten Füße bald in Pools halten würden, an die man uns Cocktails bringt.

Es war eine herrliche Fahrt, und dann trat Anne auf die Bremse, und wir fuhren rein nach Starnberg.

Starnberg lag ganz im Norden des Sees. Er war irgendwie da, dieser See, man konnte ihn riechen, er roch ganz frisch. Aber er war doch nicht da. Man konnte ihn nicht sehen.

»Guten Abend, ihr lieben Reichen«, sagte Anne beim Aussteigen, als würde sie erwartet. Sie hatte eine weiße Jeans an, die sich perfekt um ihre langen Beine schlang. Die Jeans war enger als die weiten Hosen, die die Frauen anhatten, die auch auf der Straße waren und schon stinkreich.

»Ich freue mich schon auf morgen«, sagte ich und dachte an Patricia Riekel und stellte mir vor, wie sich die Damen auszogen.

Ich fragte mich, ob es stimmt, dass viele von ihnen den ganzen Tag auf ihren Mann warten, dass sie sich nach Unterhaltung sehnen, die Damen. Guckte, guckte noch einmal, kassierte keinen Blick. Noch nicht.

»Wenn man wirklich reich werden will, muss man alles geben«, sagte ich. »Dann darf man keine Grenzen kennen. Entweder du bist es schon, oder du musst sehr weit gehen. Im Ehrgeiz, im Fleiß, in der Dreistigkeit.«

»Was sind denn deine Grenzen?«, fragte Anne.

»Das wirst du schon noch sehen!«

Finden Reiche große Männer schön? Was haben sie für Bücher im Regal? Welche Zeitschriften auf dem Couchtisch?

Wir waren jetzt am Starnberger See. Wir wollten alles wissen. Alles. Ihr Geheimnis.

***

»Schönen guten Tag, wir würden gerne zu den Millionären«, sage ich in einem Ton, der so erlesen klingen soll wie ein Château Latour auf der Südterrasse.

»Können Sie uns nicht sagen, wie und wo wir da am besten rankommen?«

Die junge Bayerin mit dem blonden Zopf in der Touristeninformation guckt mich an, als überlege sie. Sie überlegt gründlich, so wie Beamtinnen überlegen, die wir von Berlin her kennen, und schüttelt den Kopf dabei.

Dann sagt sie: »Keine Ahnung. Die verschanzen sich!«

Sie spricht, als lebten die deutschen Reichen allesamt in einer Festung, als feierten und tränken sie alleine. Und das hier wäre die Festung, definitiv.

Vielleicht hätten wir gleich wieder abhauen sollen, aber sie berichtet dann noch, dass sie bisher keinem einzigen Millionärs-Sohn nähergekommen sei. Sie habe jedenfalls noch keinen geküsst, im Tourismus falle nicht viel ab vom Geld der vielen Reichen.

Sie habe auch Boris Becker noch nie hier gesehen. Michael Ballack würde sie erkennen, aber der sei auch noch nicht vorbeigekommen. Die Wittelsbacher, nein, die auch nicht.

»Wir gehen dann mal und versuchen unser Glück«, sage ich, und dann sind wir wieder draußen.

Sie guckt uns durch die Scheibe hinterher, wie unsere Freunde in Berlin geguckt haben, als wir gesagt haben, dass wir jetzt reich werden wollen.

Ein bisschen so, als versuchten wir zu einer Gruppe des Bösen aufzusteigen. Wie Darth Vader in »Star Wars« – heute noch gut und morgen böse. Als hätten wir heute noch Skrupel und morgen keine mehr.

Aber wir wollen da mal nicht zu viel hineininterpretieren in den Blick unserer Freunde. Die meisten von ihnen kennen nicht einmal einen Château Latour und halten den für einen Kriegsreporter.

Als ich ein kleiner Junge war, habe ich gedacht, dass es nicht schlimm ist, dass wir nicht reich sind. Meine Mama war die beste, sie hat gearbeitet für ihre zwei Söhne, sie arbeitete für zwei, weil mein Vater ja schon tot war. Wir tranken den Apfelsaft mit Wasser verdünnt, nicht wegen der Kalorien, sondern wegen des Geldes.

Jetzt frage ich mich, wie süchtig Champagner macht, aber ich will ihn nicht verdünnen.

Anne sagt, dass sie als Kind weniger gespart hat als ihre Schwester, die immer in ihrem Zimmer saß und ihr Geld zählte wie eine Königin, die auf einem Sparschwein reitet. Anne hat sich Süßigkeiten gekauft, eine Stereoanlage.

Geld war süß, Geld hatte einen Klang. Geld mögen fand Anne blöd.

Bis heute.

Jetzt steht sie in Starnberg vorm Bahnhof und findet, dass sie eine ganz und gar gute Reiche abgeben wird. Optisch zumindest. Es ist hell am Starnberger See, die Sonne hat einen merkwürdigen Glanz, sie macht aus blonden Haaren goldene.

»Guck mal, die Reichen tragen kamelhaarfarbene Sack-Cardigans«, sagt sie und spottet, das könne sie sich für sich gerade gar nicht vorstellen.

»Musst du dann auch anziehen, hilft nichts«, sage ich.

»Ihh!«

Wir sind auch bald reich, wir werden uns bald anders anziehen, denke ich. Genau genommen werden wir uns schon vorher anders anziehen, damit wir unter den Reichen nicht mehr auffallen. Nicht auf den ersten Blick.

Wir werden auch anders sprechen, damit sie uns nicht raushören. Wir werden ein bisschen gesetzter wirken, als wir sind, weniger zappeln und die Hände aus den Haaren lassen, weil sie dann sitzen wie Beton und nicht mehr glatt gestrichen werden müssen.

Wir werden alles anders machen, bis wir anders sind. Reich.

Wir nehmen uns den Wagen und fahren ein bisschen raus,

am Immobilien-Büro vorbei, das mit tollen Grundstücken in Seelage wirbt, auf die die Reichen hier abfahren, mit Refugien, Schlössern oder Landhausvillen. Für alle gibt es eine Warteliste.

Was für tolle Ortsnamen sie hier haben, Traubing, Tutzing, Ambach. Wie gemütlich die klingen, so anders als Belzig oder Prochnow.

Die Reichen hier haben eine ganz spezielle Fähigkeit, denke ich. Sie halten dich mit ihren Blicken auf Distanz.

»Anne, wir sind auch bald reich, dann können wir auch so gucken«, sage ich.

»Willst du das?«

»Ja, ich finde es irgendwie cool. So überlegen!«

»Man sieht das nicht so«, sagt Anne. »Aber die sind hier alle reicher, als du denkst. Die sind alle ganz reich, die zeigen es nur nicht!«

Vor einem Eiscafé mit großen Torten und gedecktem Apfelkuchen staunen wir über ihre Hunde, die gebürstet sind, und ein paar Prinzessinnen und Fürsten oder solche, die sich dafür halten. Keine einzige Frisur, die billiger aussieht als 100 Euro.

Ihre Blicke sind entschieden, entschieden an uns vorbei, das wird sich ändern, denke ich.

Wir gucken ganz genau, was sie so besonders macht, diese Reichen, die ersten, denen wir auf unserer Reise begegnen und die auf uns ein bisschen so wirken wie die ersten Reichen auf Erden, weil wir sie noch nie so angeschaut haben.

»Laisser-faire, aber nicht zu viel. Flache Schuhe, Seidenschal«, notiere ich in meinem Notizblock. Und: »Als Herr die Haare gerne einen Tick länger, zurückgekämmt.«

Ich bewundere sie jetzt wirklich dafür, dass sie so wirken, als komme nicht jeder an sie ran, dass sie so eine Autorität ausstrahlen, sich selbst aussuchen können, wer nahe sein darf und wer nicht.

Manche sind wie Puppen in einem Kokon, die sehr böse werden können, wenn man ihnen zu nahe kommt. Sie sollen klagen, schimpfen, toben, wenn sie einen Strafzettel kriegen, sagt Anne. Nirgendwo würde so viel geklagt wie hier.

»Jan-Philip, würdest du bitte kommen?«, fragt eine Frau auf dem Gehweg, die aussieht wie Birgit Schrowange. Sie redet mit ihrem Sohn wie mit einem kleinen Erwachsenen.

Der kleine Erwachsene gehorcht und klettert in einen Cayenne. Ich denke darüber nach, dass ich nur Jan heiße, nicht Jan-Philip, und noch nie zum Tennis gefahren wurde, nicht einmal zum Klavierspielen.

Über einen schmalen Waldweg erreichen wir das Forsthaus am Starnberger See. Das Forsthaus steht viel größer da, als Forsthäuser normalerweise dastehen. Mit bayerischem Fachwerk und Holz im Giebel. Männer sitzen da mit weißen Hosen und weißen aufgeknöpften Hemden, und Frauen, die mächtig braun sind. Sie trinken orangene Getränke. Es sind Männer und Frauen, die mal in den Himmel gucken, mal auf die weißen Alpen, die Zugspitze, auf eine Postkarten-Idylle aus See, Bergen und schönen Menschen, und auf den Jachthafen, der vor ihren Augen liegt.

Das Objekt meiner Träume steht auf dem Parkplatz im Wald, zwischen zwei Daimler eingeparkt. Ein schwarz glänzendes Original mit braunen Ledersitzen, ein Austin Healey Cabrio mit Regensburger Kennzeichen.

»Anne, den hätte ich gerne«, rufe ich und teste die Kommunikationsfähigkeit der Reichenwelt. Wie schnell kommt man an sie ran?

Ich reiße einen Zettel aus meinem Notizblock und schreibe eine höfliche Notiz mit formvollendeter Handschrift.

»Guten Abend. Ich würde gerne Ihr Auto kaufen«, notiere ich. »Bitte melden Sie sich.« Es ist nur ein Versuch, vielleicht klappt er ja.

»Du bist wahnsinnig!«, ruft Anne.

Egal.

»Lass das!«

Aber das mache ich nicht.

Ich unterschreibe mit »Prinz Claus zu Lippe«, notiere eine Handynummer, die meinem persönlichen Privatsekretär gehören soll, der zufälligerweise so heißt wie ich, und bugsiere das Zettelchen auf den Sitz, ohne dass die Alarmanlage anspringt.

Anne hat den ganzen Abend Angst, dass sich wirklich jemand meldet. Ich freue mich darauf. Ich glaube, als Reicher werde ich ziemlich lustig.

Die Sonne steht tief leuchtend jetzt, fast hinterm Berg steht sie, und wir brechen auf zu Gloria von Thurn und Taxis, Deutschlands bekanntester Adliger, nur mal schauen, ob sie nicht zufällig da ist.

Wir biegen in eine Straße ein, sehen Pferde mit glänzendem Fell. Seide, das Licht, das durch die Bäume fällt, sieht aus wie Seide.

Vor der Einfahrt steht eine ältere Dame, bückt sich leicht nach vorne. Weil sie nicht beiseite gehen will, halten wir an und drehen die Scheiben runter.

»Willkommen«, sagt sie, und es fehlt nur noch, dass sie einen Knicks macht.

»Das war früher alles mal Thurn und Taxis«, sagt sie mit ihrer alten Stimme und zeigt mit einem alten Finger über ein Gelände, das größer ist, als eine Frau alleine zeigen kann. »Früher war das alles Thurn und Taxis.«

Da hinten, wir sollten da mal noch ein Stück durchfahren, da sei der Sommersitz, das Schloss, ein ganz, ganz herrlicher Sommersitz mit vier großen Türmen, hier vorne sei jetzt ein Altersheim.

»Ist sie denn da?«, frage ich.

»Natürlich nicht, sonst wäre ja die Fahne oben.«

Der deutsche Hochadel hat eine Fahne, und wenn er da ist, ist sie oben.

»Ist es nicht toll, Anne?«, frage ich. »Du machst die Fahne hoch, und alle wissen, du bist da.«

»Wenn Sie schön sitzen wollen, da hinten ist ein Parkplatz«, bietet die alte Frau an. »Da gibt es auch Würstchen.«

»Äh, Würstchen, vielen Dank, im Moment nicht.«

Wir parken unseren Wagen und spazieren ein bisschen durch das Gelände wie Herr Kaiser und Frau Gemahlin im Abendlicht, und ich bin froh, dass sie nicht da ist und wir nicht klingeln müssen an ihrer Klingel mit Dach.

Ich spüre, wie mir die neuen Gedanken gefallen, die ich vorher nie hatte.

Ich stelle mir vor, wie das Leben sein muss, wenn man einen Sommersitz hat und einen Wintersitz, hier ein Schloss und da ein Schloss. Wie es ist, wenn man hier ein Lieblingszimmer hat und dort ein Boot und überall Personal. Und wie wir dafür sorgen, dass Anne wie eine Königin behandelt wird und nicht wie eine, die auf dem Parkplatz Würstchen isst.

Ich stelle mir vor, wie Gloria drinnen auf roten Samtstühlen mit goldenen Lehnen sitzt. Und dann sehe ich mich auf einem goldenen Thron, Anne bringt mir ein Bier.

»So möchte ich auch mal leben«, sage ich. »Wir im Schloss, und draußen die Würstchen.«

Anne lacht und zeigt drüben auf ein anderes Schloss, ein weißes, und überall Villen.

»Diese Bäume, die habe ich alle gesetzt«, erzählt uns einer, der Johann heißt, im Altenheim Parterre wohnt und stolz darauf ist, dass Gloria so viel Grün sieht.

Johann war früher der Gärtner von der Gloria, und Hausmeister auch, noch immer halte sie vor seinem Fenster, wenn sie im August komme, mit der könne man ja so gut reden. Die sei ganz unkompliziert.

Einmal, sagt er, sei etwas Schlimmes passiert. Da sei er mit dem Benzinkanister auf dem Mahagoniholz ihres Bootes ausgerutscht. »Jetzt hat sie ja schon wieder ein neues.«

Er ist ein wirklich netter Mann, der den See kennt wie kein Zweiter. Er war Personal, sein Vater war Personal, sein Vater war mal drüben bei den Poccis Gärtner, er hier. Bei den Wittelsbachern auf Schloss Leutstetten, da habe man früher immer Mist geholt.

Wie es denn so gewesen sei, für die Gloria zu arbeiten, frage ich ihn, ich würde sie ja von früher kennen, hätte sie mal in Berlin getroffen. Ich flunkere, um ihn anzuspornen zu plaudern, aber Johann erzählt nicht viel, nur das, was eh schon in den Zeitungen stand. »So ein Personal möchte ich später auch mal haben«, denke ich. »Diskret!« Gute Leute haben gutes Personal.

Dann sage ich, dass es schon spät ist.

Wir fahren am Golfhotel »Kaiserin Elisabeth« vorbei, in dem Klaus Kinski geschlafen hat und König Carl Gustav auch, wir fahren am »Vier Jahreszeiten« in Starnberg vorbei und nehmen den günstigsten Gasthof, den wir kriegen können. Das Zimmer kostet nur 58 Euro die Nacht mit Blick auf den Misthaufen.

Vor dem Einschlafen, jeder auf seiner Seite, erzählt mir Anne, wie es früher bei ihr war, dass sie mal einen reichen Mann hätte haben können, einen ganz reichen, den Sven. Dass sie heute schon reich sein könnte, wenn sie sich damals nicht so geziert hätte.

Er sah sogar gut aus. »Aber ich habe ihn abgelehnt.«

»Wieso?«

»Weil mir das mit dem Ungleichgewicht unheimlich war. Ich wollte nicht an seiner langen Leine hängen. Ich glaube nicht, dass reiche Männer Frauen mit Widerworten gut finden.«

»Mir wäre das egal, solange sie gut aussieht«, sage ich.

In meinem Traum ertrinke ich im Geld.

Der nächste Tag wird anstrengend, weil wir versuchen, so viel wie nur möglich rauszufinden, und wir ja am Tag drauf wieder zur Arbeit müssen. Als Erstes fahren wir ins Immobilien-Büro und sagen, dass uns gute Nachbarschaft wichtig ist.

»Wir merken schnell, wenn jemand wirklich Interesse hat«, sagt die Maklerin mit Headset. »Das merken wir ganz schnell, das dauert nur Minuten.«

Wir kommen wieder, sagen wir, und sie lächelt.

»Man muss ihre Sprache sprechen, wenn man verstanden werden will«, verrät uns der Bürgermeister von Tutzing. »Und diese Sprache ist höflich.« Kultur, die Schönheit der Gärten, die Sehnsucht nach Ruhe gehöre dazu.

Der Bürgermeister sagt, dass er gerade von einer Beerdigung komme und wenig Zeit habe. Und er bestätigt, dass man am See schneller reich werden könne als anderswo, weil sie ja alle da säßen, die Vorstände der großen Aktiengesellschaften, Architekten, Patentanwälte und Ärzte.

Er nennt die Reichen aber nicht Reiche, sondern »Gutsituierte«, das gehört offenbar auch zu ihrer Sprache.

Der Himmel erstreckt sich hellblau über dem großen langen See, und die Chefin eines Golfplatzes informiert uns darüber, dass Reiche manchmal ganz schön geizig sind. »Wenn man etwas in die Duschen legt, Parfums, den nächsten Tag ist das weg. Sogar Klopapier wird geklaut, Handtücher. Ich weiß nicht, ob sie die zum Schuhe putzen hernehmen«, schimpft die Golfplatz-Chefin.

Kurz denke ich, dass man ihr besser keinen Schläger gibt, da schimpft sie schon weiter. Früher hätten die Promis bei ihr umsonst gespielt, seit sie zahlen müssten, kämen sie nicht mehr. Diese ganzen Schauspieler. Die Darstellerin aus dem »Marienhof«.

»Die Prominenten gehen gezielt da hin, wo sie wissen, dass sie nicht bloßgestellt werden, wenn sie fragen, ob sie nicht auch umsonst spielen könnten«, erklärt die Golfplatz-Chefin.

Wir kommen wieder, sagen wir, und sie lächelt.

»Schönen guten Tag, mein Name ist Rentzow«, stelle ich mich im exklusivsten Club des Sees vor, im Bayerischen Yacht-Club, in dem sie sogar den Gauweiler von der CSU nicht haben wollten.

»Ich würde mir gerne mal Ihren Club angucken«, sage ich in die Sprechanlage am Haupteingang an der Mauer mit dem Bayerischem Löwen, die die Festung umrandet.

»Jetzt stellen Sie sich erst mal vor und sagen, warum Sie das wollen«, schnarrt von drinnen eine Stimme.

»Wir kommen wieder«, sagen wir, aber erst als die Anlage wieder ruhig ist.

Vor dem Aldi Süd stehen zwei Porsche. Auf meinem Telefon entdecke ich einen Anruf mit verdeckter Nummer. »Der Austin-Millionär«, rufe ich, »er will uns seinen Wagen zeigen, er hat sich wirklich gemeldet.«

»Ach, Jan«, sagt Anne.

***

Reiche sind anders, aber keine Besonderheiten, das weiß ich jetzt. Sie gehen im Golfclub aufs Klo, gucken, ob auch ja keiner guckt, und klauen Handtücher.

Sie sind Menschen wie du und ich. Sie sind wie Guttenberg, Karl Theodor Maria Nikolaus Johann Jacob Philipp Franz Joseph Sylvester, der guckt, ob auch ja keiner guckt, und Wissen klaut.

»Sicherlich, ich habe da das eine oder andere Blöde gemacht, aber ich stehe zu meinen Fehlern.« Ich habe Anne erwischt, wie sie das vor dem Spiegel geübt hat, da war der Guttenberg-Fall noch gar nicht bekannt.

Ich stehe auch oft vor dem Spiegel und übe Stil. Einmal, es

ist mir ein bisschen peinlich, ist da plötzlich ein Licht, es ist hell, es ist direkt neben meinem Kopf und funkelt.

»Das bin ich, das bin ich in der anderen Welt«, denke ich kurz. Dann sehe ich, es ist die Klolampe.

***

Man muss das Geld lieben, sonst kommt es nicht. Jeden Tag setzen wir jetzt auf reich, jeden Tag ein bisschen mehr.

»Noch können wir zurück«, sage ich zu Anne, als wir abends Günther Jauch gucken, zur Vorbereitung auf die Show. Jauch versucht witzig zu sein, singt »Der Kuckuck und der Esel«, eine Kandidatin will ihre Fliesen im Bad anstreichen, wenn sie gewinnt.

Jauch singt so schief, dass ich am liebsten abschalten würde, aber das muss ich gar nicht, denn plötzlich wird der Bildschirm schwarz, und das Gerät fiepst nur noch.

»Das gibt es doch gar nicht«, flucht Anne. »Jetzt weiß ich immer noch nicht, wie das mit den Jokern geht.«

Sie hat die Sendung noch nie gesehen.

Ich denke darüber nach, alles abzublasen, weil ich Angst habe, dass mir das doch zu viel wird, alles zu geben und ein neuer Mensch zu werden.

»Wenn du aussteigst, bringe ich dich um«, sagt Anne. Sie lacht, sie meint es ernst. »Ich schlafe neuerdings nicht mehr, ich bin so aufgeregt«, sagt sie. »Ich weiß auch nicht, wohin uns das führt.«

Ich finde das süß.

Ich verstehe sie.

Seit wir in Starnberg waren, kommt mir mein altes Leben zu klein und mein neues zu groß vor. Die Straßen, der Weg durch die Stadt, die Freunde. Wir haben noch nicht mal richtig angefangen, aber die ersten fragen schon, ob wir ihnen Geld leihen. »Ihr habt doch bald so viel!«

Ich will nicht mehr über Geld reden.

Ich frage mich, ob es besser ist, über überhaupt nichts zu reden.

Ich frage mich, warum ich nicht schon eher daran gedacht habe, reich zu werden. Und warum ich die Reichen immer für böse hielt.

Weil es in Deutschland keiner mehr wird, wie alle sagen, oder nur, weil ich es selber nicht war?

Wahrscheinlich, weil ich es nicht war.

Eine Studie des Eliteforschers Michael Hartmann, die belegt, dass ein Aufstieg in Deutschland kaum noch möglich ist, ignoriere ich. Irgendwas wird schon gehen, denke ich.

»Du kannst spinnen, du kannst unkonventionell denken«, sagt Anne und findet, dass uns das sehr helfen kann auf unserem Weg.

Wir sollten das vielleicht nicht, aber wir gehen jetzt öfter essen als früher und geben mehr Trinkgeld. Das wird schon, denken wir dann.

Anne hält sich streng an unsere Big List. Da steht drauf, was wir in Starnberg notiert haben: wie Reiche aussehen.

Sie hat eine neue Liste mitgebracht, auf der stehen nur Namen: Chanel, Meissen, Porsche, Glashütte, Gucci, Mont Blanc, Bang & Olufsen, Rolex, Cartier, Rolls-Royce, Prada, Hermès.

Die beliebtesten Marken der Reichen. Da wolle sie sich in Zukunft dann schon das eine oder andere von leisten, sagt sie.

»Jan, Logos sind peinlich, die darf man nicht sehen«, referiert sie und steht da und blinzelt: »Maßanzüge von Kiton, dem Nobel-Schneider, erkennt man an den leicht nach vorne gewölbten Brusttaschen.«

Marken zu zeigen sei jetzt doch sehr verpönt.

Ich lese auch viel, denke über alles nach und suche meinen Platz. Howard Carpendale will abnehmen, in Saint-Tropez soll es eine gute Saison werden, Kobe-Rinder hören den ganzen Tag Mozart. Schön, dass die dafür Zeit haben.

Status sei nicht nur Status, um anzugeben, lese ich. Status sei ein Erkennungssymbol nach dem Motto: »Ich habe auch eine große Uhr, ich nehme dir nichts weg, ich habe selber.« Statussymbole, die zeigen, dass man sich nicht unterscheide von ihnen, die nähmen den Reichen die Angst und seien deshalb zwingend erforderlich.

Noch haben wir viele Schwächen, die unsere Herkunft verraten, denke ich, und das beunruhigt mich. Anne kleckert bei jeder Gelegenheit, ich nuschele, wenn ich nervös bin oder nachlässig. Anne ist manchmal zu laut. In Starnberg hat sie eine Bananenschale aus dem Autofenster geworfen, und ich bin fast ausgeflippt.

Wenn wir wirklich reich werden wollen, brauchen wir da nicht noch Hilfe?

Sollten wir nicht Experten finden, die uns alles zeigen? Wenn wir denen schreiben würden, dass wir an unserem Beispiel zeigen wollen, wie man erfolgreich wird, und dass wir mit ihrem Wissen allen anderen beweisen wollen, dass das geht, würden sie uns dann helfen?

Vojta. Im Internet finde ich Norbert Vojta, einen TV-Coach, der sehr interessant klingt. Er muss ein Star in der Branche sein, er sorgt dafür, dass deutsche Manager und Politiker die Aura kriegen, die sie brauchen, um erfolgreich zu sein. Er war mal in der Redaktionsleitung einer Show von Thomas Gottschalk.

Würde der da mitmachen?

Lieber Herr Vojta. Wir könnten nicht anders, es gehe um den Erfolg, schreiben wir, wir müssten uns an den Besten wenden. Ob er uns nicht helfen wolle und mal in Berlin sei? Wir lachen dabei, wie mir die Zeilen in den Rechner fließen.

Wir legen Postkarten-Bilder von uns bei, ich im Poloshirt

auf einem Kinderbauernhof fotografiert, Anne am schicken Glas-Schreibtisch eines Möbelhauses.

Super sympathisch, super seriös.

Die Bilder legen wir jetzt überall bei, weil Anne denkt, dass man uns auch sehen muss, man lese doch nicht nur, man gucke sich die Leute auch gerne an, bevor man ihnen etwas zusagt.

An den großen Freiherrn Knigge wenden wir uns, Ur-Ur-Nachfahre des Benimmpapstes, Erfolgs-Trainer. Ich bin schon beim Schreiben nervös, weil mir der Name wirklich Angst macht.

Gerne würden wir ihn zu einem gemütlichen Abend ins »Grill Royal« einladen, schreiben wir. Ins beste Restaurant der Stadt, wenn schon, denn schon.

»Es wäre uns eine Ehre, in wenigen Stunden so viel wie möglich über die Welt der Etikette zu erfahren und uns Ihrem strengen Urteil zu stellen.«

Wir haben nicht den Hauch einer Ahnung, ob er ins beste Restaurant geht, vielleicht bestellt er lieber und isst zu Hause.

Dann haben wir jetzt Pech.

Die Gloria von Thurn und Taxis mit dem Schloss am See. Anne fragt, ob das nicht eine besondere Fügung wäre, wenn ausgerechnet ihr kleiner Bruder, der Alexander von Schönburg, mir jetzt zeige, wie guter Small Talk geht.

Sie kenne den von früher, von der Zeitung, der mache uns das bestimmt sehr angenehm.

»Was?«, frage ich erst. »Du spinnst ja!«

Dann sagt sie: »Lies mal seine Bücher! Niemand kann Geschichten spannender erzählen. Der ist ein King in so was.«

Ich lese den King, er ist wirklich komisch.

Er sollte mal bei der Karajan-Witwe schlafen, in Herberts Bett. Er wand sich. Er hat behauptet, er mache im Bett des

Titanen kein Auge zu. Sie war hartnäckig. Den nächsten Tag lud sie ihn ohne Badehose in ihren Pool ein.

Es sind Geschichten, die man gerne hört, aber sie machen mir schon ein bisschen Angst.[1]

Jeden Tag renne ich dreimal zum Briefkasten und schaue, ob der Herr Vojta geschrieben hat, und würde eine Absage als Zeichen sehen. Aber es gibt noch keine Absage.

Anne lädt mich zu sich nach Hause ein und führt mir ihre Garderobe vor.

»Geht das?«

»Guck mal!«

Sie wirkt so unschuldig in ihrem Bemühen, reich auszusehen. Nicht alle Kleider sind lang genug.

***

In einem tollen gelben Blümchenkleid trifft sie im Coffeeshop eine große Berliner Society-Lady, die wenig Zeit hat. Laura Reinking ist eine Gastgeberin mit eigener Kolumne und so viel Geschmack, dass sie alle berät.

Der fällt fast der Cappuccino runter, als sie davon hört, dass sie uns helfen soll. Es dauert keine zwei Minuten, dann sagt sie zu. »Ja, wirklich«, das mache sie gerne.

Eigentlich sind wir jetzt schon reich, denke ich kurz. Wir haben jetzt eine ganz persönliche Kleidungs- und Stilberaterin.

Sie soll nächste Woche schon mal kommen!

Es geht los, denke ich. Ich weiß auch nicht so genau, was los geht, und möchte die Zeit festhalten.

Wir haben jetzt einen Agenten, der dafür sorgen will, dass wir ein Buch werden, Anne und ich. Wir sollen die Reichmacher werden oder so etwas Ähnliches.

---

[1] Alexander von Schönburg, *In bester Gesellschaft*, rororo.

Was wir machen, könne unter Umständen sogar ein Bestseller werden, heißt es. Der Agent sagt, er wolle unser Vorhaben den Verlagen anbieten, erst mal nur den großen.

Es könne wirklich fett werden, heißt es.

Der Kontakt zu ihm kommt über eine Freundin. Diese Freundin sagt, der Agent habe sich richtig toll bedankt für uns. So etwas gebe es nicht so oft, hat sie gesagt.

Das Telefon klingelt am Donnerstag, Anne sitzt in der Tram. Es klingelt noch einmal. Der Agent.

Es gehe los. Man böte für uns. Ein großer Verlag. Da gehe es ums Geld. Geld dafür, dass wir reich werden.

Sie würden dafür auch eine gewisse Summe zahlen, heißt es, sie könnten schon bald einen kleinen Vorschuss überweisen. Es könne da sehr schnell gehen. Wir müssten nichts Besonderes machen, nur aufschreiben, was uns auf unserem spannenden Weg passiert.

Der Verlag habe ihm leider eine Ansage gemacht, sagt der Agent. »Bitte entscheiden Sie sich, bis 18 Uhr müssen wir das wissen.«

Wir wissen, wie wir das entscheiden.

Danach denke ich kurz an Kündigung. Ich denke: Soll ich das tun? Ist das ein Fehler?

Danach kündige ich.

Ich kündige!

Ich trage meine Kiste aus der Redaktion runter und bin draußen. Ich habe bald eine persönliche Kleidungsberaterin und einen Smalltalk-Trainer, aber keinen Job mehr.

Es ist so komisch, dass ich fast nicht mehr darüber lachen kann. Ich würde am liebsten irgendwo nackt in einen Pool.

Anne nimmt mich in den Arm.

Ich habe jetzt keinen Job mehr, aber Perspektive: Ich bin bald reich.

»Ich will jetzt wissen wo und wie, Anne! Ich will jetzt wissen, was man tun muss, für wen, und wie man damit reich wird!«, sage ich, als ich mich wieder beruhigt habe. »Das glaubt doch kein Mensch, dass sich das ganze Gearbeite noch lohnt.«

Herr Weise soll es uns sagen, entscheide ich und schreibe ihm eine Mail, ich schreibe jetzt ja viele Mails und Briefe. Er soll es zugeben und sagen, dass sich ehrliche Arbeit nicht mehr lohnt.

Er soll mit uns sprechen, darum bitten wir ihn.

Frank-Jürgen Weise, der Chef der Bundesagentur für Arbeit.

Ausgerechnet.

***

Die Zentrale der Agentur ist das höchste Haus in Nürnberg, unser Navi will nicht hin, scheucht uns zu früh von der Autobahn, einmal, immer wieder. Als wir ankommen, beginnt es zu regnen.

Dass ich auf dem Parkplatz »A wise man said« von Johnny Cash singe und mich fühle wie der Rächer der Arbeiterklasse, kann das halbe Hochhaus hören.

The wise man ist Weise.

Auf dem Weg zum Haupteingang schauen wir in die Fenster im Erdgeschoss. Unsere Blicke bleiben kleben an Kaffeetassen auf Schreibtischen. Augen von drinnen mustern uns interessiert.

»Guck mal, die lächelt, die arbeitet doch gern hier«, sagt Anne.

»Der soll es einfach nur sagen«, sage ich.

Frank-Jürgen Weise hat sein Büro nicht unterm Dach, sondern ziemlich weit unten, im ersten Stock. »Oben ist auch noch eine Toilette«, ruft die Frau am Empfang durchs Foyer, als ich ihr sage, dass ich noch mal dringend müsse, ich weiß auch nicht wieso sie das ruft, wahrscheinlich damit das auch ja jeder mitbekommt.

Der Sprecher von Herrn Weise kommt zu uns, das Haar streng zurückgekämmt, im perfekten Anzug mit Hamburger Goldknöpfen.

Er mustert uns, Annes weiße Bluse ist vom Regen ein bisschen nass, er führt uns hoch.

»Ich kann das nicht, ich kann ihn das doch nicht fragen«, flüstert Anne.

»Doch, du kannst! Du musst!«

Herr Weise kommt mit ausgestreckter Hand auf uns zu, er hat eine Brille und ein Lächeln in den Augen, das ich sehr eindringlich finde. Er kann so lächeln, dass man sich fragt, ob man jetzt wirklich böse Fragen stellen sollte oder nicht. »Die Nettolöhne sind jetzt zum ersten Mal seit 1949 runter«, habe ich mir zurechtgelegt. »Kennen Sie Jeanette Biedermann? Jeanette Biedermann kriegt 5000 Euro pro Drehtag.«

Wir setzen uns an einen großen runden Tisch. Wir und der Ex-Bundeswehr-Offizier, Fallschirmjäger, Wirtschafts-Boss, der Erste und Einzige von außen, der es in der Bundesagentur wirklich weit gebracht hat.

Ein Offizier im grauen Anzug.

»Möchten Sie eine Tasse Tee haben, einen Kaffee, ein Wasser?«, fragt Herr Weise sehr höflich.

Er sagt, er nehme seinen Tee, steht auf, verschwindet und holt sich seine Tasse von ganz hinten. Er kann gehen, ohne Geräusche zu machen, denke ich.

Er bittet uns, ihn zu führen, er betrachte es als geistige Herausforderung, dass wir ihn führen, sagt er.

Aber wie führt man ihn?

Es ist eine komische Situation. Ein bisschen abwegig und absurd. Wir wollen wissen, wie man reich wird. Wir wollen, dass er uns sagt, dass arbeiten sich nicht mehr lohnt, und ehrlich zu uns ist.

Weise will, dass wir ihn führen.

Dieses ganze Zeitgearbeite, das Outsourcing. »Macht es noch Sinn, auf eine Zukunft in einer Festanstellung zu setzen?«, beginnt Anne und erzählt ihm nichts von meiner Kündigung.

»Hätten Sie für uns einen Job?«

Ja, das hat er wohl.

300 000 Jobs habe die Agentur im Angebot, von einfachen Stellen bis hin zum Spitzenjob mit 250 000 Euro im Jahr.

Er redet langsam. Deutlich, betont. Auf seine ganz eigene Weise-Weise.

Latenter Bedarf nach wirklich guten Leuten bestehe fast überall.

Er sitzt gerade wie eine Eins, denke ich, er berichtet, wie man es schaffen kann im harten Berufsleben, nach oben, zu Geld.

Nicht wie ein Chef rät er, sondern wie einer, der wirklich will, dass jeder das kriegt, was er verdient. Fast wie ein Freund.

Habe einen Lebensplan! Nur wenn du ein Ziel hast, kannst du es mit der Lebenswirklichkeit abgleichen. Entwickle ein Gefühl, warum du etwas werden willst. Such dir einen Mentor, der dich fördert und dafür sorgt, dass du dich weiterentwickeln kannst.

Nicht schon alle zwei Jahre solle man den Job wechseln. Aber nach sieben Jahren, da müsse man es sich vielleicht doch mal überlegen.

Ich habe es mir schon überlegt, denke ich. Mir gefällt, was er sagt, und es gefällt mir doch nicht, es fühlt sich richtig an. Mein Chef hätte mir das nie gesagt. Mein Chef war kein Mentor. Mein Chef wollte nur meine Arbeit, denke ich. Weise wäre bestimmt der bessere Chef, mit einem Weise-Mentor würde man bestimmt weit kommen.

Ich bin schon ganz eingelullt von ihm, er ist wirklich gut darin, sich führen zu lassen, der Goldknopf-Sprecher sitzt neben ihm, nickt und ist zufrieden.

»Kann man ohne Leidenschaft für das, was man tut, überhaupt erfolgreich sein?«, will Anne wissen.

Weise lächelt.

Nein, das glaube er nicht, nicht ohne ein gewisses Feuer, Emotion.

»Leidenschaft ist Bedingung?«

»Ja.«

Ob er selber Millionäre kenne, die es wirklich durch ehrliche Arbeit geschafft haben, will Anne jetzt wissen.

Er guckt sie an durch seine Brille, die Hände fest auf dem Tisch.

Ja, auch in Nürnberg gebe es viele, die durch eigene Leistungen in solche Kategorien gekommen sind.

Wir sind jetzt da, wo wir hinwollten.

Ich bin nervös, ich ahne, dass er es tatsächlich gleich sagen wird, dass in Deutschland nicht die gewinnen, die morgens brav zur Arbeit fahren, sondern die, die etwas für sich tun.

Wir nähern uns an. Gleich wird er es sagen. Er spricht schon ruhig und bedächtig von den Millionen Menschen, die morgens früh aufstehen, ihren langen Arbeitsweg gehen, sich mit manchmal komischen Vorgesetzten rumplagen und dann trotzdem versuchen, etwas Ordentliches zu machen. Dass Deutschland mit diesen Menschen einen riesigen Erfolg habe.

»Kann man als Angestellter in einem Unternehmen Millionär werden?«, fragt Anne, und Herr Weise guckt sie an.

Dann sagt er es, dann spricht er es aus. Dass es dafür einen anderen Weg geben muss.

»In einem Unternehmen ist das sicher schwierig. Wer es sich zum Ziel setzt, Großartiges zu leisten und Millionär zu werden, der muss unternehmerisch tätig werden.«

Er ist jetzt der Feuer-Mann, der Weise.

»Die, die brennen, besessen sind, dass sie etwas ganz Besonderes leisten wollen oder sich eine unglaubliche finanzielle Freiheit schaffen wollen, die gehen einen anderen Weg.«

Einen anderen Weg.

Wie wir!

Das gibt es doch nicht!

Es ist so weit. Ich mag ihn jetzt wirklich, ich werde ganz empathisch und bitte ihn um ein Ranking, was ist wichtig und was nicht, was muss ich können, wenn ich wirklich nach oben kommen will?

Wenn man es wirklich schaffen wolle, wie müsse man dann sein?, will ich wissen. Wenn wir ihm jetzt Eigenschaften nennen würden, wie würde er die sortieren?

Er zögert, dann zählt er sie alle auf, die ganzen Begriffe, er macht ein Ranking draus! Weises Ranking zum Erfolg. Mit Integrität und Intelligenz fängt er an, mit Gewissenhaftigkeit und Motivation. Es ist ein Mutmach-Ranking, mit zehn Punkten und Herkunft und Aussehen weit hinten.

Ich verstehe es jetzt, ich begreife, dass man für den wahren Erfolg im Leben über die Grenzen des Normalen hinausgehen muss, dass es wichtig ist, sauber, gut und integer zu bleiben, und dass es eigentlich nicht wichtig ist, woher man kommt, sondern wohin man will, und dass man an sich glauben muss. Dass man nur, wenn man sich selbst nahe ist und an das Gute in seinen Ideen glaubt, auch erfolgreich sein kann.

Leidenschaft, man braucht Motivation, Leidenschaft.

Ja, Anne und ich, wir haben das.

»Womit könnte man Sie begeistern, abends im Biergarten, um mit Ihnen ins Gespräch zu kommen?«, fragt Anne.

Das will sie jetzt doch noch wissen, wie sie ihn hätte ansprechen müssen, wenn wir uns nicht hier begegnet wären, in seinem Büro.

Er überlegt. Mit etwas Interessantem. Nicht mit dem Wetter und auch nicht damit, wie der 1. FC Nürnberg gespielt hat. Das interessiere ihn alles sehr, sehr wenig. Auch, wenn ihm einer von seiner eigenen Arbeitslosigkeit erzähle, müsse er überlegen, ob ihn das interessiere, manchmal, da erzählten ihm die Leute ganz, ganz lange eine Story, das sei einfach nicht schön. »Das gefällt mir nicht«, sagt er.

Der Goldknopf-Sprecher wird noch einmal gelobt, er wurde öfter gelobt zwischendurch, und man spürt, wie er ist als Chef, der Weise.

»Haben Sie einen Tipp, wo wir hier was zu essen kriegen können?«, frage ich ihn, als wir schon stehen.

Da entschuldigt er sich. Das hätten wir doch sagen können, dann hätte er doch etwas kommen lassen. Wann müssten wir noch mal zurück?

»Zwei Stunden haben wir noch.«

Er empfehle uns da ein Bratwursthäuschen im Zentrum. Da gebe es die Nürnberger Bratwurst. Da sei es wirklich sehr, sehr nett und sehr, sehr schön.

Ist denn eigentlich sein Fahrer da, fragt er, sein Sprecher möge das doch gerade mal kurz rausfinden.

Ja, ist er.

Weises Fahrer ist da.

Ich kann es nicht fassen, weiß nicht, was in Weise gefahren ist. Er ahnt vielleicht, dass es uns ernst ist, und will uns ein bisschen spüren lassen, wo unser Weg jetzt hingeht.

Er, der Weise, und wir auf einem guten Platz, in seinem großen, geräumigen BMW.

»21,5 Grad, angenehm?«, fragt der Chauffeur, kaum dass wir sitzen.

»Ja, das ist schön warm von unten.«

Wir haben jetzt einen Chauffeur, sitzen auf hellbraunem Leder, und von unten kriecht eine milde Wärme hoch.

»Es ist fast wie fliegen«, sage ich zu dem Fahrer, als wir vom Hof schweben in die Stadt.

Es ist früher Nachmittag. Ich bin jetzt sein Nachmittags-Weise. Die Gassen, die Häuser von Nürnberg, alles fliegt an uns vorbei.

»Links sehen Sie die alte Arbeitsagentur«, sagt der Fahrer und zeigt auf ein mittelgroßes Gebäude, das viel kleiner ist als die neue Agentur.

»Damals waren noch nicht so viele arbeitslos wie heute«, sage ich.

Dann zeigt der Fahrer, dass er ein Guter ist, geht auf die Bremse, dass die edle Karosse nur so juckelt.

»Da kommt gleich ein Blitzer!«, ruft er, dreht sich zu mir und sagt: »Immer schön im Tempo bleiben.«

Er führt uns auch noch das Nachtsichtgerät vor, mit dem er und Herr Weise im Dunkeln jede Maus sehen.

Zwölf Würstchen nehme ich, in einem Lokal in schönster Altstadtlage, mit Terrasse und Sonne, und wir fahren noch ein wenig weiter.

Als ich aussteige, ganz am Ende, bemerke ich einen Krümel auf Weises Sitz. »Ist der von mir?«, denke ich und finde meinen Kugelschreiber unterhalb des Fernsehers.

Den Krümel lasse ich liegen, auch weil alles so schnell geht.

Der Fahrer gibt mir seine Karte. »Falls Sie mal in Nürnberg sind«, sagt er und lächelt wie der Gott vom Arbeitsamt.

Wir lächeln auch.

Danke, Herr Weise, für alles.

***

Ich weiß nicht so genau, warum ich plötzlich diese Angst vor ihr habe, vor Laura Reinking, der Stil-Kolumnistin, die jetzt zu Anne kommen will. Verdammt! Was mache ich, wenn sie sich das alles ansieht, frage ich mich. Meine blaue Cordhose, meine Unterhosen, meine Socken! Das geht doch nicht, herrje! Wenn Anne die auch zu mir einladen will, um auch in meinen Schrank zu gucken, muss ich das verhindern.

Als sie die Treppe hochkommt, höre ich eine klare Stimme, die »Hey, das ist ja nett hier« sagt, und stelle mich so hin, dass sie mich nicht gleich sehen kann, ich aber sie.

»Wow«, denke ich. Sie sieht wirklich noch eleganter aus als gedacht. Sie sieht aus, als sei sie gerade aus der *Vogue* gestiegen, aber dann fällt mir ein, dass das gar nicht geht. Niemand kann aus der Zeitung klettern.

»Laura, es ist so toll, dass du uns hilfst, so auszusehen, als gehörten wir schon dazu«, begrüßt Anne sie und bittet sie, dass sie uns alles erklärt, was geht, was nicht geht, was alleine geht und was in Kombi, was aufwertet und was abwertet.

Sie dürfe alles machen und könne ruhig ehrlich sein. »Sag uns, was den großen Effekt macht!«

»Das ist doch meine Spezialität«, antwortet Laura, »mir macht das Spaß.«

Laura Reinking, die Ikone der Hauptstadt-Mode. In Saint-Tropez war sie gerade, auf einer Party mit Puff Diddy, Karl Lagerfeld ist sie fast in die Arme gelaufen, Kuchen hat sie mitgebracht, und jetzt beginnt sie damit, aus Annes Kleidung große Haufen zu machen. Zum Sortieren.

»Was ist das denn?«, ruft sie vor Annes Kleiderschrank und hält ein gelbes Kleidchen in der Hand. »Ist das für den Fasching?«

Nein, denke ich, sicher nicht! Es ist das schöne gelbe, das Anne neulich anhatte, als sie bei dir war.

Laura aber, sie hat erst angefangen und lässt die Haufen wachsen. Laura, die blonde Laura, wütet jetzt, greift das nächste Teil, noch eins, Annes Hosen, T-Shirts, Blusen, alles gleitet durch ihre spitzen Finger.

»Das ist überhaupt nicht mehr in«, ruft sie. »Das ist ausgewaschen!« Und schmeißt Stück für Stück auf den Haufen, der immer größer wird. Den Müll.

»Viel zu kurz. Das kann weg. Das geht auf gar keinen Fall!« Müll!

»Das kann man nicht so ausgewaschen und ausgeleiert tragen.« Müll!

»Von so Hosen habe ich gerade vier Stück weggeschmissen. Die sind total synthetisch.« Müll! Müll! Müll!

Die Stimme der Stil-Ikone wird lauter. Sie lacht, sie meint es herzlich. Es ist ihr Ernst, sie hat Spaß. Von Feminität spricht sie, von Taschen, Schals, Nähten. Von Stil und Geschmack. Von Stücken, die schlank machen – aber schlank sei Anne ja, androgyn.

»Ich kann nicht glauben, dass das alles Kleidung ist, die du noch getragen hast«, sagt sie, und es klingt beinahe schon mitleidig. »Schnell weg! Das ist für eine Hexe!«

Anne steht nur da, ganz leise, den Kopf gesenkt, die Wangen rot.

Wahnsinn, arme Anne, denke ich. Gleich nimmt sie den Eklig-Haufen und wirft ihn durchs Zimmer.

Mach es, ich kann dich verstehen.

Ich will nicht mehr reich werden, denke ich. Wenn ich das alles machen muss, was Laura sagt, dann danke. Ich bin ich und sehe gut aus. Ich bin Jan, ich bleibe Jan. Es fällt mir schwer, mich zu beruhigen.

Ich pfeife auf das alles. Auf das gekonnte Wechselspiel mit Farben und verschiedenen Stoffen, harten und weichen Materialien. Auf einen Leger-Look, Tweed – und auf ein kleines Accessoire, das zu meinen Augen passt.

Wenn mir das vorher einer gesagt hätte, dass ich mir besser die Zähne bleichen lasse für meine Ausstrahlung, dass es besser für mich wäre, wenn ich Slim Cut trage. Dass ich Workout machen soll für meinen V-Körper.

Wenn ich gewusst hätte, dass ich doch bitte Schuhe anziehen soll, die nicht nur zu den Füßen, sondern auch zum Gürtel passen. Dass ich eigentlich einen Gürtel von Hermès bräuchte, nein, nicht nur eine, besser gleich zwei Schnallen. Tagsüber eine klassische, abends eine schwere.

Wenn ich das alles gewusst hätte, hätte ich da nicht mitgemacht.

Aber jetzt?

Jetzt redet die Stil-Ikone, zieht mich aus, verbal, und wieder an, ordnet an, wie alles sein muss: meine Hose, mein Bein, sie spricht von Echtschmuck.

»Laura, wir wollen doch nur, ich meine …«

Als Mann und als Frau würde sie als Erstes in eine Uhr investieren, empfiehlt sie, nicht nur in eine. »Als Erstes in eine Tagesuhr, dann erst in eine für den Abend.« Diese weltberühmte Luxusuhr, die könne man nicht mehr tragen. »Die hat ja jeder Immobilienmakler.«

Waldemar, nein Audemars Piguet, die Achteckige mit den Schrauben für 14 000 Euro, die sei gut. Auch beim Jetset. Später, wenn ich dann viel Geld hätte.

Annes Nägel müssten gemacht werden, findet sie.

»Ich finde im Sommer helle Nägel schön, im Winter dunkle.«

Alle drei Wochen Maniküre und Pediküre, vorher desinfizieren, das müsse schon sein.

Gold muss zu Gold, Silber zu Silber.

»Lieber dezent! Gedeckte Farben! Es darf immer nur ein Trendteil am Outfit geben, den Rest Klassiker!«, ordnet Laura an.

»Man sollte immer nur ein Körperteil betonen.« Nein, Jan, Jeans gingen für Anne gar nicht bei einem Abendessen.

Reiche würden andere Menschen, die nicht reich sind, an den Haaren und den Schuhen erkennen.

»Jan, deine Haare sind fisselig, du brauchst mehr Schnitt. Anne, die Kanten. Du musst öfter färben!«

»Man kann sich mit dem Outfit noch so viel Mühe geben, wenn die Schuhe nicht stimmen. Schuhe müssen teuer sein«, sagt sie. »Leute mit Stil kaufen sich keine billigen Schuhe.«

Mag ich Laura?

Wenn ich das alles beachten soll, wer bin ich dann, frage ich mich.

Weiß sieht immer edel aus. Auf Sylt, da bräuchte ich Polos, weiße Hosen. Anne, in Saint-Tropez, Strass.

Wer bin ich dann? Wer könnte ein Vorbild für mich sein?

Karl Lagerfeld sei gut angezogen, und der Panama-Hut, den kaufe Brad Pitt, der könne auch mir stehen, ein Tuch könne meinen Look interessant gestalten. Habe ich schon ein Tuch?

»Anne, die Handtasche muss stimmen, die ist eine Hingucker-Sache. Ein gutes Accessoire wertet jedes Outfit auf. Schuhe, Tasche, Schal, daran erkennt man, ob jemand Stil hat und Geschmack.«

»In eine schöne Kosmetiktasche, ein schönes Portemonnaie solltest du auch investieren, die holst du oft raus, die sieht man bei Tisch.«

»Bei Knigge zur Anreise als Frau bitte nicht kurz, sondern knielang. Kleidchen oder Dreiviertelhose in Weiß.«

Ich glaube, ich mag Laura, denke ich abends im Bett. Ich glaube, ich werde es mögen, wenn Annes Po nicht mehr jedem ins Gesicht springt. Wenn sie ab morgen nicht mehr wie eine sexuelle Verlockung, sondern wie ein geheimnisvolles Geschenk rumläuft.

Wir werden uns jetzt umziehen, in die größte Kabine unseres Lebens gehen und als andere wieder rauskommen, so viel steht fest.

***

Am nächsten Morgen mache ich eine Liste von den ganzen Sachen, die ich brauche, und sehe mich in Gedanken, wie ich darin herumlaufe und mich wohlfühle. Ich will: Polo-Shirts von Ralph Lauren, der Sylt-Marke. Einen Gürtel, ein paar vernünftige Jeans. Maßgeschneiderte Schuhe, einen edlen Pullover aus weichem Stoff, Kaschmir vielleicht. Einen Anzug und, und, und.

Anne sagt, sie will Stiefel, ein ordentliches Portemonnaie, weil ihres aussehe wie eine Presswurst. Sie brauche ein Sakko, ein Kleid.

»Der Verlag, der aus uns ein Buch machen will, hat einen Vorschuss überwiesen«, sagt Anne, und wir legen unser Budget fest: Zwei Mal 2000 Euro für neue Klamotten.

Laura macht mit ihr aus, dass sie uns zu einem oberfeinen Wochenend-Designer-Sale mitnimmt, in einem Luxus-Kaufhaus, Berlin, beste Lage. »Am Sonntag, nur für ausgewählte Kunden, fast alles für 50 Prozent.«

Ich bin jetzt ausgewählt, denke ich und freue mich wie ein Ausgewählter. Eine Stunde stehe ich vor dem Spiegel, weil ich nicht weiß, was ich anziehen soll. Sich vor dem Shoppen überlegen, was man anzieht, so weit ist es schon gekommen.

Wir fahren mit Annes B-Klasse vor und staunen nicht schlecht. Draußen schießen die Touristen Fotos, auch von uns.

Ich lächele schüchtern in ihre Kameras.

»Danke, viel Spaß«, wünscht der smarte junge Mann am Empfang und guckt sich unsere Einladung an. Es fehlt nur noch der rote Teppich. Dann sind wir drin.

Kauf, mein Junge, schreit alles hier, kauf, damit du reich aussiehst, Gucci ist gut für dich.

Nun komm schon, kauf doch!

Ich bin schon gestresst, bevor es losgeht.

Wir treffen Laura direkt an der Stange. Sie hat ihr Kind dabei, die Mutter, die Schwester, die ganze Familie.

Es ist ein Tross der Kauflust.

Unsere Stil-Beraterin steht da und wartet auf uns, sie wird uns jetzt zeigen, wie es geht. Sie hat sogar schon eine Runde gedreht und alles rausgesucht, damit es schneller geht.

»Guck mal, Anne, das ist ein schönes Trendteil«, sagt sie. »Das hier, das Kleid ist in New York richtig angesagt.«

Nicht gucken, kaufen, ist heute die Devise. Chloé, Lanvin, Marchesa, Donna Karan. Man kann Klamotten für ein Jahresgehalt kaufen, aber heute kriegt man sie für ein halbes.

Es gehe an dieser Stelle jetzt überhaupt nicht ums Brauchen, sondern ums Haben, erklärt Laura, ums Haben.

Was jetzt gekauft wird, das hat man, das muss man ein anderes Mal, wenn es mehr kostet, nicht kaufen. Kaufen, um zu sparen, gewissermaßen. Ausgeben: der Klassiker des Sparens.

Ich nestele und streichele an irgendwelchen Hosen herum, versuche mich einzufühlen. Es ist total absurd.

2000 Euro.

»Dafür gibt es ein scheiß Auto oder ein Outfit, bei dem alle ›Wow‹ sagen«, erklärt der sanfte Malte, ein Verkäufer mit leichtem Federgang und dunkler Rahmenbrille. Er will eine verhängnisvolle Affäre mit uns beginnen, verkaufstechnisch.

Ich drehe durch, kauftechnisch.

Laura!

Laura!

Ich fühle mich so falsch an einem Ort, an dem Kundinnen an Erdbeerbowle nippen und ihren Lippenstift an Cappuccino-Tassen abwischen oder Lutscher im Mund haben, an dem Kinder in Baby-Dior auf dem Boden Richtung Hosen rutschen. Ich will keine dünnen Verkäufer mit Bohnenbeinen. Bohnenbeine machen mir Angst.

Laura!

Ich will raus. Aber ich darf noch nicht! Die Taschen! Die Taschen sehen aus wie Schildkröten und rufen: Kauf mich!

Die Schildkröten sind heute billig. Nur 1500 Euro für eine ganze gelbe Schildkröte zum halben Preis.

»Guck mal, das Prada-Portemonnaie, es hat so einen schönen Reißverschluss und so schön viele Kastenfächer.«

Ich ziehe T-Shirts an mit einer Pistole drauf, runter von 130 auf 65 Euro. Auch reduziert noch Selbstmord. Ich nestele an einem Armani-Pullover mit zu kurzen Ärmeln. Werde von Minute zu Minute geiziger.

Ich werde von Minute zu Minute reicher, intern.

Anne will unbedingt Schuhe mit grünen leuchtenden Riesen-Steinen haben, passt aber nirgendwo rein, eine 40 passt eben in keine 38. Alles schon weg.

»Nicht traurig sein«, sagt Laura.

Als wir draußen sind, bin ich frustriert. Anne nicht. Sie hat eine Bluse mit grünen Bommeln als Schuhersatz mitgenommen und ein super-super-angesagtes Damen-Tuch, das Laura ihr empfohlen hat. Sie war in einer intimen Teeküche zum Bezahlen und kam raus mit einem Päckchen aus Seide.

»Fahrt doch mal ins Ausland«, sagt Laura, »zu den Sales.« Da sei es noch billiger!

In London gebe es nicht nur 50 Prozent, sondern 70, 80 Prozent. Da sei die Auswahl noch größer, noch gigantischer. Das Pfund stehe so gut. Das Pfund steht so günstig, dass es teuer nicht mehr gibt.

London? Fahren wir nach London?

Ja!

London!

***

Fünf Tage später stehen wir tatsächlich zwischen französisch sprechenden Libanesinnen mit Kindern im Chelsea-Trikot im Ur-Kaufhaus der Welt, im größten Shopping-Tempel der Erde. Im Harrods.

Anne hat sich gerade einen Burberry-Mantel in Weiß eingesackt, für 477 Pfund, einen Klassiker, von dem sie sagt: »Ist der geil.« Von dem ich sage: »Ist der geil!«

Mein Traum aus 1001 Naht hängt im Erdgeschoss unweit der Lebensmittelabteilung. Er ist dunkelblau und ganz weich. Ein Paul-Smith-Pullover für 219 Pfund.

Mit einer Boss-Jacke, die der Wahnsinn ist, stehe ich vor dem Spiegel bei Harrods. Ich fühle mich ganz leicht mit ihr. Sie fällt, wie sie fallen muss, sie ist wie ein Kostüm, wie ein weicher Traum.

Ich komme mir vor, als hätte ich immer die falschen Sachen getragen und als könne ich morgen überallhin.

Es tut mir weh, so viel Geld auszugeben, aber es macht Spaß. Immer wieder möchte ich meine Jacke anziehen, zurück vor den Spiegel. Er wirkt so anziehend wie ein Magnet. Ich fühle mich so groß, so schön, so begehrt.

So fühlt es sich also an.

Draußen, auf der anderen Straßenseite, holen wir Polo-Shirts, nicht eins, gleich vier. Nicht die billigen aus dem Schlussverkauf, die teuren, weil sie noch besser sitzen.

»Anne, habe ich nicht die falschen Farben genommen?«, frage ich.

»Nein, es ist wie mit Juwelen, die sind immer gut.«

Wir lachen in der Grafton Street. Wir lachen in der Dover Street. Jeder mit seinen Tüten.

Wir laufen durch einen Schilderwald: »Sale!«, »50 % off«, »70 % off!« Ich bei Armani rein, ich mit Armani-Tüte wieder raus. Wir bei Gucci rein, bei Prada rein.

Im Dover Street Market, der angesagtesten Shopping Location von London, haben wir plötzlich drei Kleider zur Auswahl. Drei Mal Haute Couture, verdammt runtergesetzt. Ein rosa Traum, ein weißer Traum, ein gelber. Oscar de la Renta …

Anne sieht darin aus wie eine Braut, so unschuldig und klasse wie nie.

»You like it? Is this good? You want to try?«

»Yes«, sage ich.

Dann gibt die Verkäuferin Anne die Kleider, eines nach dem anderen.

»Come«, sagt die Verkäuferin, die sonst Naomi Campbell und Kate Moss bedient, und nimmt mich an der Hand. »Come.« Und führt mich zu noch mehr Ständern.

Ich come.

Das hier, das wäre doch auch schön? Oder?

Und hier noch den Gürtel dazu, der betone die Taille meiner schönen Ehefrau noch besser.

Ich fühle mich wie Richard Gere in »Pretty Woman«, ich stehe auch so da, nur dass Anne älter ist als Julia Roberts und ich jünger als Richard Gere.

»You have a princess«, sagt die Verkäuferin, um mir zu schmeicheln, nicht Anne.

Ich werde das gleich mit meiner Kreditkarte machen.

Es wird richtig teuer.

Die Kasse liegt in der Mitte der Etage, sie ist der leiseste Ort des ganzen Shops. Wie ein Loch, in dem das Geld verschwindet. Der Mann an der Kasse nimmt meine silberne Kreditkarte von der Sparkasse Schwerin, wirft einen Blick darauf. Er ist sich nicht zu schade, mir meinen Namen vorzulesen und anerkennend zu lächeln, als sei ich wichtig.

Das schätze ich.

Ich gucke auf die Uhr. Er zieht die Karte einmal durch, noch einmal.

17.07 Uhr, wir müssen gleich los zum Flieger, denke ich. Mach hin!

Er greift zum Telefon, wählt eine Nummer.

Dann sagt er: »No problem, Sir. One moment.« Und: »Ihr Einkauf geht nicht durch.«

Ich spüre, wie mir der Schweiß auf die Stirn steigt.

»EC?«, frage ich.

»No. No EC.«

»Das liegt bestimmt an den britischen Banken«, sagt er mit seiner britischen Understatement-Höflichkeit. »Ich habe gerade mit einem Kollegen gesprochen, der versucht, Ihre Bank zu erreichen, aber da ist niemand erreichbar. Er versucht es gleich noch einmal.«

Ich sehe mich schon die Kleider zurückhängen. Hinten lacht die Verkäuferin.

Warten, dieses Warten, scheiß Sparkasse, denke ich.

»Jetzt hat der Kollege Ihre Bank erreicht. Der Einkauf ist genehmigt. Aber Ihre Bank bittet, Sie mögen dringend anrufen, heute noch. Es sei dringend.«

Das dringend überhöre ich.

Ich bin immer noch beim Träumen mit Anne. Kein Reicher dieser Welt hat das Reich-Gefühl je so sehr gespürt wie wir, denke ich.

Es ist wie jemand andres sein. Weil es so absurd ist, so viel Geld auszugeben an einem Tag. Ohne schlechtes Gewissen. Es ist so schräg: Wir müssen es ja. Wir müssen das Geld ausgeben. Es ist ja, damit wir reich werden.

Auf dem Weg zur U-Bahn hole ich mir noch ein Tuch von Armani, zwei super-super Paar Schuhe, die gleichen in Braun und in Schwarz. »You have a clever husband«, sagt der Verkäufer und macht ritsch, ratsch. »Da weiß er, dass sie passen.«

Ja, ich bin clever, ich bin cool. Ich trage handgenäht, und die Prinzessin hat drei Kleider.

Es ist 17.40 Uhr. Ein Blick auf die Uhr. Die Dover Street raus, zur Bond Street vor, mit der U-Bahn ins Hotel, mit der U-Bahn zur Station, in den Bus zum Flughafen.

Nein, wir schaffen den Flieger nicht. Wir kümmern uns nicht darum und lernen einen reichen Mann kennen, der versehentlich über meine Tüten fällt. »Watch it«, ruft er, und ich: »Sorry!«

Er lädt uns ein. Noch ein Drink, noch einer.

Ich erzähle ihm, dass wir den Flieger verpasst haben, dass wir jetzt ins Hotel müssten, weil Annes Schwester, die auch in London wohne, bei einer Freundin in Norwegen sei, und behaupte, dass Anne Hotels hasse, weil ich es komisch finde, so etwas zu sagen, und ich denke, dass er Spleens mag.

»Yes, never sleep in a hotel«, sagt er, und ich frage ihn aus, ich löchere ihn, ich vergesse all meine Ängste.

Was gefällt einem reichen Mann an einer armen Frau?

»Eine heiße Frau ist eine heiße Frau«, sagt er und guckt auf Anne. »Wenn sie einen reichen Mann trifft und der Lust hat, zack.«

Es ist so absurd, denke ich. Ohne die umgekippten Tüten wäre das nicht passiert.

Wir übernachten bei dem reichen Mann, der mit nichts gestartet ist und alles gemacht hat, um reich zu werden, so wie wir das jetzt wollen.

»You are gold«, sagt er zu mir.

Und ich beginne es zu glauben.

Ich liege in einem seiner Gästezimmer auf dem riesigen Sofa.

Ich fühle mich plötzlich gewappnet, ich spüre, dass da noch viel mehr geht, wenn man nur weiß wie.

Ich bin jetzt so weit, dass ich so aussehe, dass mich reiche Menschen nicht auf den ersten Blick ausmustern. Sie wenden jetzt ihre Rituale der Höflichkeit und des Respekts auf mich an.

Ich muss mich jetzt nicht mehr um Mode kümmern. Jetzt muss ich nur noch so sein wie sie.

Der Millionär hat eben noch einen Joghurt gegessen und von seinen Nachbarn erzählt, alles Schauspieler, Pop-Stars, internationale Größen. Da rede er ja nicht so drüber, das mache man nicht, hat er gesagt und es dann doch getan. Er hat von der Côte d'Azur erzählt, da müssten wir hin, da könnten wir auch gut shoppen.

Reichtum ist: Frauen, die nicht wissen, was ihre Männer arbeiten, und Kleider kaufen. Denke ich.

Reichtum sind Verkäuferinnen, die nicht die Frau fragen, ob ihr das Kleid gefällt, sondern den Mann.

Reichtum ist: In einem hellen Raum aufwachen und dann dem Licht entgegengehen. Ohne Kopfschmerzen.

Am Montag, wir sind kaum zurück, ruft die Sparkasse an. »Herr Rentzow, von Ihrem Konto sind große Beträge abgebucht worden, die nicht zu Ihnen passen.«

»Ja, das stimmt«, sage ich. »Das war Absicht.«

Laura sagt: »Ihr seht aber gut aus!« Und erzählt von ihrer neuesten Schmuck-Kollektion, die gerade in der *InStyle* war. Sie plant schon wieder drei neue Events.

Bei ihrer nächsten Charity-Gala, dem großen Gänseessen, setzt sie uns zu ihren Eltern, neben einen reichen Notar. »Weil ihr so klug und unterhaltsam seid!«

Weil wir so klug und unterhaltsam sind. Das erzähle ich meiner Mutter am Telefon, und dann höre ich, wie sie sagt: »Pass auf, dass du dich nicht übernimmst.«

»Ihr könnt mich immer anrufen«, hat der Millionär in London gesagt. Ich weiß, dass wir das tun werden.

***

Oben, über den Dächern Berlins, macht es sich das Geld gemütlich. Der Kiez der AAA, der Anwälte, Ärzte und Architekten. Man redet darüber, ob die Musik im Supermarkt stimmt.

Blumen stehen unten in unserem neuen Büro, jede Woche andere, Anne mag Pfingstrosen, Lilien, keine weißen. Die Blumen im Berliner Bötzowviertel sind teurer als in anderen Vierteln.

Unsere neuen Nachbarn grüßen freundlich und gucken, was da unten im Erdgeschoss vor sich geht. Nina Hoss, die Schauspielerin, sitzt vorne beim Pakistaner an der Ecke.

Alles deutet darauf hin, dass wir es genau so machen, wie es sich gehört, wenn man reich werden will. So geht es richtig: an eine Adresse ziehen, um die herum die ganzen Stars wohnen, auch wenn man sich das noch nicht leisten kann. Da sein, Präsenz zeigen, im Ernstfall aus der Umgebung Kapital schlagen. Das stand irgendwo. Understated damit angeben, wie der Millionär in London.

Wir haben unser Büro jetzt dort, wo nebenan einer lebt, der einen Oscar bekommen hat. Im Nachbarhaus wohnt die persönliche Assistentin eines Fernsehdirektors, ich winke ihr immer, wenn sie vorbeigeht, ich erzähle ihr auch, dass wir jetzt reich werden wollen, dass wir da ein Buch zu machen und auch einen Begleitfilm.

Dass wir jetzt ein Begleitbuch zum Geschehen machen und zum Begleitbuch einen Begleitfilm.

Sie sagt, das fände sie spannend, wir könnten mal was trinken gehen.

Benno Fürmann wohnt in der Straße, Axel Prahl hat denselben Bäcker, Daniel Brühl treffe ich fast täglich, mal alleine, mal in Begleitung. Wir haben denselben Asiaten und denselben Burger-Laden.

»Werd doch mal Freunde mit dem«, sagt Anne.

»Ja«, sage ich. »Beim nächsten Mal spreche ich ihn an.«

Ich gehe mit der Fernsehtante in eine Kneipe. Ich erzähle ihr von unserem Guru-Seminar, das wir machen wollen. Sie lacht sich tot.

Anne erzählt einem Chefredakteur, dass sie jetzt reich werden wolle und das in einem Buch festhalte. Dass sie sozusagen, wie solle sie das sagen, dass sie sozusagen reich werden wolle für Deutschland, gemeinsam mit mir, dass wir beide Deutschland zeigen wollten, wie man wirklich reich wird, und dass es doch noch geht.

Wie ihm das gefällt, wie er da auf der Terrasse mit ihr steht, der mächtige Mann von der Zeitung, mit Anne.

Wie das Mondlicht auf sie fällt und auf unsere Ideen.

Es ist komisch, dass ich einerseits dem Eliteforscher Hartmann zustimme, dass reich werden in Deutschland ziemlich schwierig ist, dass es bestimmt nicht so leicht ist, es zu werden.

Andererseits denke ich, dass man nur genügend verschiedene Sachen probieren muss, dann wird schon etwas gehen.

Und ich denke: Wer macht denn das alles?

Das macht doch keiner.

Deshalb wird es auch keiner.

Und deshalb werden wir es jetzt.

Ein Kumpel ruft an, ob ich das schon wisse, eine gemeinsame Freundin habe sich ein neues Auto gekauft, sie habe ihre Initialen auf dem Kennzeichen, weil sie sich so darüber gefreut habe, jetzt ein neues Auto zu haben.

Ob ich das nicht klein fände. Ich sage Nein, beim besten Willen, das fände ich nicht.

Vieles passiert, Dinge, die vorhersehbar sind, wenn man reich werden will, und andere, die überraschen.

Annes Sohn, der große, steht das erste Mal vor dem Spiegel, und alle gucken genauer hin, Papa und Mama. Ist er nicht zu normal? Kann er das wirklich? Was ist, wenn sie ihn wirklich so gut finden und er groß rauskommt?

Wenn wir jetzt reich werden für Deutschland, wenn wir jetzt den Deutschen zeigen, wie sie reich werden können, dann muss auch das Kind mithelfen, entscheiden wir. Dann kann es doch zur Modelagentur und auch ein bisschen mitverdienen.

Viele Kinder haben komische Potenziale, nur süß aussehen reicht dafür bestimmt nicht, aber das Kind hat keine Zahnspange, und ich sichere mir vorsorglich schon mal die Prozente. »Anne, ich würde sagen, 20 Prozent für den Kleinen, 40 für dich und 40 für mich.«

Ich komme nicht ganz damit durch.

»Wie viele Kinder sorgen für ihre Eltern?«, frage ich und breche eine große soziokulturelle Debatte vom Zaun, dass ich es schlimm fände, dass so viele Eltern in Deutschland darauf hoffen müssen, dass ihr Nachwuchs irgendetwas Besonderes kann.

»Wie viele Kinder sorgen für die Geschäftspartner der Eltern gleich mit?«, frage ich. »Und wie sollen wir davon leben, wenn er so weitermacht wie diese Woche?«

Das Kind hat Läuse aus der Schule mitgebracht, und sie krabbeln über seinen blonden Schopf. Als die Läuse endlich weg sind und endlich auch die Schramme am Kinn, von der Schaukel im Gesicht, da kommt er schon wieder an – mit einer verstümmelten Frisur. »Guck mal, Mama, ich kann endlich wieder was sehen. Ich habe jetzt ein Guckloch.«

Er hat die Nagelschere gefunden und sich damit die blonden Modelhaare geschnitten.

Man sollte Kinder, die zur Modelagentur sollen, behandeln wie zarte Puppen, am besten einfach nur ins Bett legen, denke ich, und sämtliche Nagelscheren verstecken.

***

Die Leute in der U-Bahn sind große Fans von Anne, seit sie sich immer so lauraesk anzieht. Ständig kriegt sie Komplimente. Ein junger Mann hat sie neulich am Ku'damm angesprochen: »Na, Sie haben aber Stil!«

Jetzt steht auch sie vor dem Spiegel, und alle gucken genauer hin, ihre Kinder, ihr Mann und ich. Kann sie, kann sie nicht? Was ist, wenn sie wirklich groß rauskommt bei den Millionären in Saint-Tropez?

Liegt blond bei Millionären im Trend? Und bei den Milliardären auch?

»Du, da gibt es eine Bar mit eigenem Hubschrauberlandeplatz.«

»Schön«, sage ich.

»Wir hatten gestern Besuch von einem Freund, der Paparazzo ist«, erzählt sie. Der habe ihr genau erklärt, wie es läuft an der Côte d'Azur. »Da musst du nur darauf achten, wer mit dem Hubschrauber hinter dir landet. Da kriegst du alles. Die haben sogar einen Schmucktresen. Da gehst du einfach mit und kannst dir gleich was aussuchen.«

Ich bin mir nicht so sicher, ob wir wirklich bis zum Helikopterlandeplatz gehen sollten.

Dass es da bestimmt viele Mädels gibt, die 20 sind, sage ich, und dass Saint-Tropez, die ganze Côte d'Azur bekannt sei für einen ziemlich derben Geschmack, den sie sich bestimmt nicht wünsche.

Annes Mann hat erst mal keine Einwände. Er ist Fotograf und sieht das als journalistische Recherche. Er macht sich primär Gedanken, ob unsere ganzen Spinnereien nicht zu teuer werden, und hat beim Essen eine ziemlich Gewinn bringende Idee.

***

Ein Topf, eine Pfanne, Parmesan, Salat. Der Tisch ist so voll, dass die Vase auf der Erde steht. Das Baby thront auf seinem Hochsitz. Anne erzählt gerade, wo wir überall hinwollen und was wir alles vorhaben und dass sie wahrscheinlich oft das Auto brauchen wird.

»Sind wir schon reich?«, fragt Annes Sohn, der sieben ist und Juri heißt, und macht seine großen, grünen Augen. Seine Gabel bohrt in einem vollen Teller Spaghetti mit Tomatensauce. »Mama, sind wir schon reich?«

Anne dreht sich zu ihm, streicht ihm über den blonden Kopf, aber er ist hartnäckig.

»Mama, wann fahren wir zu Karstadt und holen das Monster-Raumschiff mit den Raketen?«

»Bald, mein Junge. Ganz bald.«

»Ach, Mann, Mama!«

Er beginnt zu heulen. Adrian, sein Freund in der Schule, habe das neue Raumschiff schon, und er wieder mal nicht.

Adrian hat nicht nur das neue Raumschiff, sondern noch was Besseres. Eltern, die viel netter und viel, viel großzügiger sind. Adrians Eltern machen was mit Internet und haben einen richtigen Porsche, und der Porsche hat einen Fernseher hinten drin – nur für Adrian, damit ihm der Weg zur Schule nicht so lang wird.

Sie sind so nett, diese Adrian-Eltern.

»Mama, wann?«, fragt Juri. Sein Bruder, das Baby, wirft Nudeln über den Tisch, weil es satt ist.

»Passt mal auf, dass ihr beim Reichwerden nicht arm werdet«, sagt Annes Mann. »Diese ganzen Reisen, die ihr machen wollt, das kostet doch alles.«

Und dann hat er die Idee.

»Ihr müsstet das ganz anders machen, ihr müsstet euch schöne Betten, schöne Zimmer und gute Flüge besorgen!«

Schöne Zimmer, gute Flüge! Er tut so, als gebe es welche geschenkt.

»Mal im Ernst, Anne! Wenn ihr wirklich reich werden wollt, dann solltet ihr nichts mehr selber zahlen. Dann würdet ihr euch einladen lassen. Dann wärt ihr ein bisschen cleverer!«

Er meint es ernst.

»Ja! Dann würdet ihr euch Sponsoren suchen. Das ist doch so: Wer reich ist, zahlt nicht selbst.«

Dann verweist er darauf, dass wir ja jetzt Autoren sind und ein Buch schreiben, und dass man da ja alles erwähnen könne, wie gut die Sponsoren sind. Als Dankeschön. »Da könnt ihr ja reinschreiben, was die alles Schönes haben!«

Anne sagt, dass sie das nicht so einfach könne, sie wisse ja noch gar nicht, was hier am Ende überhaupt bei rauskomme. Aber verlockend klinge die Idee schon. Gab es nicht sogar bei »Wetten, dass …?« jahrelang platzierte bunte Gummibärchen? Lässt sich nicht jeder in Deutschland, der etwas Großes macht, von irgendjemandem fördern?

***

Als Anne mir von dem Plan erzählt, bin ich erst skeptisch. »Das wird nie etwas«, denke ich und glaube nicht daran, dass das so einfach ist. Ich habe eine Stromrechnung im Briefkasten – ich habe einen Zwist mit meiner Sparkasse.

Dann denke ich darüber nach, dass man Chancen, die sich einem bieten, nutzen sollte, und mir wird ganz angenehm bei dem Gedanken. Wenn das, was wir hier machen, gut genug ist, dann mache ich eben mein eigenes »Wetten dass …?«. Warum denn nicht? Warum sollen wir das nicht wenigstens versuchen?

Noch nicht reich, und schon vom Besten das Beste. Rentzow in der Premiumklasse. Es scheint mir wie ein großes Fenster, das plötzlich aufgeht: Dahinter Männer in Sakkos mit Goldknöpfen, die meine Koffer tragen, Mädchen mit weißen Schürzen, die es lieben, mein Zimmer aufzuräumen, Room Service, Massagen. Der ganze Luxus eines reichen Mannes, der sich von seinem reichhaltigen Leben ein bisschen entspannen muss, um immer optimal vorbereitet zu sein auf alles Wichtige.

»Hatten Sie eine angenehme Nacht bei uns?«, fragt eine junge Blonde und bringt mir das Rührei.

»Ja, hatte ich.«

Wie schön das wäre.

»Ja«, rufe ich, »lass uns das machen. Sofort!«

Ich weiß, dass das ein abenteuerlicher Wunsch ist, und

will es trotzdem: es schön haben. Ich will wegkönnen, immer und überallhin. Das ist die Gelegenheit.

»Hey, Anne, das wird bestimmt nichts, aber angenommen, es klappt: Was für einen Wagen hättest du gerne?«

»Na, was wohl?«, sagt sie und lacht. »Mercedes oder BMW!«

Der Mercedes oder BMW sollte schwarz sein, sagt sie. Pantherschwarz sei gut, wenn wir irgendwo vorfahren.

Ich sage, dass ein Porsche nicht schlecht wäre.

Mercedes, BMW, Porsche.

Pantherschwarz!

»Wenn wir an die Côte d'Azur fliegen, will ich die Beine ausstrecken können, und nicht so wie auf dem Flug nach London«, sage ich.

Unbedingt, findet Anne, eine Gesellschaft, die uns allen Komfort bietet, sollte es schon sein, und wenn die Stewardessen nicht ganz so übel aussehen würden, würde mir das bestimmt auch gefallen.

Bei einem Frühstücks-Franzosen in Berlin-Kreuzberg erklärt sie mir, wie sie sich das vorstellt, unser Vorgehen.

Unsere ganzen Stärken betonen, die Geschäftsideen. Ich solle sie mal machen lassen.

Sie nennt es jetzt sogar die »Regel Nummer 1 des guten Reichen«, nicht selber zu zahlen. Ich bin überrascht, wie hartnäckig Anne sein kann, wenn sie sich wirklich etwas vornimmt. Das wäre ja gelacht, wenn da nicht etwas gehe.

Sie kenne da eine Freundin. Die wisse alles, die sei so gut darin, die guten Dinge zu kriegen. Die tanze auf Ibiza, wo die anderen 800 Euro Eintritt zahlen müssten, da tanze sie und vergnüge sich, und zwar umsonst.

»Udo Walz hat ihr die Haare gemacht, für umsonst, weil sie Werbung für ihn war. Die geht gratis in die edlen Fitnessclubs, in den Spa, und macht Werbung für die. Alle wollen sie haben.«

Ich sage Anne, dass sie nicht ihre Freundin sei und auch nicht Madonna, und sie sagt, dass sie nicht Madonna ist, aber mindestens genauso werbewirksam wie diese Freundin.

Kein Star dieser Welt zahle seine Oscar-Robe selbst, auch den Schmuck nicht. Keiner! Keiner!

Richtig in Promi-Rage redet sich Anne. Ich sitze da und weiß noch nicht so recht, aber sie nimmt noch einen Kaffee und ist sich sicher, dass es so gehen kann.

»Wäre es nicht wichtig«, fragt sie, »dass die begreifen, dass wir die Promis von morgen sind?«

»Wie bitte?«

»Ja, na klar«, sagt sie, das sei es, und dann sagt sie noch etwas. Sie sagt: »Bei den Hotels hätte ich am liebsten das Marriott.«

Dem Marriott-Hotel in Hamburg verdanke sie ihre Karriere, das sei ja so eine tolle Kette, die würde zu uns passen. In Hamburg, da hatte sie, als sie 20 war, einen Termin zum Vorstellungsgespräch für ihren ersten Journalistenjob.

»Ich war so aufgeregt vorher.«

Aber das dauerte nicht lange, denn auf der Terrasse des Marriott war so eine perfekt-feine Atmosphäre, war alles so dezent, dass sie gedacht habe, weit weg aus ihrem Vorort zu sein. Das sei einfach nur groß und beeindruckend gewesen, hier das berühmte Hotel und hier die Anne, die sich wohlfühlt. So sicher habe sie sich gefühlt, dass sie den Job gekriegt habe und dann auch noch Glückwünsche vom Kellner.

»Anne, das ist ja rührend!«, sage ich. »Ich will, dass die vom Marriott das machen. Glaubst du, die können da noch Nein sagen, wenn du das erzählst?«

Rührend. Eine Rühr-Geschichte fürs Herz, denke ich plötzlich, das könnte der Schlüssel sein. Rührend und geheimnisvoll.

Bevor wir zahlen, ist auch noch eine Autovermietung in der Auswahl, drei andere sind draußen. Europcar, Europas absolute Nummer 1 in Sachen gute Autos!

»Weißt du, Anne, als ich ein Kind war, habe ich mich immer gefragt, wo die ganzen großen Autos mit den grünen Logos hinfahren. Und da hat ein Mann mal zu mir gesagt: ›Ich fahre damit nach Paris!‹ Ich dachte, morgen früh fährt er zur Boulangerie und holt sich frische Baguettes.« Ob wir das auch erzählen sollten? War das nicht auch gut?

Auf dem Weg in unser neues Büro fahren wir beim Großhandel vorbei und kaufen zwei neue große Chefsessel aus schwarzem Leder, mächtig schick. Nur wer sich wie ein Chef fühlt, kann verdienen wie ein Chef. Ich denke an meinen Exchef und die 900 Euro Ausbildungsgehalt, die ich hatte.

»Anne, es ist doch nicht so, dass wir keine Chance für die sind«, sage ich. »Wenn du die anrufst, musst du denen anbieten, dass sie superexklusiv sind, dass es einzigartig ist, uns zu unterstützen beim Reichwerden, und dass wir nur die Besten wollen. Die Allerbesten.«

»Ja, das stimmt. Unsere Bitte ist ein Angebot«, sagt Anne und perfektioniert schon mal die Sätze, die sie am Telefon sagen soll.

Sie solle das machen, sie könne das besser als ich, sage ich. Stärken ausspielen, Partner gewinnen.

Dann ist sie am Apparat, die Chefin der Marriott-PR am anderen Ende. Die Stimme klingt sehr professionell, Anne auch.

»Schönen guten Tag. Wir haben eine Sponsoring-Idee für Sie, die eine Chance für Sie ist. Wir haben uns für Marriott entschieden, weil Sie wie kein anderes Unternehmen zu dem agilen, dynamischen Ton unseres Buches passen und fürs Ankommen in einer Welt stehen, nach der sich alle sehnen.«

Die Dame am anderen Ende klingt nicht abgeneigt. Ich sitze neben Anne und fasse es nicht, wie gut es läuft.

Ich bin stolz auf sie. Sie ist so höflich und bestimmt, so zielstrebig. Ich sitze neben ihr und freue mich, wie gut sie ist.

Die Dame vom Marriott ist sehr professionell, bittet um einen Brief, etwas Schriftliches.

Marriott soll etwas Schriftliches kriegen.

Wir schreiben vor und zurück, vor und zurück. Löschen, verbessern, holen Gelöschtes zurück. Verbessern Gelöschtes.

Marriott dürfe dabei sein, wenn wir reich werden, steht in unseren Zeilen, exklusiv, »mit ausgesuchten Partnern, die sich aufgrund von Qualität und Service empfehlen, wenn man reich ist oder es werden möchte«.

Qualität! Service! Reich!

Wir schreiben auch auf, wie groß wir schon sind, die ganzen Namen, die uns alle unterstützen beim Reichwerden, von Reinking bis Weise. Anne schreibt: »Für die Selbstversuche, die mein Kollege und ich unternehmen, sind wir in Deutschland und Europa unterwegs, ins Casino nach Monaco, zum Reichen-Mann-Angeln nach Saint-Tropez.«

Zehn Tage vergehen, zehn Tage.

Dann schreibt die nette PR-Chefin, Marriott habe wirklich Interesse. Es klingt, wie wir uns das wünschen: Marriott will!

Alles geht jetzt Knall auf Fall, sie würden gerne noch etwas schriftlich festmachen, wie viele Übernachtungen wir denn bräuchten?

»Was, wie bitte?«, frage ich.

Wie viele?

In unserem Büro rechnen wir, was gut wäre. 80, 100?

»Anne, die finden uns toll, die denken auch, dass wir reich werden«, rufe ich, »die erkennen Potenziale.«

Ich schreibe: »Vielen Dank für Ihr Interesse, uns zu unterstützen.« Anne löscht, schreibt neu. »Vielen Dank für Ihr Interesse an unserer Kooperation.« Kooperation betone noch mehr, dass nicht nur wir profitieren. Und das sei ja auch so! Kooperation!

»Sind 100 Übernachtungen nicht zu viele?«, frage ich. »Was sollen die denn von uns denken?«

Ich bin verunsichert.

»Bist du bescheuert? Runtergehen können wir immer noch. 100!«

Ich bin so müde, dass ich zustimme, und mache die Augen zu. Wenn das klappt, bin ich ein Held.

Es klappt sehr schnell, das Marriott sagt zu. Eine der besten Hotelketten der Welt sagt uns 100 Übernachtungen zu. Überall, wo immer wir wollen: in München, Köln, Hamburg, Stuttgart, Mallorca und Cap-d'Ail bei Monaco.

Wir können in ihre besten Häuser.

Sie öffnen uns ihre Türen. Sie glauben an uns!

Es läuft! Und sogar noch weiter.

»Es kommen nur ausgewählte Partner infrage, die zum Aufsteiger-Image unseres Buches passen«, schreibt Anne an das Konzern-Marketing von easyJet. »Mit wenig Geld weit kommen, keine Fluggesellschaft passt vom Image her so gut zu uns wie easyJet!«, schreibt sie.

Die Leser unseres Buches sollten spüren, wie »exklusiv« die Autoren wohnen, wie schnell und komfortabel sie durch die Welt zu ihren Terminen kommen.

Auch Marriott sei schon an Bord.

EasyJet ist hochprofessionell. Die Verhandlungen laufen so gut, wie easyJet fliegt, so unkompliziert wie ein Check-in ohne Schlange. Und falls doch mal ein paar Leute vor uns stehen sollten, das Speedy-Boarding für über 20 Freiflüge geben sie uns gleich noch mit dazu.

Hoch die Anne, hoch den Jan, denke ich, und dann sagt

kurz darauf auch noch Europcar zu, bietet uns große Limousinen für 20 Tage. 3er BMW, Mercedes C-Klasse, Minimum. Und den Cayenne. Gratis!

Auch Europcar will, dass wir reich werden, und dabei sein!

»Mama, wann holen wir den Porsche?«, fragt Annes Sohn jetzt.

»Ganz schnell, Juri, ganz schnell.«

***

»Ich liebe das Reichwerden«, sagt Anne, als wir fürs Wochenende das erste Mal einen Wagen holen und nach Hamburg fahren, zur Erholung in Annes Marriott, einfach nur so.

Es ist der Hammer!

»Schöner Wagen«, sagt der freundliche Herr bei Europcar zu der nigelnagelneuen Limousine, die er aus dem Parkhaus für uns rausfährt, und kneift die Augen gönnerisch zusammen. »Sie sind der erste Kunde, der ihn hat.«

Wir sitzen in seinem neuesten BMW, der schnurrt wie eine zufriedene Katze.

Ganz leicht streicht mein Fuß übers Gas, und der Tacho streicht mit, Kilometer 2, 3, 4, sagt er.

Eben waren wir noch in Berlin, dann liegt Berlin hinter uns. Berlin entfernt sich geräuschlos, und mein altes Leben auch, es rauscht, es rast einfach so davon.

»Der Fahrstuhl versteckt sich hinter den goldenen Türen«, verrät die junge Blondine mit dem Marriott-Einstecktuch und lächelt über den Tresen am Empfang, und ich fahre im Fahrstuhl hoch und falle in einem Deluxe Room mit Marmorbad auf ein Bett mit tausend Kissen und einer Matratze, die so perfekt ist, dass ich nie mehr aufstehen möchte. Nie. Nie mehr.

Aber ich stehe wieder auf, und es gibt ein Frühstück im Ballsaal, unter Kristalllüstern so groß wie Wagenräder. Es gibt Rührei, goldgelb. Und Lachs auf großen silbernen Tellern und überall Menschen, die mich wie Schmuck behandeln und Anne auch. Der Schmuck zieht den Bauch ein, weil er so viel gegessen hat. Der Schmuck sagt: »Dich möchte ich am liebsten gar nicht ausmachen, weil du so schön bist« zur Lampe neben seinem Bett und lässt ein Bad ein. Der Schmuck denkt: »Dich nehme ich beim nächsten Mal auch«, als er den Kofferträger mit seinem goldenen Wagen sieht.

Luxus, Service, Qualität.

»Wir rechnen nicht«, sagt Anne, als sie daran denkt, was uns das Sponsoring an Ersparnis bringt. »Wir nehmen ab jetzt nur noch mit«, sagt sie, »wir perfektionieren uns weiter, aber wir rechnen nicht. Dann werden wir auch reich.«

»Ja«, sage ich nur, »wir rechnen nicht, das bringt Unglück.«

Es müssen alleine durch das Sponsoring über 30 000 Euro sein. Nur dadurch, dass gute Menschen genauso an uns glauben wie wir selbst.

Was erst wird, wenn wir richtig aufdrehen, frage ich mich, und es ist mir zum ersten Mal mächtig unheimlich. Wenn wir das, was wir tun, mit noch mehr Selbstverständlichkeit machen?

Wenn wir bei Knigge waren, bei Graf Schönburg?

Wir leben jetzt reich. Wer reich ist, ist frei. Wer reich ist, hat mehr Zeit.

Wir haben jetzt mehr Zeit.

Wir haben jetzt alles, was wir brauchen. Die Flüge von easyJet, die Deluxe Rooms von Marriott, Limousinen von Europcar.

Als wir die ersten Flüge reservieren und alles so einfach, so schnell, so unkompliziert ist, und mir klar wird, dass wir wirklich immer als Erste in den Flieger dürfen und in der ganzen großen Maschine die besten Plätze kriegen, habe ich eine Träne im Auge.

Ich glaube, Luxus macht mich sentimental. Pool oder Nicht-Pool? Fitness oder Nicht-Fitness? Madrid? Barcelona? Rom?

Das sind jetzt die Fragen – und die, ob ich die blonde oder die schwarzhaarige Stewardess hübscher finde. Die, die mir den Orangensaft bringt und mich so sympathisch anlächelt und dann den Mann in der Reihe hinter uns? Die hilft, die Taschen hochzustellen? Oder die andere, die mich eben so nett gefragt hat, ob wir es auch wirklich bequem haben, sie könne Anne auch ein Kissen geben, dann könne sie den Kopf noch bequemer anlehnen?

Ich glaube, mir gefällt die Schwarzhaarige besser, obwohl es die Blonde war, die uns vorhin begrüßt hat: »Herr Rentzow, Frau Nürnberger, herzlich willkommen.«

***

War ich schon immer anders, frage ich mich plötzlich, war ich schon immer anders als andere?

»Mensch, Jan, das war ja klar, dass aus dir mal was wird«, sagt ein Kumpel im Biergarten zu mir, guckt mich an und lacht.

»Warum?«, frage ich.

Er zuckt die Schultern. »Das hat man schon damals gesehen, dass du nicht zufrieden bist und mehr willst.«

Das wusste ich gar nicht, sage ich ihm und bin wirklich sehr überrascht.

Ich erzähle Anne davon. Anne sagt, dass sei jetzt vielleicht komisch, aber bei ihr sei das auch so. Auch ihre Freundinnen würden sich kein bisschen über sie wundern.

***

Sich die Sachen nehmen, die man will, das kriegen, von dem man denkt, dass es einem zusteht, und manchmal noch ein wenig mehr: Wenn das typische Reicheneigenschaften sind, dann waren wir jetzt wirklich auf einem guten Weg. »Sobald ihr handeln wollt, müsst ihr die Türen des Zweifelns verschließen.« Wir hielten es jetzt mit Nietzsche.

Anne hatte gehört, dass jetzt diese große Avantgarde-Schau sein solle mit den ganzen Promis.

Wir jetten hin, total easy.

In unserem Marriott bereiten sie uns eine zünftige Platte zur Begrüßung, mit Brotzeit, Wurst und hellem Bier. Für uns, die Ehrengäste. Ich fühle mich immer noch ein wenig fremd in schönen Zimmern mit gutem Aroma in der Luft. Mir fällt ein bisschen Obazda auf die Fensterbank. Ich will ihn aufkratzen.

»Den darfst du liegen lassen«, sagt Anne. Sie hat recht. Daran gewöhne ich mich erst.

»Wo du überall aufräumen willst«, sagt sie – aber da bin ich schon im Bad mit den schwarzen Marmorfliesen, Wasser einlassen, Zeitung lesen.

Die Lokalzeitung trauert um den guten alten Kaviar: »Schickeria in der Krise. Würstl statt Kaviar.« Kaviar sei out, Dekadenz gerade lächerlich, Bodenständigkeit dafür in. Die *Süddeutsche* schreibt, dass niemand mehr so recht Rolex wolle und Rolex jetzt Uhren zurückkaufe, damit der Preis nicht verfällt.

Reiche und reiche Vorlieben sind gerade Thema. Überall.

Das beruhigt mich.

Es beruhigt mich, dass es nicht unangenehm auffällt, dass ich keine Rolex umhabe, obwohl ich mir nicht sicher bin, ob das auch auf dieser Protzer-Messe funktioniert, bei der Anne uns angemeldet hat, zum Genießen von Luxus und Kontakte-Machen.

Das Ganze würde bestimmt sehr lustig, findet sie. »Für die Netzwerke!«

Immer wenn wir ins Hotel reinkommen, löst das Personal Alarm aus, dann tuscheln sie und begrüßen uns wie Superstars. Wir könnten den Zimmerservice in Anspruch nehmen, aber wir holen draußen für ein paar Euro Pommes.

Die große Avantgarde-Schau residiert in einem ehrwürdigen Palast, der so pompig auch in Sankt Petersburg stehen könnte.

Goldpuschel wehen uns rechts und links im Torbogen entgegen, es scheint, als sei der ganze Palast vergoldet, selbst die Decken auf den Stehtischen im Hof sind aus flatterndem Gold.

Na, super, denke ich. Seid ihr von gestern?

Keine Zeitung gelesen? Lest ihr gar nicht?

Aber da kommt der Chef der Avantgarde-Schau zum Tor, er isst offenbar gerne, was man schon ein bisschen sieht, er ist sehr zuvorkommend.

Die Goldkordel schwingt beiseite.

»Frau Nürnberger, wir haben telefoniert«, sagt er, berührt sie leicht an der Schulter, drückt ihre Hand und mir drückt er sie auch. Er tut für einen Moment so, als wäre es ihm lieb, wenn ich ein bisschen verschwinden würde, es wirkt auf mich, als wolle er Anne irgendetwas anvertrauen.

Er trägt ein rustikales Sakko, das ihm eher etwas Ländliches verleiht. Er spricht Dialekt.

Wir erfahren, dass er früher mal bei den Chorknaben war, Exprivatdetektiv und Exmaskenbildner ist.

Er hat einen spannenden Beruf, er ist in erster Linie ein Ex – ich will in erster Linie was werden, denke ich. Wie sich die Wege manchmal kreuzen. Ich finde es gut, dass er nie wichtiger war.

»Wen haben Sie alles eingeladen?«, frage ich ihn.

»900 Geschäftsführer, Privatbanker, Vorstände, CFO, CEO, Unternehmer.«

»Und was sind Sie?«, fragt er mich.

»Zurzeit arbeitslos.«

»Sie hätten wir jetzt nicht eingeladen.«

Ich wäre sonst auch nicht gekommen, denke ich, ich mag ihn nicht. Gut, dass er so lächerlich wirkt, das macht mich sicherer hier in seiner Welt. Neben mir schnauft eine Dame aus Abu Dhabi und muss sich im Wind den gelben Schleier festhalten.

Krass, wie viel Personal es hier gibt, und dass er sogar einen Riesenschlitten aufgebaut hat, mit dem er glaubt, groß zu punkten.

»Gestern Abend war es voll«, meint der Messechef. »160 Leute. Die sind aber einfach wieder abgehauen, weiß auch nicht warum. Harry Wijnvoord hat moderiert, ganz toll«, sagt er, und es soll wahnsinnig wichtig klingen.

»Louis Vuitton, Cartier krieg ich doch überall. Wir gehen nicht den Trends nach, wir setzen Trends.«

Von Dubai spricht er, von Sankt Petersburg, er nennt Promi-Namen, Promis, die ich kenne, welche, die ich kennen sollte.

Was dann kommt, legt die Vermutung nahe, dass er die Lokalzeitung wirklich nicht liest und die *SZ* auch nicht.

Er zeigt uns Seifen, die angeblich geil machen und die man gut und gerne unter das Kopfkissen legen könne, Handys für 179 000 Euro, die so schwer sind, dass man sie als Hantel benutzen könnte, und guckt, wie sie uns gefallen. Er führt uns zu einem Luxus-Finca-Verkäufer, der eine Fahne hat, weil sein Stand direkt neben der Weinprobe ist, und der Villen in erster und zweiter Strandlinie anbietet und ein Auto als Geschenk mit drauflegt. Das mit Christus-Motiven und Swarovski-Steinen bestickte Hemd, das Sarah Connors Exmann angeblich so gerne anhat, lassen wir einfach links hängen.

Der Messechef ist jetzt richtig in Fahrt und zeigt Anne, wozu seine Messe da ist, dass man da nicht einfach nur rumläuft, sondern es sich gut gehen lässt, was immer man darunter auch verstehen kann.

Er nötigt Anne in einen 6000-Euro-Ganzkörper-Massagestuhl mit Fußreflexzonenbehandlung, für die sie ihre Socken ausziehen muss. Sie stopft sie in ihre Schuhe, und die Schuhe stehen auf der Seite, als sie »Aua« und »Oh« ruft und der Stuhl beginnt, wie wild an ihrem Po zu rubbeln, und die Füße mit bearbeitet.

»Zwölf bis 15 Minuten«, sagt der Messechef, dann sei alles wieder locker.

Er nimmt mich wieder mit raus. Er raucht.

»Nein, danke, ich bin auf der Erfolgsspur, ich rauche nicht«, sage ich, ohne dass er da groß zucken würde.

»Wissen Sie«, raunt er, und ich frage mich, warum er sich jetzt doch mit mir unterhalten will. Er muss offenbar wirklich etwas loswerden.

Er klopft mit der Hand auf den Goldtisch, einmal, zweimal, kommt mit dem Kopf ein bisschen näher an mich ran und sagt: »Wissen Sie, ich habe aus den Fehlern des letzten Jahres gelernt.«

»Wie meinen Sie das?«, frage ich ihn und ziehe meine Stirn kraus, zwölf bis 15 Minuten, denke ich, möchte flüchten, aber er will mich dabehalten, als sei ich ein alter Freund.

Jetzt, wo Anne weg sei, wolle er nicht länger warten, könne er mir ja ganz in Ruhe erzählen, was auf solchen Veranstaltungen wie seiner alles passieren kann, wenn alles ein bisschen außer Rand und Band gerät und alle nur Champagner trinken.

Damit ich das schon mal weiß, gewissermaßen, jetzt, wo ich reich werde, aber das weiß er, glaube ich, gar nicht.

»Mein Expartner«, sagt er, »hat in den Pool gemacht. Da schwamm morgens was drin rum.«

Seine Hand macht eine Schwimmbewegung. Er macht ein ganz und gar angeekeltes Gesicht, als röche er immer noch, was damals in dem Pool trieb.

»Mensch, putz doch mal!«, pflaumt er einen Kellner an und stupst mit dem Finger in einen Kaffeefleck.

Ich tue so, als bemerke ich das nicht.

»Die Sache, war das peinlich. Mein Partner war halb nackt«, sagt er. »Meine Mutter hat mir das gesagt. Die kommt morgen auch.«

»Wie, wo war das?«

»Auf der Messe war das. Was glauben Sie denn, wo das passiert ist: in einem kalifornischen Pool. Ganz viele Leute waren da vorher drin. Ich höre auf einmal Gaudi, Stimmung, während ich oben noch gearbeitet habe. Da war Party. Am nächsten Morgen kam der Chef der Firma und sagte: ›Ich musste da 15 Sauerstofftabletten reinschmeißen.‹«

»Ihh«, mache ich. »Ihh, nein, das kann doch nicht sein!«

»Doch.«

Was macht man mit so einem Mann? Trösten? Ich will weg.

»Das ist nicht meine Messe, Anne«, sage ich, als sie wieder da ist, und fliehe aufs Klo. Anne muss plötzlich auch.

»Du spinnst ja, lass mich nicht alleine«, blafft sie mich an und stürmt mir hinterher.

Ich pullere, um das Becken liegen vertrocknete braune Rosenblätter für die Luxusgefühle beim Pullern. Aber auf dem Teller mit der weißen Serviette steht: »Danke!«

Musik hämmert aus einem Saal, als wir wieder rauskommen. Sie ballert richtig, durch eine offene Tür knallt Laserlicht.

»Gleich abhauen oder noch mal gucken, Anne?«

Noch mal gucken.

Also gehen wir noch einmal rein und finden ihn. Da steht er. Mit ganz vielen Menschen in gedämpftem Licht. Ein

Mann, auf den sich die Scheinwerfer richten, mit erhobenen Händen.

»Lächelnde Sonne« soll er heißen, der Star der Messe der Kaviar- und Seifenfreunde, der Mann, der den Millionären Träume verkauft, ohne Bedenken und ohne Angst – einer, der Träumen Werte gibt, ohne dass wir das jetzt schon wissen.

»Kommen Sie, kommen Sie«, ruft er uns zu und holt uns zu sich in seinen Kreis, bevor wir uns wirklich wehren können.

Er ist ein großer, blonder Mann mit gestreiftem Hemd, und er sagt, dass er jetzt nichts anderes tun werde, als uns die Kraft des Lebens zu schenken.

Er sieht zwar nicht so aus, als habe er Wehen, aber er will das wirklich machen.

Er werde jetzt etwas mit uns tun, das sich nur die besten Mediziner erklären können, mit einer Wirkung, die man selber erst nicht, aber die anderen ganz geschwind an einem bemerken werden.

»Mehr Ausstrahlung, bessere Rhetorik.«

Mir ist unwohl, gleich beginnt er zu pressen, denke ich.

Er nimmt seine Arme hoch. Der Raum ist dunkel, ich stehe plötzlich im Spotlight.

Er hängt mir ein funkelndes, goldenes Schmuckteil um, dem er einen edlen Namen gibt, drückt mir ein kleines, schwarzes Ding in die Hand, dem er auch einen Namen gibt und das leicht wie Plastik ist.

Die beiden Namen, alles passt zusammen.

»Sie erleben danach keine Downs mehr«, sagt er. Er mache jetzt Wunder mit mir, sagt er, und ich frage mich, was die Reichen nicht noch alles glauben.

Er redet bedächtig auf mich ein, mit einer angenehmen Stimme.

Der edle Schmuck pumpe meinen Hormonhaushalt auf 100 Prozent, sagt er, er verändere meine Blutwerte, mein Wohlbefinden wachse.

Er sagt, meine Moleküle würden angeregt. Er habe das alles an Skifahrern und Snowboardern getestet. Top-Resultate. Sie alle haben jetzt mehr Power.

Er mache jetzt genau das mit mir, was er getestet habe an dem weltbesten, dem größten Tennisspieler aller Zeiten. »Der konnte seine Leistung bei Aufschlägen damit um 37 Prozent verbessern!«

»Klar«, denke ich.

Dann lässt er mich den Daumen hochnehmen, nimmt meinen ausgestreckten Arm, biegt ihn nach hinten, und er geht angeblich weiter und biegsamer und geschmeidiger zurück als je zuvor.

Ich möchte Aua rufen wie Anne im Massagestuhl, das Publikum macht Ahhhhh.

Er zündet meine Hand an und sagt indianische Worte. Das Publikum ist fasziniert, jemand klatscht.

Er macht es mit Anne, er zündet sie an, lässt sie auf einem Bein stehen und erhöht auch ihre Kraft.

»Wie geht das?«, entfährt es mir. »Wie geht das?«

»Das macht alles mein Schmuck«, dröhnt er, und seine Stimme ist klar, laut und eindringlich.

Immer weiter, immer größer, immer faszinierender wird seine große Show.

Er spricht von der Liebe zu uns, zu mir und Anne, der Ergänzung, der Natur, dem Kosmos, dem Universum. Er ist der Mann für den Körper, den Geist, das Gefühl. Er ist der Mann für die Sinne, alle fünf. Seine Uhr funkelt, sein silbernes Armband funkelt, seine Augen funkeln.

Er schaut mich an, er schaut Anne an. Anne sieht er länger an als mich, so als wolle er, dass sie jetzt auch wirklich bei ihm ist. So intensiv ist sein Blick, dass er sogar mir auffällt und ich mich frage, ob das eigentlich schon ein Flirt ist.

»Das sollten Sie mal nachts tragen«, sagt er mir. »Aus Versehen, denn das darf man eigentlich nicht. Wenn die

Partnerin da ist, werden Sie die Gefühle nie wieder so intensiv erleben.«

Er guckt Anne an, als erwarte er, dass sie jetzt kichert.

»Interessant«, haucht sie. »Sehr interessant.«

Sie fragt: »Was ist Ihre Geschichte? Wie haben Sie das alles nur geschafft?«

»Meine Geschichte ist eine lange Geschichte«, sagt er. »Sehr lang und sehr anders.« Er würde sie uns gerne erzählen.

Dann sagt er, dass er ausgebucht sei und mit der Produktion nicht mehr hinterherkomme, und greift in eine Vitrine. Das Licht reflektiert auf die geöffnete Tür und kurz auf seiner Hand.

»Eigentlich sollte dieses Stück für Frauke Ludowig sein«, sagt er, damit sie es teste.

Anne lächelt.

Dann sagt er: »Aber wissen Sie, ich gebe es Ihnen einfach mit.«

Er gibt es Anne einfach mit. Ohne mit der Wimper zu zucken, gibt er es ihr einfach mit.

»Für Sie!«, sagt er und meint es ernst, und legt den Schmuck in eine Box und lächelt.

Es ist wirklich so gewesen, dass er ihr ein 7000-Euro-Teil einfach mitgegeben hat, und dass Anne nur Danke gestammelt hat und dass sie sich sehr auf die Wirkung freue.

Das ist super, wenn das weiter so läuft, was wird dann, denke ich und komme mir wahnsinnig gut vor.

Anne geht ein bisschen schneller, als wir die Messe verlassen, inspiriert vom Mann mit dem Schmuck.

»Ich habe es, und Frauke Ludowig hat es nicht«, freut sie sich und trägt ihre Nase ein bisschen höher. »7000 Euro! Guck mal, wenn ich es bewege, macht es Sususususu.«

Ich hole sie ein.

»Wie haben Sie das denn gemacht? War das ein Geschenk?«, fragt der Messechef am Ausgang und guckt ganz neidisch. Irgendeine Angestellte hat ihn mit den Losen betrogen, sagt er, letztes Jahr die Scheiße, dieses Jahr die Lose. Wir gucken ihn kaum noch an.

»Anne, wenn wir unser Seminar machen, bei dem wir den Leuten sagen, wie sie reich werden können, kommt der und macht seine Show«, rufe ich. »Wir laden den als Guru ein, mit dem machen wir unser Guru-Seminar!

Ich fliege.

Mit bürgerlichem Namen heißt »Lächelnde Sonne« Jack Morgan. Den Namen soll er haben, seit er in Amerika mal obdachlos war und von Indianern adoptiert wurde. Anne programmiert seine Nummer in ihr Handy ein. Nicht unter »Lächelnde«, nicht unter »Sonne«.

Unter Guru.

***

Die Sonne fällt durch mein Fenster auf mein Bett, den Boden. Sie fällt in eine Wohnung, in der ich nur noch selten bin. Es hat sich Staub angesammelt, er kriecht langsam unterm Schrank hervor. Über den ganzen Schrank ärgere ich mich, er hat eine kaputte Leiste und klappert, wenn ich ihn aufmache.

Ich liege im Bett, die Bettwäsche müsste mal gewaschen werden, denke ich, und krieche noch ein bisschen tiefer rein, sie riecht doch ganz gut – und lese.

In Deutschland gebe es wieder mehr Millionäre, die Milliardäre in Großbritannien seien weniger geworden, aber es sind immer noch 43.

»Wer reich werden will, braucht einen gesunden Narzissmus«, lese ich. »Um erfolgreich zu sein, muss man sich selbst schätzen und lieben.«

Ich schätze und liebe mich eigentlich genug und habe im Prinzip nur immer Angst, dass die anderen das nicht tun und sich da Spannen auftun.

Nicht Schlösser, sondern »bescheidene Hütte« sagen Adlige zu ihren Schlössern, oder »altes Haus«, weil sie das understated finden und Angst haben, als spießig rüberzukommen. Viele sagen nicht etwa, dass sie sich empfehlen würden, wenn sie mal müssten, sondern möglichst einfach und bei der Allgemeinheit um Respekt heischend: »Ich muss mal aufs Klo!«

Viele männliche Reiche werden von schönen Frauen gejagt, lese ich. Für manche ist das so unangenehm, dass sie davon depressiv werden.

Viele weibliche Reiche sind auch depressiv, weil sie nicht wissen, was ihre gejagten Männer mit den jagenden Frauen anstellen, und das lieber auch gar nicht wissen wollen.

Ich denke an Anne und stelle sie mir vor, wie sie in Saint-Tropez zu Fuß hinter dem Hubschrauber von Johnny Depp herjagt und »Ich will mit« ruft, und oben haben alle Depressionen.

Ich werde später ein Neureicher sein, aber auch Neureiche haben es gar nicht leicht. Wenn Neureiche schwere Rückschläge erleben, schwindet oft ihr Selbstvertrauen, und dann geht die sexuelle Potenz stark zurück.

Ich muss dringend dafür sorgen, dass ich keine Rückschläge erleide.

Manchmal, wenn ich jetzt alleine bin, wenn ich mit mir selber spreche und mich in meinen Gesprächen frage, wo der Reichtum aufhört und wo er mich hinführt, wie ich dann später sein werde, ob ich dann noch gut bin oder böse, habe ich Angst, dass ich mich zu sehr verändere.

***

Der Verlag, der uns den Vorschuss gezahlt hat, meldet sich, es scheint, als sehe er das Buch so wie wir: ein Spaß, ein Buch, das Freude macht. Man gibt sich optimistisch, das macht man ja, hier wie da, alle freuen sich, hier wie da. Wie toll, dass wir uns gefunden hätten, wie kreativ wir seien und dass sie sich ja so freuen würden auf das, was bei uns rauskommt.

Sie sind ja sehr nett beim Verlag.

Es scheint wirklich, als seien wir sehr gefragt, und wir sind darüber sehr glücklich, *Reich kann jeder* soll der Titel sein. Wie wir uns das Cover vorstellen? Was man da machen könne? Ob wir da vorne drauf sein wollten? Wir freuen uns, wir auf einem Cover in allen Buchhandlungen, wir antworten sofort.

Liebe Frau Lektorin, schreiben wir,

herzliche Grüße, gestern London, heute München, es geht alles ganz fabelhaft voran.
Was den Titel angeht, haben wir zunächst drei Ideen und Denkanstöße.
Nummer 1, unser Favorit: Die Autoren von Reich kann jeder *zeigen sich vorne auf dem Titel in Reichenpose, hinten bettelarm. Vorne mit Uhren und Schmuck behängt, das blühende Leben, hinten verhärmt, verletzlich und ausgemergelt. Der Reich-Arm-Gegensatz zeigt: »Hey, die hier, die waren so wie ihr, die haben es geschafft.«*
Denkbar wäre: Wir sitzen vorne mit einem vollen Geldkoffer auf dem Schoß, Champagner-Magnum-Flasche daneben und hinten mit einer Plastik-Einkaufstüte.
Denkbar wäre auch: Wir vergnügen uns vorne in weißen Kleidern lachend vor blauem Himmel auf einer Jacht, und hinten schwimmen wir, verzweifelt, das Wasser steht uns bis zum Hals.

Oder wir sitzen vorne in einer S-Klasse und gucken hinten aus einer angeschrammten Ente oder einem Käfer.
Annes Mann, ein FAS*- und* Zeit*-Fotograf, würde das Cover angemessen und unter Umständen zu etwas reduzierten Sätzen in Szene setzen.*
Nummer 2: Die Prunk- und Protzvariante mit dem Mehrwert-Image für den Leser. Das Buch ist ein Goldbarren. Es macht nicht nur reich, es sieht auch so aus, als sei es bares Geld wert. Es sticht sofort ins Auge. Und wenn man es in der Hand hat, will man es nicht mehr loslassen.
Nummer 3: Die So-schön-ist-reich-Variante, von uns am wenigsten geschätzt. Auf dem Titel sind alle Reichen-Produkte stilvoll aufgereiht, der Champagnerkühler, die Perlenkette, die Super-Uhr, Bargeld in Hülle und Fülle, eine Zigarre, ein Goldbarren, ein offener Safe …
Wie gesagt, unser Favorit ist die Nummer 1. Sie verbindet einfach alles, arm-reich und uns als Erfolgsmarke. Wenn die Zeitungen Vorabdrucke machen und das Buch wird gezeigt, sind wir von vornherein zu sehen.
Wir hoffen, der Verlag kann mit unseren Ideen etwas anfangen. Wir freuen uns schon darauf, Neues von Ihnen zu hören.

Ihr Jan Rentzow und Ihre Anne Nürnberger

Wir sind wirklich sehr euphorisch.

***

Als wir das erste Mal unseren Lottoschein abgeben, sind unsere Zahlen die, die laut Statistik am häufigsten gezogen werden. Die 32, die 38, die 26, die 19, die 6 und 31.

Ich habe keine größere emotionale Bindung an diese Zahlen, aber es ist doch klar, dass wir die nehmen.

»Die Chance, dass das was wird, liegt bei 1:140 Millionen«, sagt Anne, das wisse ich doch.

»Ja, Anne, aber na und?«

In unserem Lottoladen bin ich schon jetzt sehr beliebt, weil ich immer warte, bis sich einer mit seinem Zettel neben mich stellt, und dann laut sage: »Hey, nicht abgucken.« Ich mache auch eine sehr interessante Bekanntschaft mit einem Tipp-Kumpanen, der immer die 19, die 39 und die 45 tippt und mir das groß und breit erklärt.

Er tippt Kriegsdaten. »Im Unglück liegt das Glück«, sagt er und reicht seinen Schein dem Lottoverkäufer, der eigentlich ganz nett ist, aber damit angibt, dass er mal in einem Sex-Shop gearbeitet hat.

Ein Lottospieler aus Schleswig-Holstein holt 3,5 Millionen Euro, einer aus Berlin-Spandau drei Millionen Euro, während wir noch darauf warten, aber Berlin ist ein gutes Pflaster für Lottomillionäre. Schon mehr als 90 Mal haben Berliner den Jackpot geknackt, und wenn das Geld dann irgendwann wirklich kommen sollte, ist es herrlich steuerfrei.

Wir setzen jetzt auf alle Zahlen, die Erfolg versprechen. »Irgendwann muss man sich entscheiden, ob man sich immer hinten in der Masse versteckt, um Gottes willen nicht auffallen, oder ob man sich herauswagt«, sagt Armin Mueller-Stahl im Fernsehen, der große Deutsche in Hollywood.

Das bewegt mich.

In Paris, da sehe sie jetzt an jeder Ecke obdachlose Väter, sagt die Schauspielerin Julie Delpy im Magazin der *SZ*. »Männer, die an den Ecken hocken, betteln. Familienväter, die anders nicht mehr über die Runden kommen. Gebrochene Männer!«

Mag ja sein, dass das alles auf Anhieb ein wenig komisch klingt, aber eine dieser Zahlen, die uns jetzt beschäftigen, ist die 400, und eine andere die 10 000.

Bis zu 400 Euro würden deutsche Erfolgreiche dafür ausgeben, um noch erfolgreicher zu werden, berichtet die diesbezügliche Branche, 400 Euro die Stunde. Manch ein Manager würde schnell mal 10 000 Euro los für solche Kurse. Ein richtiger Trend sei das. Es gebe jetzt Coaches für mehr Charisma am Arbeitsplatz, für Wellness, für Spiritualität. Man spricht bereits von Putzerfischen. Eine ganze Kolonne von Putzerfischen habe sich an die Erfolgreichen drangeheftet wie an einen Wal – und allen gehe es gut damit.

Anne sagt, es könne nichts schiefgehen, wenn wir es jetzt machen würden. Wenn nicht wir es machen, dann machen es andere, da sei sie sich sicher.

Sie freut sich wie verrückt auf unser Seminar, das ausgebrannten Erfolgsmenschen neue Kraft versprechen soll und noch mehr Erfolg.

***

»Das wird richtig gut«, sagt Anne. »Wenn die Teilnehmer glauben, dass wir ihnen wirklich etwas geben, dann klappt das auch«, behauptet sie. »Jan, dann kriegen die wirklich etwas für ihr Geld.«

Wie könnten wir es machen?

Mit gezielten Atemübungen?

Mit Meditation?

Mit etwas Spirituellem?

Ich weiß es erst noch nicht und denke nur daran, was passiert, wenn da doch etwas schiefgeht. Da habe ich keine Lust drauf, ehrlich nicht, aber Anne versucht mich zu beruhigen. »Das funktioniert wie eine Theaterinszenierung«, sagt sie.

»Ich ziehe dann mein weißes London-Kleid an, und du bist auch ganz in Weiß, wir treten nur als Veranstalter auf, dekorieren bei mir zu Hause mit Biobuffet und Wellness-Drinks, vielleicht organisieren wir einen Fahr-Shuttle.«

Sie macht eine kleine Pause, und dann sagt sie:

»Ich glaube, es ist doch besser, wir hängen die Fenster zu, damit die Nachbarn davon nichts mitkriegen.«

Jean-Marie und Sienna sollen das Seminar machen, zwei Freunde, die auf der Filmhochschule in Paris waren, zwei Cracks, die daran bestimmt viel Spaß hätten.

Und natürlich: Unser neuer Freund, der Guru von der Messe, der soll der Stargast sein, seine Thesen unter die Leute streuen und als Dankeschön seinen Schmuck verkaufen.

Der Stargast weiß noch nichts von seinem Glück und muss irgendwie darüber informiert werden.

»Der muss unbedingt kommen«, sagt Anne, und ich finde das auch.

Das Konzept für das Seminar entwickeln wir gemeinsam. Ich nenne es ganzheitlich, wie eine Massage, wenn man Rückenschmerzen hat. Wir achten darauf, dass jedes Wort möglichst teuer klingt und Lust macht.

»Wir geben unseren Teilnehmern die Kraft, ihren Alltag noch besser zu bewältigen als bisher und kritische Situationen künftig mit einem verbesserten geistigen und körperlichen Gesamtzustand zu meistern. Wir geben ihnen die Gelegenheit, ihren bisher erreichten Erfolg zu stärken, durch die Bewältigung von Ängsten, Blockaden und Elementen beruflichen und familiären Drucks.«

Ist das gut? Kommen da Jean-Marie und Sienna genügend zu Wort? Hat da der Guru seinen Platz?

Ja, sehr gut.

Wir machen eine exklusive Premiere, schlage ich vor und nenne Preise, die mir völlig absurd vorkommen. »Nur für ausgewählte Leute und ihre Freunde. Die Teilnehmer sollten das Gefühl haben, dass nur sie ausgewählt wurden, weil sie etwas Besonderes sind.«

Sie sind besonders und dürfen mit unserer Hilfe noch besonderer und effizienter werden und ihre Potenziale noch weiter ausschöpfen. 390 Euro ist der Premierenpreis.

Wir sollten 20 Leute zusammenkriegen, 20 Leute mal 390 Euro, rechnen wir, das macht 7800 Euro.

Wenn wir das erst mal gut gemacht haben und die Gäste davon geschwärmt haben, wie toll es war, erhöhen wir den Preis auf 690 Euro.

So machen wir es.

Alle, denen wir davon erzählen, sind begeistert, keinem scheinen die Preise zu hoch.

Jean-Marie und Sienna schlagen vor, das Seminar »Buddhas Atem« zu nennen und auch noch Atemtechniken aus Thailand mit einzubauen, »die zielgerichtete Kraft der Mönche des Wat-Bang-Phra-Tempels bei Bangkok«.

Dann würden die Gäste auch wirklich etwas mitnehmen.

So komisch atmen, das könne Sienna ganz gut, das habe sie in ihrer Gesangsausbildung gelernt. Wenn man dann noch klarmache, dass man diesen ganz besonderen Atem, der aus Thailand komme und Quell von Inspiration sei, dass man den ganz leicht lernen könne und überall anwenden, das sei doch was.

Das mache die Sache doch rund.

Anne fragt einen alten Bekannten, der in Berlin auf Super-Networking macht, Ökobranche. Sie sei sich mit dem Preis immer noch nicht sicher, ob 690 Euro für einen Nachmittag nicht doch zu hoch wären. Sie habe da ein komisches Gefühl, sie atme sonst ja nicht buddhistisch.

»Da seid ihr aber echt noch billig«, beruhigt er und schlägt vor, dass er Jean-Marie und Sienna vorher noch einmal treffe, dann kenne er da vielleicht auch noch ein paar Leute, für die das Seminar etwas sei.

Es ist ein bisschen unglaublich.

»Dürfen wir auch kommen?«, fragen zwei Freunde, schon bevor überhaupt irgendwas gestartet ist. Unsere Lektorin vom Verlag will einen Buchvertreter vorbeischicken, »dann kann der mal sehen, was ihr so alles macht«.

Sonntagnacht, bevor wir zu Knigge in die Schweiz fliegen, schicken wir die Einladungen raus. In ZDF-orange, mit der Vita der Coaches. Hundertfach.

An alle möglichen Schauspieler und Schönheitschirurgen, Adlige, Uni-Professoren, Wirtschaftsbosse, die Verantwortung tragen.

Wir nennen sie »Entscheider und ihre Freunde«.

Ich traue es mich ja kaum zu sagen, aber wir haben einen Praktikanten, wir bezahlen ihn für seine Dienste. Wir haben einen Praktikanten, der uns hilft, mit einem Guru-Seminar reich zu werden. Er kommt aber nur zwei Mal.

»Was machen wir, wenn einer die Erfolge nicht ganz so spüren sollte?«, frage ich Anne.

»Das sagen wir vorher an«, antwortet sie, »dann kriegt der sein Geld wieder.«

***

Drei Stunden Schlaf, dann sind wir schon wieder unterwegs, zu dem Mann, vor dem ich wirklich großen Respekt habe. Er hat uns eingeladen, wir sollen zu ihm nach Hause kommen, er will mit uns essen!

Moritz Freiherr Knigge will mit uns essen, und er will, dass wir bei ihm schlafen und dann noch einmal mit ihm essen, Abendbrot, Übernachtung, Frühstück.

Der Nachfahre des großen Benimmpapstes bittet uns zu sich nach Hause, damit er uns auch wirklich etwas beibringen kann, das dann auch Früchte trägt.

Frage deinen Gast, was er letzte Nacht getan hat, denke ich und schäme mich kurz für das Seminar, das ich gestern noch so lustig fand. Hoffentlich ruft niemand der Leute zwischendurch an, denke ich.

»Liegen bleiben, bitte«, denke ich und stehe um 4.15 Uhr auf.

Auf der Straße beneide ich alle, die jetzt noch schlafen dürfen, und sogar die Punks am Alex, die gemütlich auf dem Bordstein sitzen, die Beine lang auf die vierspurige Straße ausgestreckt, auf der sonst immer Stau ist und jetzt niemand unterwegs ist außer mir. Sie sitzen da, sie rauchen und lachen. Und nachher werden sie wieder ein paar Autoscheiben wischen, solange sie Lust haben, und mit Sicherheit den ganzen Tag nichts falsch machen.

»Fahren wir jetzt auf ein Schloss oder wo fahren wir hin?«, frage ich Anne im Zug nach Schönefeld. »Nee, glaube ich nicht«, sagt sie und macht die Augen zu, als sei es ihr egal.

»Wieso weißt du nicht, ob wir auf ein Schloss fahren?«, frage ich sie.

»Jetzt komm mal runter«, sagt sie, das werde sich schon finden.

»Haben wir ein Gastgeschenk?«, frage ich. »Wir brauchen doch ein Gastgeschenk, wenn der uns einlädt, brauchen wir doch eine kleine Aufmerksamkeit.«

»Vielleicht schenken wir ihm eine Einladung für das Guru-Seminar«, sagt Anne, aber dafür erntet sie von mir nicht das, was sie sich erhofft hat.

Wir sprechen nicht viel im Flugzeug.

Moritz Freiherr Knigge, der im großen Clan der Knigge-Nachfahren am besten weiß, wie man sich benimmt, scheint ein Mann zu sein, der eindeutig sagt, wenn etwas schlimm ist. Oder unappetitlich.

Aufgewachsen auf dem Rittergut Bredenbeck, lese ich, BWL-Studium, Unternehmensberater, kämpft für angemessene Umgangsformen.

In seinem Buch *Eine Frage, Herr Knigge*, das Anne jetzt schnell noch nach den wichtigsten Weisheiten durchkämmt, schreibt er, auch ihm passiere es immer wieder, dass er mit vollem Mund spricht. »Kauen Sie zu Ende, schlucken Sie Ihre Bissen hinunter. Nichts ist unappetitlicher, als dem Gegenüber seinen offenen Mund darzubieten und im schlimmsten Fall den einen oder anderen Speisebrocken auf die Reise zu schicken ...« Das passiert mir nicht, denke ich. Ich spucke nicht.

»Wer seinen Gästen ein Freund sein will, der setzt weniger auf Glanz und Gloria als auf die eigene Freude daran, dem anderen seine Tür mit der größtmöglichen Selbstverständlichkeit zu öffnen«, liest Anne mir vor, und ich stelle mir vor, dass vielleicht ja doch nicht alles so streng wird wie befürchtet.

Dann setzt das Flugzeug zur Landung an. Die Stewardess hilft dem Mädchen in der Reihe vor mir mit der Tasche. Hopp, alles raus, in die Schwitz.

***

Um 17 Uhr war ausgemacht, um 17.20 ruft Anne das erste Mal an und sagt, wir bräuchten noch fünf Minuten, und dann dauert es noch einmal eine halbe Stunde. Es gibt Dinge, die dürfen nicht passieren, aber dann passieren sie trotzdem.

Wir sind eine geschlagene Stunde zu spät. Wir schwitzen, als wir unten klingeln, wir sind wütend aufeinander. Wir haben geschrieen, ich habe das. Wir haben einen Sonnenblumenstrauß aus der Bahnhofshandlung, der aussieht wie Tierfutter, für einen Mann, der mit Blumen wahrscheinlich nicht ganz so viel anfangen kann und jetzt bestimmt schon sauer ist.

Moritz Freiherr Knigge, der Unternehmens- und Anne-Berater, wohnt oben auf einem Berg, in einer Kopfsteinpflasterstraße in einem Haus, das man nur findet, wenn man der Auffahrt zum Schloss folgt, was uns aber nicht so gut gelungen ist, weil die ganze Schweiz eine einzige Einbahnstraße ist, die im Kreis verläuft.

»Guten Tag«, sagt Anne.

»Guten Tag«, sage ich.

Er nennt seinen Namen zur Begrüßung, was auch daran liegen könnte, dass wir vergessen haben, unseren zu sagen, er mustert mich, Anne. Er sieht kritisch aus, groß ist er, gerade, er hat dichtes, rotes Haar, Koteletten wie aus einer anderen Zeit und helle, blaue Augen.

Wir stehen in der Tür in seinem alten Haus, eine Ewigkeit und dann noch ein bisschen länger. Endlich scheint es, als entschließe er sich, und er sagt: »Dann kommen Sie mal rein.«

Und dann stehen wir in seinem Flur. Er mag uns nicht, doch, er mag uns, denke ich und versuche, normal zu sein.

Riesige Wandschränke hat er, weiß gestrichene Vertäfelungen, die allem etwas gediegen Frisches, etwas Unschuldiges geben, Adels-Erinnerungen, Fotos, da galoppiert einer auf einem Pferd, setzt an zum Sprung.

Auf der Holztafel im großen Esszimmer thront eine gigantische Vase, größer als zwei Kinder, mit lauter lilafarbenen, roten und gelben Lupinen. Es fehlt nur noch, dass sie Hallo zu unseren Sonnenblumen sagen und sich wegdrehen.

Knigge sieht aus, als warte er auf etwas, seine Freundin sei noch beim Segeln, sagt er, und dann zeigt er mir seinen Ausblick raus, runter auf den See, ein Wahnsinnsblick, den ich gar nicht richtig wahrnehme.

Wenn jetzt was schiefgeht, wird alles ein ganz großes Fiasko, denke ich, dann setzen wir uns in den Wohnsaal, kaum sitzen wir, verheddert sich Anne, die versucht, alles richtig zu machen, mit ihren Beinen, weiß gar nicht wohin damit auf seinem niedrigen Sofa. Sie rollt sie aus, fährt sie ein, kriegt einen Blick, der nach Strafe aussieht, aber bestimmt anders gemeint ist.

Der Freiherr steht auf, sagt nichts außer »Ein Wasser?«, bringt Wasser, setzt sich wieder hin, uns gegenüber, schlägt die Beine übereinander und gibt den Blick auf seine roten Socken frei.

»Mein Markenzeichen«, sagt er und streckt sie mir zur Bewunderung entgegen, sagt dann aber immer noch nicht viel.

»Ah, rote Socken«, murmele ich.

»Ich habe mich immer gefragt, wie der Adel lebt«, sage ich, weil ich denke, dass dies ein unverfänglicher Einstieg ins Gespräch wäre. Noch nicht übers Benehmen reden, erst mal was anderes.

»Wie soll er denn leben? Wie haben Sie sich das denn vorgestellt?«, fragt er. »Entspricht es Ihren Vorstellungen?« Ich werde rot.

Ich gucke mich um, sehe das geöffnete Fenster, das glänzende Eichenparkett, spüre den Wind, der hereinweht, aber er kühlt nicht.

»Ich dachte, der Adel lebt anders.«

»Der Adel sind auch nur Leute!«

Der Hochadel und der Hochrote. Alles läuft, wie ich das befürchtet hatte.

Ob es bald Essen gibt, es kann doch nicht mehr lange dauern. Wann gibt es Essen? Ich bin immer noch angespannt, habe Angst vor dem Essen, aber Hunger.

»Was ist eigentlich gutes Benehmen?«, frage ich und denke an meine Gabel- und Messerstellung, ein V, wenn ich noch weiteressen will, parallel, wenn ich satt bin, an die Serviette, einmal gefaltet, mit der Öffnung zum Shirt.

»Eine absolute Grundlage ist Aufmerksamkeit. Diese ganzen Dinge, Hummer knacken, Handkuss, ein kulturell gehobenes Gespräch, das sagt alles nichts über gutes Benehmen aus.« Dann macht er eine lange Pause, seine blauen Augen suchen die meinen. »Ich glaube, dass Menschen Aufmerksamkeit lernen können, wenn sie anfangen, sich dafür zu öffnen. Indem sie begreifen, dass es nicht nur um sie selbst geht, sondern um den ganzen Kreis, der beteiligt ist.«

Aufmerksamkeit! Der Kreis, der beteiligt ist. Meint er sich?

Ein Tag, bis morgen früh, denke ich nur. Keine Fehler machen, unterhaltsam sein, aufmerksam. Klug sein. Wenn wir hier raus sind, mache ich drei Kreuze, sage ich mir. Und: Wenn er uns rausschmeißt, erzähle ich überall, dass Knigge kein Benehmen hat.

»Manchmal denke ich, Reiche benehmen sich besser, sie benehmen sich anders als Arme«, sage ich und denke schon beim Sprechen: »Gib es mir! Jetzt kann er uns sagen, was er von Leuten wie uns hält.« Aber ich irre mich.

»Das gute Benehmen zeigt sich daran, wie die Leute mit dem Kellner umgehen. Es ist nie richtig, ein Arschloch zu sein. Nie. Die Grundlage guten Benehmens ist Aufmerksamkeit.«

Da kommt seine Freundin in den Saal, frisch wie der See, auf dem sie gerade einen Törn gemacht hat, kommt rein, verbreitet Herzlichkeit und gute Laune, lacht über sich selbst und darüber, dass der Wind leider weg war und man reinrudern musste, und Knigge umarmt sie flüchtig, gibt ihr einen freundschaftlichen Klaps auf den Po.

Käse-Fondue, ja, es gebe heute Käse-Fondue, das würde ja überhaupt nicht stimmen, dass Käse-Fondue nur im Winter gegessen werde, nicht in der Schweiz, nicht hier.

»Kein Braten?«, denke ich kurz, »kein Wild?«

Anne springt auf, weil sie denkt, dass sie helfen müsse, obwohl sie das ja sonst eher nicht so häufig macht. Sie ist völlig wild darauf, nützlich zu sein. So wild, dass sie sogar fragt, obwohl es gar nichts zu helfen gibt.

»Die Kunst des guten Gastgebers liegt in der Fähigkeit,

sich selbst zurückzunehmen und seine Erwartungen eindeutig zu formulieren«, denke ich kurz an einen Satz in seinem Buch. Wenn er jetzt wollte, dass ich etwas Besonderes mache, würde er mir das bestimmt sagen.

Dann ist es so weit, die Tafel im Esszimmer ist bereitet, eine weiße Decke breitet sich über den Tisch. Die Freundin hat jetzt ein bodenlanges Kleid an, das den Saal zum Leuchten bringt, wie eine Königin nimmt sie Platz in einem abendhellen Raum.

Dampf steigt auf in der Mitte des Tisches, ein Topf brodelt, Schalotten warten in Schüsselchen, Salat. Kerzen wurden gezündet.

Sehr aufmerksam, denke ich. Wie aufmerksam sie uns gegenüber sind.

Mir zittern die Hände, ich weiß, dass es Knigge angeblich egal ist, wie man seine Gabel hält und ob man alles richtig macht, und dass es hier angeblich keinen stört, wenn man etwas falsch macht, und dennoch denke ich, dass das alles nur Show ist. Dass sie bestimmt schlecht reden, wenn wir weg sind, dass sie Spaß daran haben, wie ungehobelt wir sind.

Wir sind doch hier bei Knigge. Knigges, das sind doch Spießer, das sind ganz strenge Menschen.

Mehrmals betone ich während der Zeremonie die Köstlichkeit des Essens, des Käses, lobe das Angebrannte von unten, das auch köstlich schmecke, und betone, dass meine Mama früher immer gesagt habe, dass das Angebrannte das Beste sei.

»Nehmen Sie, nehmen Sie«, raten mir die Knigges, und ich nehme, wir nehmen alle, immer mehr, Wein wird nachgegossen, das macht er, Wasser, das mache auch mal ich, weil ich gelesen habe, dass ich das dürfe, auch, wenn man hier offenbar alles darf.

»Kommt es vor, dass Sie jemanden einladen und der sich so danebenbenimmt, dass Sie ihn am liebsten gleich wieder loswerden wollen?«, frage ich in einem Moment des Übermuts.

Nein. »Entweder wir haben immer sehr viel Glück oder wir haben generell gute Leute eingeladen. Wir sind gastfreundlich und behandeln die Leute so gut, dass sie das nicht tun.«

Anne schießt mit der Gabel versehentlich eine Schalotte über den Tisch, und alle tun so, als hätten sie es nicht gesehen.

Einmal kleckert mir Käse auf die Tischdecke, ein dicker Faden. Ich lasse ihn erst da, als hätte ich ihn nicht bemerkt, warte, bis er wegguckt und seine Freundin auch, und ditsche ihn mit meiner Stoffserviette weg.

»Ihre Küche ist so gut!«

»Ganz, ganz köstlich!«

Eine Strategie habe ich jetzt. Immer, wenn ich nicht weiterweiß oder einen vermeintlichen Fehler begangen habe, der angeblich niemanden interessiert, mache ich das, dann schieße ich ein Lob in die Stille. Ich habe sogar Lob auf Vorrat, erst, wenn ich keins mehr habe, werde ich nervös.

Aber ich bin fast gar nicht mehr nervös. Ich öffne mich jetzt. Ich rede, warte, bis Knigge antwortet, es kommt zu richtigen Dialogen.

Ob ich noch einen Schnaps wolle, fragt Knigge irgendwann, da ist seine Freundin längst im Bett.

»Haselnuss?«

»Ja.«

»Noch einen?«

»Nein.« Kontrolle bewahren, denke ich.

Anne soll in einem Gästezimmer schlafen. Sie verabschiedet sich in die Nacht mit der Frage, ob um acht Uhr aufstehen okay wäre. Ist es.

Meine Bettstatt wird neben seinem Schreibtisch aufgebaut. Ich versuche aufmerksam zu sein, sage, er solle ruhig Lärm machen morgen früh.

Leider riechen meine Füße strenger als gedacht, als er mir das Bett baut. Als ich nicht weiß, was ich machen soll, und statt ihm ordentlich zu helfen schon meine Schuhe ausziehe.

»Wenn Sie etwas zu trinken brauchen, fühlen Sie sich wie zu Hause bei mir«, sagt er, lässt sich nichts anmerken und verschwindet.

»Warst du das, waren das deine Socken?«, flüstert Anne über den Flur, und dann schlafe ich ein.

Nachts werde ich wach. Ein Boot tutet auf dem See. Mein Kopfkissen riecht nach Sommer, nach Segeln. Nach Neuchâtel. Dann ist es leider schon Morgen.

»Schläft der Mann noch?«, höre ich um 8.15 Uhr eine Stimme auf dem Flur und hüpfe schnell raus, besorgt darüber, ob es mir gelingen kann, den guten Eindruck von gestern zu halten oder noch weiter auszubauen.

Unter der Dusche überlege ich mir, dass es bestimmt gut wäre, einen tollen Satz parat zu haben, der das Gute aus der Nacht in den Tag rettet, und entwickle den ersten Satz, den ich gleich raushauen werde, wenn ich guten Morgen sage:

»Ich habe es völlig unterschätzt!«, sage ich zu Knigge aus dem Flur heraus in die Küche.

Er, Teewasser kochend: »Was?«

Ich: »Eine Nacht Schlaf bei Ihnen ist ja Entspannungsurlaub für die Seele.«

So entspannend, dass ich gerne noch ein wenig länger entspannt hätte, denke ich.

Dann ist Frühstück, wird es plötzlich schrecklich gemütlich, so unfassbar morgensonnig in seiner Wohnung. Käse, Schinken, Marmelade, es gibt Kaffee, zum Kaffee gesellt sich Tee.

»Darf ich?«, fragt er nach dem Essen.

»Ja, natürlich.«

Da zündet er sich eine an, raucht, schlägt die Beine übereinander, nascht noch mal. Er ist super drauf heute Morgen, noch entspannter als gestern Abend. Er hat vergessen, dass wir gestern zu spät waren, er hat alles vergessen, alles, was wir vielleicht falsch gemacht haben.

»Es ist nie richtig, ein Arschloch zu sein«, denke ich und esse und bin ganz Ich, lässig und lustig, sitze gerade und stelle fest, dass ich eigentlich zu Hause genauso sitze und eigentlich gar nicht so schlecht bin.

Deutlich rede ich, vielleicht einen Tick deutlicher als sonst.

Es ist jetzt richtig vertraut. Ich, Anne und der hohe Adlige. Er holt Fotos raus, er zeigt uns seine Pinnwand in der Küche. Er very British in England, auf Hochzeiten. Seine Freunde.

Es ist, wie in einem Märchenbuch zu blättern und Geschichten der Von und Zus zu hören. Nur, dass sie alle echt sind. Und alle schön.

Er zeigt uns Partybilder. Guck mal hier, hier habe ich mit dem getrunken und hier mit dem. Tänze leben auf. Traditionen.

Das Knigge-Land. Der kniggische Hof, die kniggischen Felder, der kniggische Wald, der kniggische Friedhof. »Da werde ich auch mal liegen, wenn ich tot bin.«

Es macht mich traurig, das zu hören, aber er meint das nicht so.

Der See unten sieht aus, als hätte er sich nur für ihn da hingelegt, für ihn ganz allein. Ich stehe in seinem Esszimmer vor dem Fenster und genieße die Ruhe. Ich könnte jetzt eine alte Zugbrücke aufgehen hören, und dann würde jemand rufen: »Da ist er, der König!«

Aber es ruft niemand.

Unter mir liegt sie, die leuchtende, sandsteinfarbene Stadt mit roten Dächern und leeren, schmalen Straßen. Sie liegen nur da, der See, die Stadt, die Berge.

Ich denke, dass nicht viele Menschen in Neuchâtel wissen, dass Moritz Knigge hier wohnt. Wahrscheinlich haben die Schweizer sogar ihren eigenen Knigge. Oder sie sind so gut erzogen, dass sie so einen wie ihn nicht mehr brauchen. Ein Boot tutet, dann noch eins, am Hauptplatz ist Markt.

Ich denke heute Morgen, Moritz Freiherr Knigge, der Mann für das gute Benehmen, ist dem Himmel vielleicht näher als der Rest der Welt, der Rest der Schweiz, der Rest von Neuchâtel, in seiner herrschaftlichen Wohnung, die so groß und weit ist wie zwei, in der das alte Eichenparkett hallt, wenn er sich in sein Bürozimmer oder in seinen Speisesaal bewegt. Bis in die letzte Kammer gibt es Platz für Licht, viel Licht, mehr Licht, als man sich das vorstellen kann, der Blick aus seinem Fenster ist so schön, dass manche anfangen zu weinen. »An klaren Tagen kann man rechter Hand den Mont Blanc sehen«, sagt Knigge und steht plötzlich wieder neben mir.

»Ja, das ist schön.«

Ich denke an den einen Satz, den er gesagt hat. »Die Wahrscheinlichkeit, gut behandelt zu werden, ist groß, wenn man die anderen gut behandelt.« Deshalb müsse gutes Benehmen eine Haltung sein.

Ich begreife, dass ich es mag, wenn andere Menschen mir die Tür aufhalten und mich zuerst hineingehen lassen, dass gutes Benehmen nichts kostet und vielleicht sogar etwas bringt. Gutes Benehmen hebelt die Unterschiede nach oben aus und macht sie vergessen, denke ich. Wer die Höflichkeit anwendet, dem öffnet sie Türen.

»Darf ich Ihnen dies machen, möchten Sie das, Frau Nürnberger? Es wäre mir eine Ehre, Frau Nürnberger«, die ganzen nächsten Tage werde ich infiziert sein von netten Gesten. Dem Gefühl, dass es mir besser geht, für immer besser gehen wird, wenn ich nur rücksichtsvoll mit allen umgehe. »Darf ich Ihnen die Tür aufhalten, Frau Nürnberger? Kein Problem, ich mache das gerne für Sie!«

»Weißt du, Jan«, sagt Anne nach der Verabschiedung, wir sind gerade zur Tür hinaus. »Weißt du, Jan. Das hatte ich vollkommen vergessen.«

Dann sprudelt es aus ihr heraus. »Ich habe mich einmal im Bad eingeschlossen und die Tür nicht mehr aufgekriegt. Danach habe ich immer offen gelassen.«

»Ich habe das Handtuch zum Händeabtrocknen übersehen, mich einfach mit einem anderen Handtuch abgetrocknet.«

»Beim Bettwäscheabziehen habe ich den Raumteiler umgeschmissen. Die Türen krachten raus. Alles krachte zu Boden. Ich dachte, jetzt ist es aus, jetzt ist es zerbrochen.«

Wir finden das Auto, es klebt ein Strafzettel unter dem Wischer.

***

Vielleicht ist es die Astronauten-Weisheit, die gar keine war. Erfunden, aber passend.

Sie fällt mir jetzt wieder ein, wo ich hier sitze, bei Udo Walz, der ein eigener Planet ist und rund und sich mit seinem Bauch von hinten an mich ranstupst.

»Schöne Länge«, murmelt er von hinten, säuselt es aus seinem bärtigen Gesicht, das auch planetisch ist.

Gleich gibt er mir noch seinen Haarfüller mit für noch mehr Volumen, den er erfunden hat, dann bin ich fertig. Fertig für Sylt.

Das Nachtleben. Das Pony.

Gleich sind meine Haare wieder voll.

»Wenn die Welt untergeht, leuchten die Sterne umso heller«, hatten wir am Anfang in unser Exposé für das Buch geschrieben, diese Astronauten-Weisheit, die gar keine war.

Es ist komisch, dass wir jetzt wirklich heller leuchten und schöner, wir, die ja die Sterne sein wollten.

»Schöne Länge, schöne Länge!«

Es hat eine schöne Länge. Alles hat eine schöne Länge. Und doch scheint es mir, als hätte es gestern erst begonnen.

Als ich rauskomme, sehe ich fast aus wie Frau Merkel. Der Friseur der Kanzlerin bringt mich noch zur Tür, ich halte sie ihm auf und bin sehr nett.

Er lästert noch ein bisschen über die C-Promis, die er in seinem Laden eigentlich nicht haben wolle.

Dann bin ich weg. Mit Gratisschnitt und Volumenflasche als Geschenk.

»Viel Glück weiterhin«, sagt Udo Walz.

***

Ich weiß nicht, ob mein Merkel-Schnitt Charlotte wirklich so gut gefällt, aber sie scheint mich zu mögen, und mir wird jetzt doch ein wenig unheimlich. Eben hat sie ihren Bauch hochgehoben, eine ordentliche Falte, und gesagt: »Ist schon viel weniger, seit ich keine Rouladen mehr esse.« Unsere Blicke haben sich getroffen, meiner und der von Charlotte. Ich habe mir meinen Bauch gerieben und etwas Passendes geantwortet: »Kassler. Meine Mutter macht so ein gutes Kassler, da lecken Sie sich die Finger nach.«

Sie hat mich angeguckt.

»Aber meine Linie, ich esse ihn nicht mehr.«

Dann haben wir gelacht. Charlotte und ich. Charlotte, die eine Übergrößen-Boutique in Hamburg hat, um die 50 ist und neben mir im »Rauchfang« sitzt, dem Promi-Lokal Nummer eins auf Sylt, während Anne den Leuten was Gutes tut.

Wo ist Anne?

Ah, da!

Am A-Tisch mit den 13 Personen und der Exfrau vom Aga

Khan. Sie haben die Aperitive gehabt, Wein, Bier bestellt, jetzt brauchen sie Brot. Sie muss der großen Tafel jetzt Brot bringen. Die Tafel verlangt nach Brot. Die Exfrau vom Aga Khan, dem Multimillionär, will Knusperkruste.

»Macht sie das nicht gut, die Anne?«, frage ich.

»Ja, ganz toll!«, sagt Charlotte. »Ist das Ihre Freundin?«

»So was Ähnliches.«

»Ah, ja!«

Anne sieht aus, als brülle sie gleich, so gestresst ist sie, sie hat eine weiße Staff-Bluse an, sie kommt kaum noch durch.

»Gleich machen sie Musik an«, sagt Charlotte und sieht aus, als wolle sie tanzen.

Anne leidet, überall sind Menschen, die im Weg rumstehen, nein, hier ist nichts mehr frei.

Charlotte sagt: »Herrlich!«

Es ist der wichtigste Tag des Jahres auf Sylt nach Silvester und Ostern und Pfingsten. Es ist der wichtigste Tag des Jahres für die Leute, die auf Sylt am wichtigsten sind: die Wirte.

Es ist Polo-Tag, der Tag, an dem erwachsene Männer auf Pferden einem Ball nachreiten. Es ist halb neun.

Anne hat eine Blase am rechten Hacken. Noch sieben Stunden, bis halb vier vielleicht, dann ist Feierabend. Dann zeigt sich, ob sich das alles gelohnt hat.

Dann entscheidet sich, ob das Spiel aufgehen wird. Das Spiel, das wir gespielt haben, unser erstes richtiges Engagement.

***

»Es wird Zeit, dass du mal was verdienst«, habe ich Anne gesagt. Hinter uns ein Porsche, vor uns ein Porsche auf dem Autozug nach Sylt, Männer und Frauen mit engen Jeans und großen Gürteln. Am Bahnhof gab es für die Hündchen ein Klo.

Wir haben die ganze Zeit über Laura gesprochen, die uns erst auf die Idee gebracht hat, 11000 Euro, eine Bekannte hätte es auch gemacht. 11000 Euro in zwei Wochen an der Champagner-Bar beim Oktoberfest. Das Trinkgeld steuerfrei. Und einen Mann hatte sie danach auch gleich. Prösterchen!

Stößchen!

So lief das.

»Ich weiß nicht, du glaubst doch nicht im Ernst, dass das so leicht wird?«, habe ich auf dem Autozug gefragt. »Ich glaube nicht, dass man da hinkommt, und dann sagen die: ›Schön, Frau Nürnberger. Auf Sie haben wir gewartet‹.«

»Glaubst du, ich kann das?«, hat Anne gefragt. »Glaubst du, ich kriege das hin, dass ich diesen ganzen Promis die Sachen bringe? Ich habe doch nur mal gekellnert als Studentin. Einmal habe ich ein Tablett mit sechs Pernot Banane über eine Designer-Lederjacke gekippt. Aber nur einmal.«

Sylt, wir sind jetzt auf dem Weg dorthin, wo Johannes B. Kerner ein Haus hat, wo Friede Springer ein Haus hat, wo der Hamburger Werber Manfred Baumann eines der schönsten Häuser hat und einmal im Jahr 150 Duzfreunde zum Krebsessen einlädt. Günther Jauch ist ständig da, Dieter Bohlen auch. Wer etwas auf sich hält, ist ständig auf Sylt, fliegt mit dem Hubschrauber ein oder per Linie.

Sylt, das ist Exzess, Sylt, das sind Colliers bei Bulgari für 250000 Euro und Krokodilleder-Jacken für 39000, das sind hellgrüne Poloshirts und eine reiche Jugend, die von Papi das Geld kriegt.

Sylt, das ist Langeweile und Strand und Seele weglegen und abkühlen für alle, die Geld haben.

Sylt, da trägt man weiße Hosen und Crash-Sommerschals, locker um den Hals. Man trägt Strandtaschen passend zu den Sandaletten, Haute Couture am weißen Strand.

Man macht Küsschen, Küsschen, duzt sich, und alle wünschen sich einen »Schönen Tag«.

Anne wird das Trinkgeld ansaugen wie ein Magnet, denken wir.

Ob Günther Jauch viel gibt? Ob Johannes B. Kerner viel gibt? Ob die Jungen mehr geben oder die Älteren?

»Im ›Roten Kliff‹ will ich nicht«, sagt Anne. »Da sollen die reichen Söhnchen den Champagner spritzen. Trinkgeld geben doch bestimmt nur die Älteren, die wissen, was sich gehört.«

Fünf Grad heißer soll es auf Sylt sein als in Berlin, die Insel kommt näher, das Wasser sieht so blau aus, man kann schon die Gräser sehen, und der Strand wirkt wie ein großer blonder Zopf.

»Es geht hier nur darum, wer alles wieder da ist. Und wo. Wer mit wem«, sagt Anne. »Zum Entspannen kommt man woanders hin. Die zeigen sich hier, da geht es nicht um Diskretion.«

Dann verlassen wir den Zug.

Wie sollen wir es machen? Wie kriegt Anne hier einen Job?

Anne sagt, sie wolle es erst in der »Sansibar« versuchen, wo es den tollen Babysteinbutt geben soll, die berühmten Kalbsfiletschnitzel für 45 Euro und die Flasche Château Pétrus für 1600 Euro.

Anne sagt, dass die Sansibar, was die Preise angeht, ganz wunderbar klinge, und dass da alles top durchorganisiert sei.

Die Sansibar soll aussehen wie eine Skihütte, eine Bretterbude mit großen Fahnen, zwei Piratensäbeln als Symbol, und man muss in die Dünen reinlaufen, um hinzukommen.

Sansibar, wir fahren zuerst da hin, parken auf dem hinteren Parkplatz, es gibt auch einen vorderen, aber der ist schon voll.

Eine Gruppe von Jungen mit Sonnenbrillen kommt uns

entgegen, mit hochgestellten Polokragen. Ein Typ mit Badeschlappen und Glatze kommt uns bekannt vor.

»Ist das nicht Joachim Hunold, der Gründer von Air Berlin? Anne, das ist doch der Hunold!«

Ich stelle mir vor, dass der Hunold gerade ein großes Trinkgeld für sein Morgengetränk gegeben hat. »Klasse Service, meine Liebe!«

Anne sagt, dass das Dünengras so wunderbar dufte, und fragt sich, ob das parfümiert ist. Ich sage, dass es schon ganz schön krass ist, wer hier so rumläuft.

»Du, Anne, die da kommt, ist das nicht die Frau Jahr von Gruner und Jahr? Die sitzt da im Aufsichtsrat.«

Die Sansibar hat eine Holzterrasse, davor gibt es Strandkörbe. Die Sonne knallt auf die Holzterrasse, die Bänke sind alle voll, die Strandkörbe sind alle voll, es ist elf Uhr, und Annes Konkurrentinnen bringen gerade Erdbeerbowle.

Noch mehr Kellnerinnen kommen, ganz viele Kellnerinnen in hauseigener Sportswear sind im Einsatz und bringen ganz viel Buntes auf weißen Tellern, für die Crème de la Crème bringen sie drinnen.

Im Kühlen hinter der Holztür, vor der der Chef steht, der die Insel angeblich seit Jahren nicht verlassen hat.

Herbert Seckler, der Chef, ein leiser Mann mit blassrosa Hemd und Jeans, steht vor dem Eingang, zieht seine Kreise, begrüßt die Wichtigen mit Schulterschlag oder leichter Umarmung, nimmt fremde Hände in seine.

»Geht's euch gut?«

»Alles in Ordnung bei euch?«

Er küsst und grüßt und küsst und lächelt. Es ist heiß. Die Luft kocht, es ist wirklich heißer als in der Hauptstadt.

Wir warten, dass was frei wird, setzen uns so, dass er uns sieht, bestellen Kaffee, er lässt uns nicht aus den Augen, zumindest bilde ich mir das ein.

Wie viel Personal braucht er, um einen Reichen glücklich

zu machen? Darf es die Reste essen? Muss es für Verschwiegenheit unterschreiben, für das, was es mitkriegt? Wo findet er sein Personal? Im Finale vom Beach-Volleyball?

Locker sein, souverän, ermahnt mich Anne.

»Der macht das! Der nimmt mich.«

Das nächste Mal, als der Promi-Wirt in unsere Nähe kommt, ruft sie: »Das stimmt doch nicht! Das kannst du doch nicht behaupten!«

Voll empört klingt sie.

»Was ist denn los?«, fragt der Wirt, bereit zu schlichten.

»Er hat gesagt, dass ich zu alt wäre, um hier zu arbeiten. Er hat behauptet, ich würde das nicht schaffen!«

Der Promi-Wirt kommt, jetzt steht er neben mir, ganz ruhig.

»Klar kann sie das«, nuschelt er und guckt mich strafend an. Das macht man doch nicht.

»Das schafft die nicht, die bricht dir hier zusammen wie ein Zirkusgaul«, sage ich und gucke den Wirt an – halb lachend, halb ernst – und spiele das Arschloch. »Das schafft die nicht.«

Ich will ihn nicht wissen lassen, ob ich das ernst meine oder nicht. Er soll zweifeln.

Der Promi-Wirt – und wir. Er hat Mitleid mit Anne. Er streichelt ihr die Wange.

Er, der Mann aus Schwaben, der alle und jeden bedient und Partys macht für 150 Promis gleichzeitig. Da steht er und streichelt und sagt: »Ich schicke dir meinen Personalchef. Er stellt dich sofort ein.«

Er meint es ernst, ganz sicher, und ich bin sprachlos. Ein Trompetenspieler kommt, spielt den Triumphmarsch von »Aida«.

»Ich habe einen Job, ich habe einen Job«, jubelt Anne. »Ich kann hier anfangen.« Da beginne ich sie zu drücken, und beim Drücken scherze ich, dass ich hoffe, dass sie das kann, aber nicht daran glaube, bis ich es sehe.

Dass ich hoffe, dass sich Johannes B. Kerner nicht an seinem Sambuca verbrennt, wenn sie ihm denn einen bringt.

»Ich werde mich so lange ein bisschen umhören und gucken, was es so für Geheimnisse gibt und welche Depots ich mir anlegen muss«, sage ich. »Und wenn du hier jemandem Cappuccino übergießt, rufe ich: Festnehmen!«

Anne lacht.

Was für ein Spaß.

Es funktioniert. Man kriegt Sachen, wenn man nicht um sie bittet, sondern sie sich erspielt.

Wir haben Spaß und gucken uns weiter um.

»Wart ihr schon bei Greta?«, ruft Laura an, gerade in dem Moment, in dem ich mich über eine hochgeschossene Bikini-Lady mit Gucci-Täschchen freue, die sagt: »Zwei Kilo Erdbeeren und zehn Prosecco, mir dröhnt der Kopf!«, als sie sich mit der Hand über den Bauch fährt wie mit dem Bügeleisen über ein halb nasses Hemd und zu husten beginnt, und ich denke, dass gleich die Erdbeeren zurückkommen.

»Ihr müsst zu Greta! Die macht den ›Rauchfang‹. Das ist eine Freundin von mir, ich habe sie gerade in Miami getroffen!«

Unbedingt zu Greta!

Wir fahren hin, zur Whiskeymeile in Kampen.

Greta steht in ihrem berühmten Kneipengarten und herrscht gerade ihre braun gebrannten Sonnenbrillen-Kellner an wie ein Offizier. Die Tische, so hätten sie ja noch nie gestanden, in all den Jahren nicht, der hier, der müsse ein Stück rüber unter den Sonnenschirm, der stehe ja mitten im Gang.

Die Kellner parieren. Wortlos. Sie freut sich.

Dann springt sie in ihren Wagen und ist weg.

Sollen wir schon mal reingehen, einen Kaffee bestellen, dort auf sie warten, fragen wir uns.

Da ist sie schon zurück, hupt und winkt aus dem Auto. Irgendein Volltrottel hat ihr mit seinem Oldtimer die Einfahrt voll geparkt, und jetzt kommt sie mit ihren Kuchenblechen nicht rein.

Wir eilen hin.

»Ihr wisst ja gar nicht, wo ich hingehöre«, sagt sie.

»Doch! Klar wissen wir das!«

Dann helfen wir ihr, tragen ihr die Torten ins Haus. Man muss nur da sein, wenn Greta mit dem Kuchen kommt, und schon spielt man sich in ihr Herz.

»Du hast ja immer so viel Arbeit«, sage ich zu ihr, obwohl wir uns noch gar nicht kennen, aber ich sehe ja, dass sie im Stress ist.

»Ja, immer!«

Natürlich nehmen wir jeder ein Stück, Erdbeere, fett mit Sahne. Natürlich gucken wir nicht, als Richie Müller, der »Tatort«-Star, mit seiner Begleiterin aufsteht und bezahlt. Natürlich nicht.

Das wäre peinlich.

Als ich auf die Toilette gehe, spricht Anne Greta noch einmal an. Greta mag Leute, die sich etwas trauen. Als ich wiederkomme, hat Anne den Job.

Das Meer glitzert jetzt so, als hätte einer ein paar Tonnen Swarovski-Steine reingekippt. Aber das ist nur das Licht. Das Licht von Sylt, das irgendwann weg ist und Gretas Lokal zur Bühne macht für die Abendtische der feinen Gesellschaft, die den ganzen Tag die Füße im Sand hat und jetzt Tische will! Tische!

***

Die Fahnen wehen hoch oben auf dem Rauchfang-Dach im Sylt-Wind. Annes Dienst beginnt um zwölf Uhr, am Tag als Polo ist und die Insel voll.

Sie hat sich eine weiße Bluse angezogen. Sie sagt, sie wisse noch nicht, ob sie das durchhalte, ob sie die Promis erkenne, sie hätte doch noch mal Gesichter googeln sollen.

Ich kann das nur bestätigen und tue das auch.

Ich setze mich raus, damit ich nicht weiter auffalle. Ich will nicht das Gefühl vermitteln, als ginge es hier ums Geld. Hey, das ist Fun. Anne und ich, wir machen hier heute Fun.

Dann gucke ich mir genüsslich an, wie Anne uns das Trinkgeld verdient. Aber das ist gar nicht so einfach.

Sie hat keine geschlossenen Schuhe, und das ist ein Fehler, sie tut mir leid. Sie soll erst mal Servietten falten, da, wo sie keiner sieht. Anne darf keinen Kundenkontakt, legt Greta fest. Bloß nicht!

»Keine Kasse, keine Bar!«

Greta brüllt fast ein wenig oder spricht zumindest sehr laut.

Das sei öfter so, das beruhige sich gleich wieder, wird mir bedeutet. Das sei nun wirklich ein spezieller Tag.

Greta will keinen Extrastress. Nicht heute, wo alle da sind.

»Anne wird ganz schön zu tun haben«, erklärt mir einer von Annes neuen Kollegen. Es seien schon spezielle Gäste, die heute kommen.

Und Anne sagt er drinnen, dass das Trinkgeld mindestens das Doppelte vom Lohn sei. Er sei für das Geld nach Sylt gekommen, sagt er, Denis heißt er.

»Ich mache keinen Sport, ich mache Rauchfang. In der Saison nehme ich acht bis zehn Kilo ab.«

Dann geht er raus, eine Schorle bringen, und da, wo Anne drinnen die Servietten faltet, ist sie plötzlich ganz alleine. Und als sie da so alleine ist, kommt plötzlich ein berühmter Gameshow-Moderator rein, er will nicht aufs Klo. Er will zu ihr. Scheiße, zu ihr!

»Guten Tag, Herr Moderator«, sagt Anne.

»Guten Tag«, sagt der Moderator und will es jetzt wissen von ihr. Er hat den Pullover über den Schultern und fragt sie: »Wie heißt noch mal das Gut, von dem Sie Ihren Wein beziehen?«

Oh je. Sie weiß es nicht.

Anne weiß es nicht.

»Aber aus welcher Gegend er ist, können Sie mir doch sicher sagen.«

Anne wird rot. Es geht um den Weißwein. Es geht in die Hose.

»Mosel, denke ich.«

Es ist schrecklich. Der Moderator guckt prüfend.

Da kommt Denis, weiß es. Da kommt Greta, kriegt das nicht mit. Greta schnappt sich den Moderator und seine Frau, Greta, der Moderator und seine Frau gehen jetzt zum Polo. Nachher, wenn er zurück ist, will Anne ihn fragen, ob er sie in seine Show lässt, vielleicht bringt sie ihm einen Wein mehr.

»Du weißt ja nicht, dass ich mich bei dir beworben habe«, denkt Anne und fragt sich, wie Greta das findet, wenn sie sich hier an ihn ranschmeißt.

»Das ist ja geil, das gibt es doch gar nicht«, denke ich. »Den fragt sie nachher, ob sie in seine Sendung kann, das machen wir hier gleich klar.«

Darf man das, können wir den hier ansprechen? Ja, das wäre gut, aber ist er dann beleidigt? Das soll man ja nicht tun, die Privatsphäre stören, und unsere Bewerbungen, die wir ihm und den anderen Rate-Moderatoren geschickt haben, sind ja auch so ganz gut.

Anne wird jetzt arbeiten und arbeiten, sie wird jetzt arbeiten, bis sie schwitzt. Sie wird jetzt Geschichten hören von Gästen und ihren Kellnern, Gästen, die ihre Kellner nicht nur als Kellner sehen.

Sie wird auch zu diesen Gästen gehen und sich vorstellen,

weil sie das erste Mal da ist, und Weißwein bringen, den sie ihnen von den Lippen abliest. Bis es voll wird und noch voller, bis alles platzt und alles rotiert und es fast so wirkt, als wäre ganz Sylt schon da, und noch mehr kommen.

Und die Aga Khan mit der großen Runde.

Und der Unternehmer so und so.

5000 Euro, an Silvester gab es schon mal 5000 Euro Trinkgeld! Steuerfrei! Manche Gäste würden mit ihrem Geld um sich werfen, sie schmeißen es auf Maurice, den Mann am Tresen.

»Du trinkst jetzt mit mir!«

»Nein!«

»Du trinkst jetzt mit mir!«

»Nein!«

Und dann fliegen die Hunderter-Bällchen, bis er doch trinkt, und dann geht er manchmal mit einem Tausender nach Hause. Wenn es so ist, ist es so.

Und dann kommt halt manchmal einer, eingeflogen aus Ibiza, nur zum Spareribs essen. Und dann hat halt mal einer eine rote Jeans an, das Geheimzeichen für viel Geld und Großgrundbesitz, und dann gibt er es aus.

Und dann kommen sie morgens aus der Promi-Disko, dem »Pony« gegenüber, und bestellen sich Champagner aus dem Kühler und halten ihre kaputten Füße rein zum Kühlen.

Wer zahlt, zahlt. Und dann werden die Nächte eben lang, und dann ruft der bekannte Designer So und So noch an, und dann geht schon mal eine Flasche Dom Pérignon auf für 15 000 Euro. Und dann trinkt man halt keine Cola light mehr, sondern Champagner mit den Gästen, weil das besser kommt, weil man dann mehr verdient und sie das lieber haben.

Man trinkt und trinkt, weil das männlich ist, weil die reichen Gattinnen richtige Männer mögen, echte Kerle, die sie bedienen. Und dann passiert nun mal, was passieren muss, und dann fährt einer schon mal den ganzen Sommer mit dem Cabrio über die Insel – als Gefallen, wofür auch immer.

Und dann wackelt manchmal noch die Heide, die ganze Heide wackelt dann noch, und manchmal richtig. Mit der Mutter, der Tochter. Zu dritt, zu viert. Aber nicht weitersagen!

»Das stimmt doch nicht, oder?«, fragt Anne da.

»Weiß man das?«, hört sie.

Anne arbeitet und arbeitet, sie flitzt aus der Küche an die Tische und zurück, faltet und legt, schneidet und bringt.

Alles ist Perfektion.

Alles ist Geld.

»Schönen Tag noch!«

»Na, ihr Hübschen!«

Sie leidet mit den anderen, sie hat Spaß mit den anderen, die alle gut verdienen und alle Spaß haben, am Job an den Reichen, die Visitenkarten sammeln, schuhkartonweise, für die Zeit danach, denn wer hier nicht etwas draus macht, ist selber schuld. Wer sich hier keine Zukunft sichert, hat sie nicht verdient.

Alles hier ist Zukunft – für jeden, alles ist Exzess. Alles ist wie immer, wenn die zusammenkommen, die sich feiern.

Solange sie kann, macht Anne, und es wird voll, und am Ende fällt sie mir in die Arme.

»Was für ein Leben«, sagt sie. »Alles, was wir gedacht haben, ist wahr.«

Es ist so komisch, dieses Sylt.

Es ist Sylt, es ist barfuß im Kopf.

Es ist wirklich so, dass es Sex ist. Dass Sylt Sex ist. Dass sich hier jeder nimmt, was er gerne möchte.

***

Bässe hämmerten an diesem Tag, Jungs mit Muskeln, in Shorts kamen uns von einer Bar aus den Dünen entgegen, Mädchen mit knackiger Bräune in BHs, die auf den ersten Blick ein wenig zu klein schienen, mit Unterteilen, die fast im Körper verschwanden.

Bubis tanzten vor uns in Shorts, gestreift, rot, hellblau, lila, den Weißwein in der Hand. Sie tanzten mit den Mädchen, alleine oder mit Ralph Lauren. Danach haben sie sich in den Sand gelegt oder Nachschub geholt aus Plastikbechern.

»Man zahlt leider immer für drei«, sagte der Mann neben mir und goss mir voll, die Hälfte daneben.

Seine Tischdamen tanzten schon auf dem anderen Ende des Tisches. Ich konnte ihnen nicht unter den Rock gucken, sie hatten keinen an. Milchbubis legten sich auf Sahneschnitten, Milchbubis spielten Zunge versenken und Zartes entdecken – und alle sagten: fairer Deal. Das hier war nicht für die anderen. Das hier war für jeden selbst.

Eine Dunkelhaarige mit Neon-BH hat mich angeschaut, warf ihren Kopf zurück, tanzte mich von oben an, steckte ihre Finger ins Höschen und guckte mich dabei an.

Hat der was? Ist der wer? Will der mich?

Ich habe sie auch angesehen, meine Knie wurden weich. Wo ist unten, wo ist oben? Wer ist drunter?

Wasser und Weißwein vermischten sich zu Schorlen, Saft, das Leben holte sich Saft, Anne tanzte auf dem Tisch.

Herrmann war da.

»Der einzige von drei Brüdern, der die 150 Millionen aus seinem Erbe behalten hat.«

Herrmann hatte sein gestreiftes Hemd in die weiße kurze Hose gestopft, aber sein Bauch ließ sich nicht einsperren und quoll in großen Fladen über seinen Gürtel.

»Schau mal, der sieht aus, als hätte der Kohle. Der sieht nach Geld aus«, feixte die Runde. »Wie einer aus Texas, Arizona.« Und ich guckte genau hin.

Herrmann wollte auch sein Hemd rauszupfen, lässig sein. Aber sie sagten ihm, er solle das mal schön reinstecken, damit er weiter so bescheuert aussah auf seinen Stelzenbeinen.

»Guck mal, der ist so reich, aber leider ein bisschen blöd.«

Herrmann, der Reiche, war der Dumme.

Herrmann zahlte.

»Das neue Sylt ist wie Ibiza«, prostete einer. »Genauso ausgelassen, dieselbe Sonne, derselbe Himmel, dieselbe Stimmung. Ein bisschen verspannter. Aber dafür: ohne Drogen!«

»Klar, ohne Drogen!«, rief sein Kumpel.

Der Himmel loderte, Wolken in Rosa. Am Ende tanzten alle, jung und nackt, und warfen Luftgitarren.

Als wir gingen, sagte Anne: »Für ein 18-jähriges Mädchen ist das genau das Richtige hier. Hier kann sie sich einen suchen und träumen, dass es für ewig ist.«

So endete der Tag, an dem Anne sich den Job bei Greta holte.

Der nächste Tag begann mit frischen Brötchen, den vielleicht besten der Insel. Der Bäcker ist der Bodyguard von Otto Waalkes. Das sagte er zumindest.

»Ich bin gerade aus Florida zurück«, sagte er. »Ich mache nur Brötchen und kein Brot, und nur die, die ich will. Nächste Woche kommt Otto. Man braucht ja nicht so viel.«

800 Euro Lokal-Trinkgeld gab es den Abend. 800 Euro!

Wie viel Anne wohl in der Sansibar verdient hätte? Bestimmt mehr als als Journalistin, hat der Promi-Wirt gesagt und ihr noch einmal über die Wange gestrichen.

***

Fern vom Trubel, bei »Gosch« auf Sylt in List.

»Lass uns erst mal zwei Glas Rosé-Champagner bestellen«, sagt eine Sophie-Verena am Nachbartisch zu einem

Magnus. »Oh ja. Die Nudeln mit Scampi könnte man auch nehmen.« Wir bestellen das Gleiche.

Da kommt mir die nächste Idee. Die Idee, meine Wohnung ins Internet zu stellen unter dem Motto: »Wohnen wie ein Buchautor.« Weil wir doch jetzt so viel unterwegs sind.

»Anne, wir geben, was wir haben. Alles muss raus«, sage ich zu ihr.

»Wenn du meinst«, sagt sie und verdreht ein bisschen die Augen. »Wohnen wie ein Jan!«, sage ich.

In der Wohnung muss doch Geld drin sein!

***

Das Telefon klingelt. Jack Morgan ist dran. Er sitze jetzt in seinem Learjet. Er ist jetzt auf dem Weg und will wirklich kommen, unser Stargast.

Jack Morgan, der es zu Millionenumsätzen bringt mit seinem Schmuck und seinen Lehren und dem wir geschrieben haben, nichts im Leben sei Zufall, für alles im Leben gebe es seine Begebenheit, seine Zeit, seine Bestimmung und seinen Ort – und der jetzt kommen will.

»Scheiße«, rufe ich. »Was machen wir mit dem?«

Wir haben jetzt einen Guru, aber kein Seminar. Es ist zum Heulen.

Als er aus dem Flieger steigt, trauen wir uns kaum, ihm in die Augen zu gucken.

Ich bin atemlos vor Scham.

Wir fahren ins »Einstein« mit ihm, eine von Gerhard Schröders Lieblingsbars Unter den Linden, weil ich dort den Platzeinweiser kenne, der mir immer persönlich die Hand gibt und fragt: »Schön, dass Sie da sind, wo wollen Sie sitzen?«

Wir wollen ihm alles beichten, dem Stargast, aber es gelingt uns nicht, weil er sich so freut.

Wir gehen in die »Newton Bar« am Gendarmenmarkt, eine der schicksten Bars der Stadt. Wir wählen Orte, die Eindruck machen, die ihm gefallen und ihn versöhnlich stimmen. Wir wählen eine Reichen-Welt nur für ihn.

Wir führen Alibigespräche, er sagt das, was er den Gästen sagen wollte und immer noch will. Er sagt all die vielen Sachen, die so einfach klingen und es so leicht machen.

»Seien Sie sicher, das funktioniert«, sagt er. »Zwei Jahre und drei Monate für die erste Million. Ich habe es geschafft.«

Er macht mir vor, wie er es betonen will, und sagt: »Vertrauen Sie in sich, vertrauen Sie in die Kraft der Angst. Lieben Sie Ihre Angst!«

Wenn man seine Angst liebe, Gott, was da alles möglich sei, sagt er.

Die Angst, der beste Freund, er habe sie auch geliebt.

Er verkündet eher Anne als mir, was er sich alles aufgebaut habe, nachdem er von der Straße kam, in diesem kalten, finsteren Amerika. 17 Galerien habe er drüben, 4,5 Quadratkilometer Farm in Arizona, 84 Angestellte in seiner Schweizer Schmuckfabrik, neun Eigentumswohnungen und ein gewaltiges Millionenhaus im Bau. Das sind seine Zahlen.

Meine Galerie, meine Farm, mein Haus.

»Du musst das Geschäft mit den Träumen, den Wünschen, den Bedürfnissen machen«, sagt er und kneift ein Auge zu.

Es tut mir weh, dass wir nichts haben, nichts für ihn.

Keine Gäste mehr, keinen Coach.

Er erzählt von seinen Geschäften mit den Scheichs von Dubai. Seine Frau habe bald Geburtstag. Er habe wieder den Helikopter bestellt, der sie abholt, er fliege sie auf den Berg. Da bekomme sie diese Winterjacke, die sie sich so wünsche.

Er erzählt von der Kraft der Liebe.

Alles ist Helikopter.

Sein ganzes Leben ein einziger Himmel.

Unser Leben ist nichts. Unser Coach hat Rheuma, er hat

abgesagt, es gibt kein Seminar, die Gäste können auch nicht kommen.

Zu seiner Hochzeit gab es auch schon einen Helikopter, sagt er.

»Meine Frau mochte den so«, sagt er und guckt so verliebt wie am ersten Tag. Ein 1,91-Meter-Hüne mit Bündeln voller Geld in der Hosentasche und einem Blick wie Romeo.

Wir bringen ihn ins Hotel.

»Ich mag auch Helikopter«, sage ich. »Nur, wenn sie beim Start die Nase hochnehmen und so schaukeln, das mag ich nicht«, obwohl ich noch nie geflogen bin.

Dann gestehen wir es ihm. Dass wir das Seminar leider verschieben müssen. Es tue uns so leid, sage ich und schweige im Dunkeln.

Siemens! Siemens habe uns ganz kurzfristig abgesagt, lüge ich, und es rutscht mir so gut raus, dass ich selber erschrecke. Aus Angst vor der Schweinegrippe, behaupte ich. »Keine Gruppenveranstaltungen mehr für Führungskräfte!«

Es ist furchtbar.

Mein Herz schlägt, ich denke an die fünf Absagen, die wir rausgeschickt haben. An die Leute, die kommen wollten. Die Hautärztin.

Zu uns. Zu ihm.

An die Euro, die wir jetzt nicht verdienen.

Morgan lächelt nur.

»Schweinegrippe, was ist das?«, fragt er.

Er komme gerne mit in den Park am nächsten Tag, zum Zeitvertreib, gar kein Problem sei das, dass wir jetzt nur eine Videobotschaft drehen für den Tag, an dem wir das Seminar nachholen. Er liegt im Gras, er steht vor Grün, er weist geradeaus.

Die Hautärztin und ihre Freundin hätten jetzt so viel mehr Kraft, denke ich, und dann bringen wir ihn wieder zum

Flughafen, und er fliegt wieder weg, und wir sind ganz traurig. Es ist ein komischer Moment, ein ganz komischer.

»Jan, der hätte es wirklich gemacht«, sagt Anne, »Jack Morgan hätte wirklich alle begeistert.«

Kurz denke ich, dass wir jetzt anders sind als früher, dass uns wirklich alles offen steht. Alles ist so groß, so frei. Wenn man nur weiß, wie man es steuert.

Ich kann, ich will, ich darf. Alles darf man, und wenn man es nicht macht, ist man selber schuld.

Oder man hat es selber so gewollt.

»Du bist aber schon ein anderer Mensch geworden«, sagt ein Freund zu mir, ohne zu wissen, was los ist. »Da kannst du ja zufrieden sein.«

Ich nicke nur, ich weiß noch nicht, ob das stimmt.

***

Sechs Millionen sind im Jackpot, wenn, dann jetzt, denke ich.

Acht Millionen haben sie beim ersten Mal gewonnen.

Das Dorf, in dem sie wohnen, sieht aus wie geleckt, eine gerade Straße führt hinein, Felder links, Felder rechts, die Bäume atmen grün, es wirkt alles so quadratisch und ordentlich, als hätten es die Buberts finanziert.

Fünf Tage hatten wir versucht, sie anzurufen, von Sylt, aus Berlin, immer war besetzt. Auf das Fax hat er sofort reagiert, der Herr Lottomillionär, den wir für uns gewinnen wollen. Weil sie so schräg sind, seine Frau und er.

Weil die meistgezogenen Lottozahlen für uns nicht im Geringsten funktionieren.

Er hat sie gefragt, ob das okay wäre, wenn wir kämen. Er hatte es wirklich nicht leicht, stellte sich raus, ihre Ehe sei fast gescheitert an diesem ganzen Geld, den acht Millionen Mark. Seine Kinder sind in der Schule als Lottoschweine gehänselt worden von den elendigen Neidern, da fragt man vorher lieber noch einmal nach, ob das okay ist, dass da schon wieder Fremde kommen. Die Wahrsagerin hat ihnen doch gesagt, dass sie wieder gewinnen würden, nicht nur einmal, sondern dreimal. Da muss man doch vorsichtig sein – diesmal nicht erst nach dem Gewinn, sondern schon vorher.

Da könne man ganz schnell an die Falschen geraten, insbesondere wenn die Falschen sagen, sie seien durch einen Zeitungsartikel auf sie aufmerksam geworden.

»Wir müssen unbedingt versuchen, ihr Herz für uns zu gewinnen«, sage ich zu Anne im Auto, »damit sie für uns die richtigen Kreuze machen.«

Ich erzähle ihr alles, was sie wissen muss, damit sie nichts Falsches sagt, alles, was bekannt ist.

Von der Umarmung an dem Tag, als das Geld kam, der ersten Berührung seit Langem.

»Puschi«, hatte er sie gerufen in der Millionennacht, er hieß Achim. Von ihrem ganzen schlimmen Schicksal erzähle ich. Sie hieß Petra.

Petra und Achim warteten nach der Siegernacht auf den Mann mit dem Koffer, aber er kam nicht, der Koffer-Mann, es gab nur einen Anruf und nichts zum Anfassen. 2,5 Millionen Mark waren schon nach einer Woche weg. Für mehrere Autos und verschenkt, weil sie so nett waren. Pool, Teich, Go-Kart-Bahn, es gab plötzlich alles und schlechte Luft. Neider vergifteten das Pony und sprühten dem Hund Haarspray in die Augen.[2]

»Oh je, oh je, was sind das nur für Leute?«, fragte Anne, und ich erzählte noch mehr, wie viel Pech sich in ihr Leben geschlichen hatte, schon bevor sie reich wurden.

---

2 Petra und Hans-Joachim Bubert, *Mit dem Geld kamen die Tränen*, Morpheus.

»Anne, als die geheiratet haben, hat sein Vater die Petra nicht begrüßt auf dem Fest. Der Vater war ganz böse. Er hat den beiden ein gemeinsames Beerdigungsunternehmen vorgeschlagen und wollte sie samt den Kindern zwischen den Särgen schlafen lassen. Der Bruder von Achim wollte sie wohl aus dem Haus ekeln und ist nachts über den Dachboden gekrochen, um laute Geräusche zu machen.«

Wir brauchen noch ein Gastgeschenk, ein tolles, persönliches, und haben keins, nichts, was zeigt, wie gut sie und wir, wie gut wir alle zusammenpassen.

In einem Hamburger Lottoshop klaut Anne Lotto-Kugelschreiber, die das Bubert-Glück an unseres, ihre Leben an unsere binden sollen. Gleich zwei, einen für unseren Schein und einen für ihren.

»Hoffentlich binden wir nicht auch ihr Pech an uns«, sagt Anne und lächelt mich an.

»Du bist eine Diebin«, sage ich und lächele zurück. Fast fühlt es sich an, als sei das nicht ganz in Ordnung, was wir da tun. Fast fühlt es sich an, als seien wir die Lottozahlen-Klauer. Nicht die Buberts würden dann den Jackpot holen, sondern wir, und zwar mit ihren Zahlen.

Achim steht gerade an der Kasse seines Angelshops, bedient einen Kunden, der auf Hecht gehen will und Blinker kauft.

Achim erkennt uns sofort als Leute, die nicht ins Dorf gehören. Seine Frau ist nicht zu sehen. »Die ist bestimmt gerade in ihrem Pool oder auf ihrer Go-Kart-Bahn oder im dritten Nebenhaus«, denke ich.

»Wir suchen Herrn Bubert«, sagt Anne, er nickt, ein offener Blick, ein kräftiger Händedruck. Der Lottomann, der sechs Millionen für uns gewinnen soll, wenn er das denn kann, trägt einen Schnauzer und ein Muskel-Shirt.

»Schön, dass Sie da sind«, sagt er.

Schön, dass wir da sind, denke ich und gucke ihm in die

Augen. Können sie die Zahlen sehen? Es sind blaue Augen, ganz klare. Er hat Ringe darunter. Ringe sind rund, Kugeln sind rund.

Ich werde mich jetzt fallen lassen, denke ich, ich lasse mich fallen in den Aberglauben und sinke da hinein. Wenn sich seine Frau den Schein heimlich in den Ausschnitt steckt, dann macht Anne das auch.

Wenn er 7 sagt, dann nehmen wir die 7, und wenn er die 13 will, nehmen wir die 13.

Vorne gehe das nicht, sagt er. Er nimmt uns mit nach hinten. Hinten ist sein Kabuff mit einer geblümten Couch – mit Blick auf die Überwachungskameras im Laden. Weihnachtsbilder hängen am Fenster, ein Weihnachtsbär mitten im Juni. Weihnachten und Lotto sind bestimmt eng befreundet.

Wir sind jetzt in seinem Tipp-Zimmer. Hier tippe er.

»Das ist aber gemütlich hier«, lobe ich, obwohl ein Blutdruckmessgerät auf dem Tisch liegt und ich Hypochonder bin und mir hoher Blutdruck immer ein bisschen Angst macht. Ich bin ganz aufgeregt. Er ist auch ganz aufgeregt, dass wir da sind.

»Sie wollen also reich werden?«, fragt er, gießt sich einen Kaffee ein und vergisst glatt, uns auch einen anzubieten.

Was sagt man jetzt? Wie knackt man einen Lottomillionär? Die Worte sind weg, dann sind sie Gott sei Dank wieder da.

»Wie läuft es mit dem Spielen?«, frage ich ein bisschen nervös. Anne rutscht mit dem Hintern weiter nach vorne, streicht sich durchs Haar.

»Gut läuft es. Sehr gut. 2003 sind wir ja noch mal am Sechser vorbeigeschrammt«, sagt er und guckt mich an. Ja, so sei das. Sie hatten ja nicht nur einen Sechser mit Zusatzzahl, sondern fast noch einen. Zwei Sechser! *Zwei!*

»Sie haben viel Glück?«, fragt Anne.

»Ja!« Er klingt stolz!

Er klingt, als sei gewinnen nun wirklich das Normalste von der Welt und verlieren dämlich.

Seine Frau habe damals den Super-Gewinn getippt für die Millionen, schwärmt der Glücksmensch. »Aber die Fünfer, die meisten Fünfer habe ich gehabt.«

Auch noch Fünfer!

Ich bin sprachlos.

Ich weiß nicht, wie viel ein Fünfer wert ist, aber wenn sie mehrere davon hatten, ist das sicher viel. Fünfer! Fünfer! Ich will auch! Ich kann kaum noch sprechen, weil ich keinen Fehler machen will, nichts versauen für die Zahlen.

»Sie haben ja offensichtlich eine Gabe«, übernimmt Anne.

»Ja, na klar!«, sagt er. »Wir gewinnen fast jede Woche. Wir hatten mal 12 000 Euro, 8000 Euro, 2900 Euro, 1900 Euro. Wir hatten schon viele Vierer, Dreier, wir schreiben das schon gar nicht mehr auf.«

Jede Woche! Der spinnt ja.

Der Jackpot-Achim zündet sich eine an, da kommt seine Frau. Die Jackpot-Petra. Ich sehe sie erst im Monitor, dann in der Tür. Die Jackpot-Petra hat die blonden Haare zum Zopf zusammengebunden und sieht aus wie eine Großtante ohne Alter, eher kräftig als schlank. Wie von den Millionen geformt. Ihre Gesichtszüge sind weich, sie kommt rein, setzt sich hin, reicht uns die Hand und sagt nichts. Das ist nicht gut, denke ich. Das ist nicht schlecht, denke ich. Das ist Petra.

Petra, die Tipp-Ikonin.

Es ist skurril.

Ob sie uns jetzt helfen? Petra sieht nicht so aus. Petra sieht aus, als wolle sie ihre ganzen Zahlen für sich alleine.

Zahlen, die ja von ihrer Meditations-CD kämen und aus ihrem Kopf und aus einem System von Geburtstagen, mal da zwei Tage mehr, da zwei weniger. Alles rituell und hoch akkurat erarbeitet und getippt.

Wenn sie die CD höre, sehe sie die grüne Wiese. Achims Beine würden dann immer ganz schwer.

»Ich weiß, dass ich noch einmal gewinnen werde«, sagt sie, es klingt eher wie ein Schmettern, wie Winnetou, der Old Shatterhand sagt, dass bald Frieden ist.

»Ich weiß nur noch nicht wann.« Ihre Stimme ist rauchig, als sie betont, wie sehr sie die Zahlen manchmal fühlen könne. »Natürlich kann ich das.«

Ich habe noch nie eine Frau getroffen, die Zahlen fühlen konnte, die meisten hatten nur Gefühle für mich.

Ich wende mich ihr zu, sehe ihr in die Augen, bin ganz lieb, früher habe ich immer meine Oma so angeguckt, wenn ich Rote Grütze wollte. Ich mache den Rote-Grütze-Blick.

»Ich habe noch nie was gewonnen«, sage ich.

»Du musst dran glauben«, sagt Achim und macht mir Mut.

»Aber ich denke, ich verliere immer. Los, Petra, bitte tipp doch für uns!«, sage ich. Wir sind jetzt beim Du. »Wir machen auch halbe-halbe mit euch, wenn wir mit eurem Schein gewinnen.«

Los, Petra, nun mach doch!

Petra überlegt, Petra will nicht, doch, sie will.

Dann passiert irgendwas mit ihr, was wir nicht sehen können, dann macht Petra.

Sie kratzt sich ihren Kopf ein letztes Mal, und Achim führt den Lotto-Stift.

»Mach mal, mach mal 10, 20, 30«, ruft sie und wirft den Kopf in den Nacken. Die Geburtstage.

»Mach mal 35, 40«, befiehlt Petra, und er macht das eine und dann das andere Kreuzchen.

»Warum 35, 40?«, frage ich. »Wo kommen die her?«

Die habe sie im Kopf. Sie muss die Zahlen regelrecht rauspressen aus ihrem Kopf heute, weil sie noch ein bisschen krank ist. Sie ringt um die Zahlen wie eine Mutter um ihr Kind bei der Geburt.

»Und dann nehmt mal noch die 7, das ist meine Glückszahl«, sagt sie. Achim macht das Kreuz und freut sich, dass er uns was Gutes tut.

Irgendwie wird der Schein voll, geburtstagt und meditiert.

»Ich bin eine Frau, ich will das große Geld, nicht den kleinen Furz«, sagt Petra, und ich gebe ihr recht, dass es richtig ist, an das Große zu denken.

Das ganz Große.

Ich mache es, sie macht es, Achim macht es, Anne macht es. Wir sind das viergläubige Quartett.

Dann fahren wir alle zusammen zu Famila, dem Groß-Supermarkt, wo sie ihren Schein immer abgeben.

Petra macht drei Mal Tututu auf unseren Schein, sodass er fast so ist wie ein nasser Lappen, damit bei uns auch ja alles so ist wie bei ihnen, wenn sie ihren Schein abgeben. Ich denke, wir haben es, wir haben gewonnen, ganz, ganz sicher haben wir das, ich umarme Petra einmal, zweimal.

»Das kommt, da kommt was«, rufe ich.

»Lasst euch überraschen, es gibt nur eine Glücks-Petra«, rufen sie noch. Dann fahren wir wieder los.

Im Auto bin ich schon ganz ungeduldig, gucke zehn Mal auf die Uhr, wann endlich die Ziehung ist, ganz normal bin ich immer noch nicht, sechs Millionen im Jackpot, drei Mal, hat die Wahrsagerin gesagt. Wir fahren 160, und die Sonne scheint goldgelb von vorne.

»Weißt du was, Anne«, sage ich. »Weißt du, was wir machen?«

Ich kann gar nicht aussprechen, was ich da denke, kann ich wirklich nicht.

»Wir spielen jetzt den Schein, und wenn er scheiße ist, nur für den Fall, dass er scheiße ist, dann verkaufen wir den. Als echte Zahlen von echten Lottogewinnern. ›Mit diesen Zahlen können Sie gewinnen!‹, sagen wir dann!«

Man könne ja dann eine große Aktion machen mit der

Bild-Zeitung, man könne darin ankündigen, dass Lottomillionäre ihre Zahlen verkauften, und sich auf den Fischmarkt stellen. Das ist für mich die Alternative, falls wir nicht gewinnen.

Abends in der Ziehung läuft es ganz gut, aber eigentlich doch nicht. Wir haben zwölf richtige Zahlen, leider alle in unterschiedlichen Feldern. Die Lottofee hat ein hässliches Grafik-Kleid an, das ihr nicht steht.

Der Jackpot wird nicht geknackt.

Am Mittwoch verpassen wir die Ziehung. »Jetzt sind wir bestimmt Millionäre und wissen es nicht«, sage ich, denke ich fast wirklich.

Der Jackpot wird nicht geknackt.

Am Samstag haben wir unseren ersten Dreier! Wir haben Dreier, Dreier, Dreier in den Folgewochen.

Der Jackpot wird geknackt.

Ob er von den Buberts geknackt wird, das sagen sie uns nicht. Aber die Geschichte mit dem Arbeitsamt, die könne klappen, sagt Achim.

Sie hätten auch einen Bekannten im Amt, der würde ja so schlecht verdienen, und dass ich was draufhabe, das wisse er ja.

***

Zwei Tage vor meinem Termin beim Amt gehen mein Kumpel Jan und ich in Hamburg auf eine Modelparty von Michael Ammer.

Wir stehen auf der Gästeliste.

Jan bringt noch zwei Mädels mit, Töchter aus gutem Hause, nächste Woche fahren sie mit ihrem Papi nach Südfrankreich. Sie haben eine Jacht da. Sie freuen sich schon so.

»Hey, ist das Hemd aus Thailand?«, fragt mich Jan. Ich verfluche, dass ich mit ihm im Urlaub war, und dass er denkt, dass das jetzt lustig ist.

»Eins von den maßgeschneiderten? Das kenne ich doch, das sehe ich doch sofort.«

»Nee.«

Er freut sich. Er denkt, er hat mich – und guckt schon triumphierend, auch in die Gesichter der Mädchen.

»Ist denn dein Gürtel auch aus Thailand?«, fragt eine der beiden Blonden.

»Nein«, sage ich, ziehe mein Hemd ein bisschen hoch und gebe den Blick auf mein neues funkelndes Hermès-Teil frei, das 421 Euro gekostet hat, eine große Schnalle, der Gürtel beidseitig tragbar, eine Seite schwarz, die andere hellbraun.

Das Mädchen nickt anerkennend. Gut, dass du nicht weißt, wie schwindelig mir wurde, als ich ihn bezahlt habe, denke ich.

»Am Gürtel kannst du nicht sparen«, hatte Laura gesagt.

Und dann habe ich nicht am Gürtel gespart, und Anne hat gesagt: »Das hast du ganz tapfer durchgestanden!«

***

Es ist 7.56 Uhr, ein warmer Wind weht, es soll heiß werden, 30 Grad, ich fühle mich gut, als ich unten vor dem Hauptgebäude ankomme. Agentur für Arbeit Berlin-Nord.

Anne hat gesagt, ich solle mich fein machen, das mache einen besseren Eindruck, so etwas mache man ja nicht jeden Tag.

Ich habe den weißen Armani-Pullover aus London an, die dunkle Anzughose, meine handgenähten Schuhe, die ein bisschen drücken.

Im Fahrstuhl zwinkere ich einer Dame mit A4-Ordner zu und sortiere meine Unterlagen. Alles habe ich extra brav kopiert, meine Zeugnisse, meine Abschluss-Unterlagen,

Arbeitsverträge, Beurteilungen. Alles auf Hochglanz. Er soll das gleich sehen, dass sich das lohnt mit mir, dass ich eine Chance bin, auch für ihn, denke ich. Ich bin Diplomkaufmann, Note 2,1. Ich bin frisch ausgebildeter Redakteur. Ich bin jung und habe zwei Ausbildungen. Er wird das merken und begeistert sein. Ich bin Kundennummer »955-25-99-irgendwas«. Eine große.

Im Flur taste ich ein letztes Mal nach den Scheinen in meiner Tasche, alle auf Kante, alle noch da.

Wir haben bestechen geübt gestern Abend, Anne und ich, immer und immer wieder.

»Hier, für Sie«, habe ich gesagt. »Ich mache alles, wirklich alles für einen guten Job, das verstehen Sie doch, oder? Herr Marrakowiak! Ich hoffe, wir verstehen uns.«

Da muss ich rein. Die Tür des Mannes, den ich gleich ein bisschen glücklicher machen möchte, ist blau, die einzige Tür im ganzen Flur, die zu ist. Ist das ein Zeichen? Ist er besonders verschlossen?

Haben Menschen, die empfänglich für so etwas sind, offene oder geschlossene Türen?

Ich atme tief durch, einmal, noch einmal, klopfe.

»Ja, bitte?«

»Schönen guten Tag, mein Name ist Rentzow!«, stammele ich.

Mein Jobvermittler kommt zur Tür und holt mich rein. Er macht schnell wieder zu, ich sehe, wie er ein Schild vorhängt wie in einem Hotel.

Ob er mitmacht?

2000 Euro können deine sein, denke ich, und ich muss schon sagen, dass ich eher ein Typ bin, der, wenn er jemanden bestechen will, den zu Bestechenden duzt.

Er ist klein, mein Jobvermittler, und hat einen roten Kopf, schon früh am Morgen. Er geht ein bisschen gebückt durch sein Büro, ohne mich anzugucken.

»So, Herr Rentzow, ja?«

»Ja, Herr Rentzow!«

»Setzen Sie sich!«

Er weist mir einen Stuhl aus Holz zu. Sein Büro ist mini, kaum größer als ein Ehebett. Weiße, kahle Wände, hinterm Schreibtisch eine Deutschlandkarte. Hinter mir, so, dass er sie sehen kann, eine digitale Uhr. Rechner, Tacker, Drucker. Der ganze Raum erinnert mich an das Verhörzimmer einer Polizeiwache.

»Ich möchte so schnell es geht einen Job, der mich wieder ganz ausfüllt«, lege ich mir meine ersten Worte zurecht. Das ist jetzt das Wichtigste, dass ich es schaffe, Vertrauen aufzubauen, denke ich.

Wenn ich das hier verkacke, geht das nicht noch einmal. Es wäre toll, wenn das klappt, denke ich. Wenn er das Geld nehmen würde, das wäre gut für uns beide.

Mein Jobvermittler dreht jetzt seinen Monitor zu sich, schaut kurz rein und beginnt zu sprechen. Was hier gesagt wird, sei vertraulich, sagt er. Nichts dringe nach draußen, nichts. Das ist auch in meinem Interesse, denke ich.

Schade, dass du mich nicht fragst, wie es mir geht, jetzt, wo ich so arbeitslos bin, und wie ich damit klarkomme, keine Arbeit zu haben. Schade, das hatte ich eigentlich auf der Rechnung.

»Ich habe alle meine Papiere mit«, sage ich. Wir haben noch keine gemeinsame Ebene, das spüre ich.

Die Tasche mit den 2000 Euro steht zu meinen Füßen. Ich müsste mich bücken, reingreifen. Ich müsste nur so gucken wie gestern im Training. So unschuldig. Dann würde ich den Umschlag einen Moment liegen lassen, ihm in seine Jobvermittler-Augen sehen und loslegen.

»Sie haben studiert?«

Er redet ganz schön laut, denke ich. Er spricht laut und gibt den Ton an. Der Ton ist berlinerisch.

»Ja! Ich habe studiert.«

»Aber nicht abgeschlossen?«

»Doch.«

»Das steht hier gar nicht.«

Ich weiß gar nicht, was da steht und was nicht. Aber ich weiß, dass ich gut bin, das ist wichtig.

»Wann haben Sie angefangen zu studieren, 2001?«

»Nein, 1997 war das, in Potsdam.«

»Wintersemester?«

»Ja!«

»Das steht hier auch nicht. Und aufgehört?«

»Im Juni 2006.«

»Januar steht hier!«

Mein Jobvermittler kann nicht gut drauf sein heute Morgen, denke ich. Er ist so rüde, so barsch, gibt den Unrührbaren. Ich muss ihn erst ein wenig kommen lassen, spiele besser erst mal mit, er wird schon noch dazu kommen, mir zu sagen, wie meine Chancen aussehen und wann ich wieder arbeiten darf. Wenn wir da angekommen sind, frage ich ihn, ob wir das nicht irgendwie beschleunigen können. Doch jetzt, jetzt reden wir kurz noch über Formalien.

Er schaut in meine Akte, dann in seinen Rechner. Er schaut auf die Uhr. Er guckt mich nicht an.

»Haben Sie eine Spezialisierung?«

»Internationales Management!«

»Okay! Internationale Wirtschaft! Das passt!«

Er hat keine Ahnung, was Internationales Management ist, aber Internationales Management passt nur als Wirtschaft in den Rechner.

Wo ich denn gerne arbeiten würde?

»Beschränkt auf den regionalen Raum?« Er sagt nicht Berlin oder München oder Hamburg. Er sagt regionaler Raum.

Dass ich sogar umziehen würde, nur nicht pendeln, will ich ihm sagen. Das halte ich für wichtig, um zu zeigen, wie toll beweglich und einsetzbar ich bin, komme aber nicht dazu. Dafür hat er kein Ohr. Das ist ihm egal. Das könne ich ja dann von zu Hause eintragen. Er gebe mir da mal meine Zugangsdaten zur Jobbörse.

Die Luft ist schwül. Ich spüre die Tasche zwischen meinen Füßen. Meine Hand ist da jetzt drin, streichelt den Umschlag. Der Umschlag fühlt sich dick an.

Zwei graue Papiere gleiten jetzt durch seine Finger, noch eins. Er ist hoch konzentriert. Spult offenbar ein Programm runter, das ich nicht kenne und auch nicht kennen muss, weil ich eigentlich gar nicht da bin. Etwa fünf Minuten lang zeigt er mir, wo ich meine Fremdsprachen eintragen soll, meine Stärken.

Welche Stärken, welche Fremdsprachen: Will er nicht wissen. Er muss jetzt den Rentzow irgendwie in diese Kiste kriegen, das ist wichtig.

»Wer guckt sich das alles an?«, frage ich.

»Das wird gematcht«, sagt er. Wenn da mal ein Angebot komme, kriege ich Bescheid. Gematcht! Mal ein Angebot!

70 000 Euro im Jahr will ich haben, das ist das Ziel, aber davon bin ich weit entfernt.

Meine Lage wird immer schlimmer. Dass es von der Agentur nicht viel Geld geben würde in meiner Situation, stellt er fest, ich könne ja mit Hartz IV aufstocken, wenn es nicht reiche, sagt er. »Berufserfahrung haben Sie ja keine!«

Er breitet die Arme aus. Er muss jetzt den Staat beschützen, den Rahmen abstecken. Seine Fragen kriegen jetzt alle eine Richtung, die immer kälter wird und offensichtlich meine Zukunft sein soll.

»Leben Sie alleine oder zusammen?

»Alleine!«

»Auch nicht in Gemeinschaft?«

»Nein.«

Ich bin wütend. Er stoisch, teilnahmslos.

Im ersten Vierteljahr müsse man noch die Kontakte nutzen, rät er mir jetzt, es klingt wie: Solange man noch welche hat, bevor man ganz alleine ist. Nach einem halben Jahr, na gut, da müsse man schon mal anfangen zu gucken, rechts und links. Praktika seien gerade in meinem Bereich eine Möglichkeit. Aber da müsse man vorsichtig sein, wegen der »Generation Praktikum!«.

Er redet über Bewirtungskosten, die übernommen würden. Umzugskosten bis zu 4500 Euro. Ich denke an die Bewegungskosten, wie ich ihn nur irgendwie dazu bewegen könnte, mir zuzuhören, suche den Neustart-Knopf, aber finde ihn nicht.

Ich starre ihn an, bis er mich endlich auch mal anschaut und fragt: »Gut, haben sich bei Ihnen Fragen ergeben?«

Jetzt! Jetzt! Das ist meine Chance, denke ich. Raus mit dem Angebot! Jetzt muss ich es machen!

Ich hole Luft. Meine Stimme bebt, mein Blick senkt sich. Jetzt! Schauen Sie, jetzt zeige ich es Ihnen.

Ich bin voller Wut.

»Gibt es irgendwas, wie man das beschleunigen kann?«

»Was?«

Er lacht. Seine runden Augen gucken mich an.

Er verstehe nicht. »Wie denn?«

Ich lache.

»Da haben Sie mir eine Frage gestellt, die ich Ihnen nicht beantworten kann.« Da habe ich ihm eine Frage gestellt!

Verdammt! Ich hätte weiter ausholen müssen, aber dann hätte er mir nicht zugehört, denke ich. Chance vertan. Vertändelt. Ich kriege jetzt kein Wort mehr raus. »Wie denn?«, »Wie denn?«, »Wie denn?« Meine Gedanken fliegen durcheinander, taumeln.

Er fängt sich.

»Was ich Ihnen noch anbieten kann«, sagt er. »Sie machen einen unsicheren Eindruck auf mich. Ein Bewerbungstraining für Akademiker.« Er sucht die Maßnahmenbezeichnung, ist nicht zu stoppen. Er holt einen Bogen vor. Liest mir vom Blatt vor. Ich höre nicht zu.

Ob ich einverstanden sei?

»Assessment-Training«, das könne mir auch nicht schaden.

Ich sage nichts.

»Juuut. Dann jeb ick ihnen wat mit.«

Juut! Etwas, was ich nicht brauche, wo ich nicht hingehe, denke ich. Er verschreibt mir jetzt was wie ein Arzt ein Rezept, als sei ich krank. Dr. med. Karriere-Ende.

Mein Ehrgeiz wird immer größer. Meine Wut auch. Ehrgeiz und Wut verbinden sich jetzt in einem Kahl-Büro bei 30 Grad.

Ich weiß nicht mehr, wer ich bin, weiß nicht, ob er mich ins Gefängnis sperren lässt, soll er doch. Mir doch recht! Das hier, das mache ich jetzt!

Nur noch ein Gedanke kreist in meinem Kopf. Wann ist der richtige Moment? Mein Puls schlägt schneller als sonst. Ich spüre ihn in meinem Hals, in meinem Unterarm, spüre ihn überall. Wann? Wann? Wann? Wo sind die Scheine? Alle da. In der Tasche. Gut.

Ich schiebe jetzt die Kollegen vor, diesmal muss es klappen.

»Wissen Sie, was die Kollegen mir gesagt haben«, meine Stimme zittert. »Sie haben mir gesagt, du bist doch jetzt arbeitslos …«

Er sieht mich an. Jetzt hängt es an mir, ich höre mich reden, meine Stimme klebt, meine Worte fahren fort, und ich merke, dass es jetzt gut wird.

»Sie haben gesagt, gehst du hin, gibst du dem ein bisschen Geld, 'nen Umschlag, dann macht der das schon für dich. Dann kriegste auch 'nen Job.«

Geld, Umschlag, Job. Er will das Geld, ganz sicher, denke ich.

Aber was macht er, beißt er an?

Nein! Macht er nicht! Er guckt runter auf sein Blatt, schweigt.

Er schweigt, er schweigt zu lange.

»Wir werden ja nun gut …«, sagt er, die Betonung liegt auf gut. »Wir werden ja nun gut aus der Arbeitslosenversicherung bezahlt, in die Sie ja auch eingezahlt haben …«

Ganz sachte macht er das. Abwesend …

Als sei er solche Bemerkungen gewohnt. Eine E-Mail klimpert in seinen Postkorb. Er liest sie nicht. Schaut auf die Uhr, dann direkt an mir vorbei.

Er fährt einfach fort, konzentriert sich auf das Training, das ich nicht brauche und er sich an den Hut schmieren kann, aber das darf ich nicht sagen, sonst hält er mich nicht nur für doof, sondern auch für unwillig, und dann ist endgültig Schluss.

»Eine Woche …«, sagt er. »Dann gebe ich Ihnen noch eine Zuweisung mit …«

Der ist nicht bestechlich, denke ich. Mein Puls rast auf 180. Ich mache alles falsch. Ich verkacke, ich verkacke!

Los, Jan! Du bist ein Versager, Jan!

Ich stelle meine Tasche auf den Schoß. Ein Handgriff. 20 Hunderter, diese ganze schöne Menge Geld.

»Haben Sie eine Bewerbungsmappe dabei?«, fragt er.

Wie Bewerbungsmappe? Ein Anschreiben? Will er kontrollieren, ob ich schreiben kann?

»Nein!«

»Es ist ja ein bisschen schwierig bei Ihnen«, erregt er sich.

Du Idiot, es könnte ganz einfach sein, denke ich. Ich könnte froh sein, du könntest froh sein. Du könntest dir ein neues kurzes Hemd kaufen. Oder einen Rasierer für deinen Schnauzer.

Ich gucke in den Raum. Die kahlen Wände. Wenn ich

doch wenigstens mal für zwei Minuten zu Wort kommen würde. Wenn ich doch nur die Chance hätte, seine Sympathien zu erobern. Aber es geht nicht. Ich komme nicht an ihn ran.

Er ist ein Eisblock. Ich will hier raus.

»Neue Kontakte. Bei dem Training können Sie neue Kontakte knüpfen.«

»Eine Vorgabe für die Anzahl Ihrer Bewerbungen gebe ich Ihnen erst mal nicht«, sagt er. »Sie sagen ja, dass Sie es über Ihre Freunde, Bekannten, Kollegen versuchen wollen.«

Ich müsse initiativ werden, die Zeit laufe uns ein wenig weg.

Er zeigt mir ein Schaubild mit grün und rot. Grün sind Chancen, rot sind keine. Es ist alles rot.

Er macht eine neue Datei auf, kopiert einen Vortext in ein anderes Formular, druckt es aus, steht auf, kommt zu mir rüber, damit ich unterschreibe. Er ist gleich durch mit mir, schaltet schon ab im Kopf.

Er drückt mir noch etwas in die Hand, meine »Eingliederungsvereinbarung«, wie wir es gemeinsam schaffen, dass ich wieder in Arbeit komme. Er rät mir zur Lektüre von Anzeigen in den Zeitungen, aber nur von geeigneten, ich solle das Internet nutzen, die Stellenbörse der Agentur. Mein Profil ausfüllen. Ja, und eine Liste mit Homepages, die schicke er mir auch, die Jobbörsen aus dem Internet.

Er suche mal eben einen neuen Termin für mich raus, sagt er. In drei Monaten. Damit ich ihm dann von »unseren vereinbarten Aktivitäten« Bericht erstatte.

»Wieder gleich um acht Uhr? Oder lieber erst viertel vor zehn?«

»Acht Uhr«, sage ich und denke: »Drei Monate!«

Acht Uhr gefällt ihm. Um diese Zeit seien sonst noch gar nicht alle fit. Er schiebt seinen Stuhl zurück, steht auf.

Wer hier nicht rauswill, bleibt immer hier, denke ich.

Letzte Chance, wir stehen schon, ich bin schon fast am Rausgehen. Er guckt mich an, ich gucke ihn an, von oben leicht schief auf ihn runter. Jetzt, jetzt, jetzt!

Jetzt direkt, denke ich. So klar es geht!

»Ich dachte, ich könnte Sie bestechen«, sage ich. »Ich gebe Ihnen Geld«, sage ich. »Sie geben mir einen Job ...«

Ich schaue ihm in die Augen. Hat er mich jetzt verstanden? Er hat! Er sieht auf den Boden, holt Luft, als überlege er. Habe ich ihn? Ich habe ihn!

»Wir kriegen unser Gehalt aus der Gemeinschaft der Arbeitslosenversicherung«, wiederholt er. »Sie können sich natürlich auch einen privaten Arbeitsvermittler suchen. Der kostet 2000 Euro ...«

Kein Lächeln mehr, Eis.

»Tschüss!«

»Auf Wiedersehen!«

Nach 37 Minuten.

Ich stehe im Flur, nehme den Notausgang. Hier kriegt keiner was, hier verdient keiner was, denke ich. Ich fühle mich so traurig, ich weiß nicht, ob mein Leben noch Leben ist oder nur noch Stückwerk. Morgen melde ich mich ab.

***

Am Tag darauf – ich liege noch im Bett – kriege ich einen strengen Anruf direkt aus der Führungsspitze der Berliner Agentur für Arbeit.

»Ihr Jobvermittler war ein wenig irritiert«, sagt eine Stimme in der Leitung. »Sie hätten da so einen Schlenker gemacht ...«

Ich: »Ja, aber es ist ja nichts passiert.«

»Wenn er darauf reagiert hätte, hätte er gezeigt, dass er es gemerkt hat.«

Die Stimme wird bedrohlich.

»Dann hätte er die Polizei rufen müssen. Er hätte das Gespräch beendet, die Polizei geholt. Wenn Sie auf Ihrem Angebot beharrt hätten, hätte er die Polizei geholt.«

»Musste er ja nicht.«

»Nein.«

»In dem Moment, in dem das durch Überhören nicht erledigt ist, müssen wir die Flucht nach vorne antreten, die Polizei einschalten ...«

Vier Mal Polizei in 40 Sekunden.

Die Stimme will nicht sagen, wie oft auf dem Arbeitsamt bestochen wird. Ich weiß jetzt: Es hat nicht viel gefehlt, und mein Jobvermittler hätte die Polizei geholt.

Hat er aber nicht.

Die Sonne brennt. Nächste Woche fahren wir nach Saint-Tropez. Ich sollte schon mal die Tasche packen und alles Wichtige rauslegen.

Die Küste ist Sex, stand in der Zeitung. Alles sei da Sex. Vielleicht packe ich schon mal ein paar Kondome in den Kulturbeutel.

***

Anne hat ein bisschen Angst, dass ihr Großer immer materialistischer wird. Er will endlich mithelfen beim Geldverdienen. Auf ihrem Schreibtisch liegt sein neuestes Bild mit dem Titel: »Mamas söne Geldmaschine«, auf dem ein riesiges dampfendes Gebilde Berge von Münzen spuckt.

Es spuckt wie ein Walross.

»Wie reich müssen wir eigentlich werden?«, frage ich mich plötzlich.

***

Wir schreiben wieder Briefe. Die Briefe gehen an die ganzen großen Läden der Côte d'Azur, ins Byblos, ins Hotel de Paris, ins Casino von Monaco, in den Nikki Beach Club, wo Avril Lavigne feiert, in den Club 55, Clöb 55, den die Bardot berühmt machte und in dem man immer noch isst wie die Bardot.

Sie gehen in die Sündentempel der Welt, wo der Jetset auf uns wartet, zumindest gefühlt oder erhofft.

»Je vous transmets un message important«, schreiben wir drüber und danach in Englisch weiter.

Sehr geehrte Damen und Herren,

zurzeit suchen wir das Geheimnis des Erfolgs. Auch in Saint-Tropez, das für die Lässigkeit steht, die der Erfolg verleiht. Wir würden uns sehr freuen, wenn wir auch in Ihrem Hause recherchieren dürften.

Herzliche Grüße, Ihre Anne Nürnberger

Was können wir sonst noch tun, um den Jetset neugierig auf uns zu machen? Großspurige Visitenkarten drucken? Uns als Antiquitätenhändler ausgeben? Sagen, dass wir in Berlin einen ultraexklusiven Beachclub aufmachen wollen? Sagen, dass wir gute Drogen dabeihaben?

»Anne, wie kommen wir da rein? Was haben wir zu bieten?«, frage ich.

»Ich habe ein gutes Gefühl, das wird schon«, sagt sie.

»Das wird nicht reichen.«

Ich kontere, Anne besteht auf ihrer Ansicht. Ich solle mal locker bleiben, sie sei immer überall reingekommen. Ich will ihr nicht sagen, dass sie ein bisschen alt ist für die Konkurrenz und ihre Haut nicht schokobraun ist. Ach, wäre sie doch 18 und hätte einen Bikini mit Perlen.

»Wir haben doch noch gar keine Million«, sage ich nur.

Und Anne: »Das weiß doch keiner.«

»Nur, weil ich mir eine Krone aufsetze, bin ich kein König«, sage ich. »Piraten, die einen Schatz suchen, fahren auch nicht einfach raus aufs Meer, sie haben einen Plan. Saint-Tropez, Privatstrände, Privatclubs. Da gibt es Türsteher, Privatsphäre und Zäune. Weißt du, wie viele da hinfahren?«

Anne ist nicht zu überzeugen. »Wir werden schon jemanden finden, der uns die Türen aufmacht.«

Sie ruft den Millionär in London an, der auch da sein wird, genau zur selben Zeit und noch vier Wochen länger.

Sie schreibt noch einen Brief an einen Playboy, der gerade groß in der *Bild*-Zeitung war mit Jacht, Mädchen und allem Drum und Dran. Genau unsere Zielgruppe, nicht zu klug und schon ordentlich reich.

An einen seiner Assistenten schreibt sie.

Lieber Herr xxx,

der neue Prototyp der Erfolgreichen verbindet harte Arbeit mit Kreativität, Freiraum mit Geist. Gemeinsam mit meinem Kollegen Jan Rentzow recherchiere ich über die jungen Erfolgreichen, Menschen, die sich von dem Wort Krise nicht abschrecken lassen. Neue Vorbilder.
Am Freitag und zu Beginn der kommenden Woche sind wir in Saint-Tropez, am Samstag in Monte Carlo. Sehr gerne würden wir Herrn A. auf einen Kaffee treffen. Glauben Sie, dass er Lust hätte, mit uns über die neue Generation Success zu sprechen? Er wäre für uns ein idealer Vertreter.
Vielen Dank für Ihre Bemühungen und einen lieben Gruß aus Berlin,

Ihre Anne Nürnberger

Es sieht gut aus.

Es ist nicht leicht, meine Mutter davon zu überzeugen, dass alles gut läuft mit den Geschäften, und dann zu sagen: »Mama, nein. Bitte nicht die Überweisungen einstellen. Kannst du mir bitte die 300 Euro weiter überweisen?«

Es ist verdammt schwer zu sagen: »Ich fahre jetzt nach Saint-Tropez.« Und das »Aha« zu hören. Das: »Du musst es ja wissen.«

Aha, Monaco!

24 Euro für einen Gin Tonic. 5 Euro für einen Cappuccino. Junge, dann schmeiß es doch direkt ins Meer, würde sie wahrscheinlich am liebsten sagen. Sie weiß ja nicht, dass wir dort die Mauer verkaufen wollen, die wir auf einem Hof am Stadtrand entdeckt haben – echte Berliner Mauer. Die Bilder davon sind in meiner Kamera.

Ich lasse noch einen Kumpel anrufen, Peter, mit dunkler Stimme und falschem Namen – und ihn fragen, was sie kosten.

»Das ist die beste Idee, die wir bisher hatten«, sagt Anne.

Echte Teile der Berliner Mauer in allen Varianten – als Gartenkunst zu verkaufen an der Côte d'Azur.

Wir haben Fotos vom berühmten, historischen Gestein. Wir haben feine Stoffsäckchen mit echten Gesteinsproben direkt vom Hof.

»Die sind ja ganz schön verwittert«, sagt Peter, als ich ihm die Bilder zeige.

»Super«, sage ich. »Wir haben ein paar Jahrzehnte Mauerfall. Wir nennen uns einfach History Homes!«

Wir kaufen einen *Lonely Planet* für die billigen Momente, wenn wir alleine sind, und Sonnencreme gegen den Sonnenbrand. »Die erste Million ist die schwerste«, schreibt mir Anne um 1.42 Uhr per SMS. »Aber wenigstens sind wir auf dem Weg.«

***

Der Mann, der vor unserer Abreise noch kommt, um uns zu helfen, und der sich gleich zu uns an den Tisch setzen wird in dem Lokal, das er selber ausgesucht hat, weiß nicht, dass wir viel von ihm erwarten.

Graf Alexander von Schönburg, unser Smalltalk-Trainer.

Das Restaurant, in dem er uns treffen will, hat einen schönen Namen, der Name handelt vom Glück.

Die Notwendigkeit bestehe darin, die Personen als Person zu schätzen und interessant zu finden, sagt Schönburg gleich zu Beginn. Bilder findet er, immer mehr, eins nach dem anderen, wie gute Gespräche in der Gesellschaft verlaufen. Wie ein Fisch im Wasser müsse man schwimmen. Wie ein Schmetterling von Blume zu Blume müsse man in einer vornehmen Runde von Gespräch zu Gespräch flattern.

Es sei wie mit dem Geigespielen. Man könne es lernen.

Aber würden wir das noch schaffen?

»Das Gute ist, wenn du dich im gesellschaftlichen Kontext bewegst, wo die Leute deine Regeln beherrschen«, sagt er, »wird dich nie jemand länger als die notwendigsten Minuten im Beschlag halten.«

»Das zu können ist echt nicht leicht«, sage ich.

»Echt nicht leicht«, sagt er.

Der Chef des Restaurants, das kaum mehr als drei Tische hat, steht im Türrahmen, er kennt Schönburg, er ist stolz auf seinen prominenten Gast.

Es beruhigt mich, dass Schönburg mir immer zustimmt und »vollkommen richtig« sagt, wenn ich etwas sage. Ich könnte ihm sogar von meinem ersten Wellensittich erzählen, den ich als Kind hatte, und er würde sagen: »Interessant« oder: »Sehr interessant!«

Er macht Spiele mit der Geschwindigkeit. Wenn er von Langeweile redet, wird seine Stimme langsam, wenn er von Tempo erzählt, wird seine Stimme schnell.

Fast immer kräuselt und weitet sich seine Stirn. Ich habe noch nie jemanden gesehen, der Lammfrikadellen, Blutwurst mit Apfelstückchen, Büffelmozzarella, Pecorino mit Datteln und Maultaschen mit Kartoffelsalat mit so viel Hingabe und Gesichtseinsatz bestellt wie er.

Wenn es an der Côte Büffelmozzarella gibt, werde ich es genauso machen.

»Ist gute Konversation Schauspielerei?«, frage ich ihn.

»Ja, absolut. Gute Konversation ist natürlich auch Schauspielerei. Du spielst eine Show für den anderen, um ihn zu unterhalten.«

Eine Show!

Er führt das aus.

»Wenn du wie viele meiner Vorfahren immer im Salon sitzt, wirst du automatisch so konditioniert sein, dass es dir möglichst wenig zur Last fällt, das Rumsitzen und Reden. Dann machst du es den anderen so angenehm wie möglich. Dazu gehört auch, witzig zu sein und jemandem, der nicht witzig ist, nicht das Gefühl zu geben, dass er nicht witzig ist. Sonst störst du die Atmosphäre, wird alles mühselig.«

»Dann los«, sage ich. »Lass uns das bitte mal üben.«

»Sehr gut. Gern.«

»Das Wetter. Heute ist es aber heiß.«

»Ein klassisches gutes Konversationsthema«, befindet er gelangweilt. »Es schließt niemanden aus, jeder kann mitreden. Ist natürlich nicht sehr geistreich. Wird oft als Beispiel angeführt, weil selbst der Dümmste dazu was zu sagen hat.«

»Erzähle ich dann besser eine Geschichte zum Wetter?«, fragt Anne und stellt sich vor, wie sie abends an der Côte d'Azur erzählt, dass sie sich am Strand in der Mittagshitze kurz abkühlen musste.

»Idealerweise!«

»Aber nicht, dass ich schwitze, das sage ich besser nicht …«

»Nee, aber ein bisschen einc Anckdote kommt ganz gut.«

»Der Taxifahrer, der geschwitzt hat, vielleicht?«, schlage ich vor.

»Vielleicht.«

»Wie sieht es aus mit Politik als Thema?«

»Politik ist out.«

»Geld?«

»Out.«

»Gott?«

»Out.«

»Die tote Mutti. Meine Mutti ist gestorben, ich bin so traurig …«

»Überhaupt nicht gefragt. Natürlich nicht.«

»Zu persönlich?«

»Zu persönlich!«

Der Kellner kommt noch mal mit der Karte.

Der Graf fragt: »Wollen wir uns Süßigkeiten teilen? Nehmen wir zwei Süßigkeiten, die wir uns teilen?«

»Suchen Sie für uns aus?«, bittet er den Kellner. Wir bestellen oder der Kellner bestellt für uns, wir nehmen Schokotörtchen und Zwetschgen an Amaretto-Mousse.

»Was ist mit Essen, darf man da was sagen?«

»Ein absolutes Out! Man muss Qualität als etwas Selbstverständliches hinnehmen und nicht als etwas Besonderes preisen. Das Allerspießigste ist es, sich über den Wein zu unterhalten. Das ist so unbeholfen und zeigt, dass das für dich was Neues ist.«

»Was ist mit der neuesten Ausstellung?«

»Da fängt es an, gefährlich zu werden. Nur wenn du weißt, der andere ist ein Kunstliebhaber oder ein Musikliebhaber, kannst du das machen. Alles Bildungshuberische fällt in den Bereich: Kein Thema auswählen, was einen anderen ausschließt.«

Super! Ich freue mich im Stillen, dass ich nicht so viel über Kunst lernen muss.

»Was kommt denn besonders gut an?«

»Gute Anekdoten«, sagt er, »welche, die federleicht daherkommen, aber einfach sind. Die Absurdität, das Kuriose. Das zum Staunen, das Überraschende.« Möglichst zu versuchen, sich als dumm darzustellen, es aber nicht zu sein, das könne sehr witzig sein.

»Eigene Unfähigkeiten, Selbstironie: ganz groß! Über sich selber lachen, über sich selber absurde Geschichten erzählen: Darzustellen, wie blöd man selber ist, ist ein tolles Thema. Irgendeiner hat mal gesagt: Ich kann unmöglich auf meiner Uhr zwischen zehn nach zehn und zehn vor zwei unterscheiden.«

Anne: »Das kann ich auch nicht!«

»Sehr gut!«

»Muss die Geschichte, die ich erzähle, wahr sein?«, fragt Anne.

»Nein, gar nicht«, sagt er. »Ein ganz wichtiger italienischer Satz: Se non è vero, è ben trovato. Wenn es nicht wahr ist, ist es gut erfunden.«

»Also würdest du uns raten: Üben, üben, üben, witzig zu sein?«

»Ja, ich bin davon überzeugt, dass man Witz üben kann.«

Davon ist er überzeugt.

»Jachten, Jagd, Polo, was ist damit?«, frage ich.

»Eine Jacht hat gefälligst schön zu sein. Sich damit auszukennen ist schon sehr nerdy.«

»Ist es wichtig, wenn man sich mit den Super-Wichtigen unterhalten will, dass man auf sie eingeht, sie kommen lässt?«, will Anne wissen.

»Nicht nur bei denen! Meine Mutter hat mir die Regel beigebracht: Du musst eine Putzfrau mit dem gleichen Respekt behandeln wie eine Königin. Egal, ob Kanzlerin oder Zugehfrau. Es wirkt sonst ungelassen. Jemanden abzusnobben wirkt ungelassen. Wenn du gelassen mit der Kanzlerin umgehst, wirkt das sehr souverän. Wenn du herablassend mit der Sekretärin oder mit der Putzfrau umgehst, wirkt das wahnsinnig unsouverän.«

Der Cointreau kommt. Ich will Zucker nehmen.

»Musst du nicht, probier's mal ohne. Der Cointreau ist schon so süß.«

»Oh, ist der super«, lobt Anne. »Wie eine Praline.«

***

»Herrlich! Der fällt bestimmt schön!« Der Assistent schwärmt. Der Assistent von Putins Herrenausstatter hat uns in den Laden auf einen Rundgang mitgenommen, durch die russischen Herren- und Damenkollektionen, die Kinderkollektion, wir dürfen Probe sitzen in der Umkleide mit einem Bild an der Wand, auf dem sich eine Nackte selbst massiert. Wir sollen richtig heiß und wild werden auf unseren neuen Sponsor. Mode und Geschäft haben immer eine optimale Temperatur. Bestenfalls ist dann keiner nackig.

Der Assistent von Putins Herrenausstatter trägt Putins Herrenausstatter, Putins Herrenausstatter sitzt, auch am Bauch.

»Gute Anzüge haben einen Suchtfaktor. Wenn Sie keine Idealmaße haben, und plötzlich haben Sie welche«, schwärmt er und hält mir einen weißen Sommeranzug an. »Auf die Tiefe kommt es an, auf die Details.«

Anne lächelt, ich gucke interessiert.

»Eleganz können Sie ab einigen Hundert Euro erreichen«, sagt er. »Wenn Sie aussehen wollen wie eine Million Dollar, brauchen Sie gar nicht viel.«

Wir sind in eine große Vorführung geraten.

»Der Kunde, der hier reinkommt, gibt in der Regel zwischen 10 000 und 70 000 Euro aus.«

Wenn schon, denn schon, denke ich und sage: »Wirklich sehr, sehr elegant hier.«

»Besser als das Gum in Moskau.« Das hätte ihm besser gefallen – und er guckt auch so.

Dann sind wir durch, zurück bei einem kleinen Mann ohne Hals, den wir beim Reingehen beinahe übersehen hätten und der ganz offensichtlich oben auf uns gewartet hat. Er stellt sich vor, es ist Putins Herrenausstatter.

Oh.

Putins Herrenausstatter gibt uns zu verstehen, er habe wenig Zeit, es müsse schnell gehen, da sind wir auch schon in seinem Büro.

»Setzen Sie sich. Erklären Sie, was Sie da machen. Ich habe das gar nicht so genau gelesen.«

Anne referiert. Was für ein tolles Projekt, was für tolle Leute. Sie ist bester Dinge.

Er guckt so, als rede sie von einer Krankheit, hört weg und lümmelt. Zehn Minuten. Wenn seine Anzüge so schlecht sitzen wie er, kann es nicht gut gehen.

Anne wird unsicherer.

»Um das mal abzukürzen«, sagt er irgendwann. »Um ehrlich zu sein, ich bin schon fast weg. Saint-Tropez, 14 Tage.«

»Ach«, sagen wir, »da wollen wir auch hin.«

»Ach«, sagt er, »was für ein Zufall« – und verdreht die Augen.

Herrlich, oder?

Herrlich.

»Wir sind im Marriott, unser anderer Sponsor.«

»Vielleicht kommen Sie dann mit auf die Jacht von Abramowitsch? Aber, obwohl, das hat er nicht so gern.«

Er will uns jetzt vorführen, zeigen, dass es nur um seinen Vorteil geht und dass wir ihm Bortsch sind, dass das ja alles ziemlich langweilig sei, dass er da keine Lust zu hat.

Es ist so, als drehe die eine Seite den Hahn am Interesse auf und die andere ihn mit aller Macht zu.

Russen eben.

»Wasser?« Ja, Wasser. Eine strenge Blonde, die aussieht wie die Chefsekretärin im Kreml, bringt es uns rein, stellt es auf den Tisch, der Chef höchstselbst gießt ein. Mehr für die Gläser als für uns.

Es sind lilane, schön geschwungene Gläser.

»Oh, sehr schön«, lobe ich noch und komme gerade so dazu, an meinem zu nippen, bevor es mir runterfällt und mein Wasser als Bächlein über den Tisch fließt.

Als wir uns verabschieden, quetsche ich Putins Herrenausstatter das silberne Handkettchen. Er erträgt es wie ein Mann.

»Schreiben Sie uns alles noch einmal auf«, bittet er, »damit wir das rechtlich noch einmal prüfen können.«

Wir kriegen das Sponsoring, wir kriegen es nicht. Wir kriegen es, wir kriegen es nicht. Ja, nein.

Nein.

***

Nur Gott weiß, was alle Menschen treiben. Es scheint mir, als sei Gott ganz weit weg. Er muss im Urlaub sein oder so, oder er macht Pause. Vielleicht sitzt er ja in Saint-Tropez und lässt es sich gut gehen. Aber das denke ich eher nicht.

Ich denke, dass es in Saint-Tropez keinen Gott gibt, dass dort viele Gottlose rumlaufen, und seit ich hier bin erst recht.

Es ist, als sei man an einen Ort gefahren, der Verführung ist. Es ist ein Ort, an dem sich das Geld mit dem Sex verbindet.

Es ist so, dass Geld und Sex eine Symbiose sind. Wer Geld hat, schläft nicht alleine. Und die anderen bleiben weg.

Hollywood schläft mit. Es ist der große Beischlaf der Mächtigen. Jeden Sommer.

Mein Hemd ist offen, ich habe die obersten drei Knöpfe auf, sodass man mir fast bis zum Bauchnabel gucken kann. Ich fühle mich unwohl, ich möchte es wieder zuknöpfen.

Schon im Flugzeug habe ich sie alle gesehen, die üblichen Verdächtigen, sie trugen alle Ralph Lauren. Ralph Lauren ist universal im Flugzeug.

Ich komme mir blass vor, alleine, obwohl Anne da ist. Aber Anne ist auch nicht ganz da, nicht richtig.

»Was mache ich nur mit dem?«, fragt sie immer wieder. »Einer soll uns was möglich machen, uns mit auf die Jacht nehmen, aber ich will nichts mit dem.«

»Das kriegen wir schon hin«, sage ich und nehme sie tröstend in den Arm.

***

»Wie läuft dein Business?«, fragt mich der Millionär, den wir in London kennengelernt haben, und nickt mir zu. Er hat schon angerufen, da saßen wir noch auf dem Rollfeld im Flieger. Ob wir Zeit hätten? Er sei in Nizza. Ob es nicht herrlich sei, hat er gefragt, dieses Wetter.

Es werde jetzt jeden Tag ein bisschen wärmer. Diese Luft. Wir sollten doch mal richtig durchatmen.

Er redet gerne ein bisschen viel, und jetzt sitzen wir mit ihm bei Croissants in Frankreich. Der Millionär aus London trägt beige Shorts, die über den Knien aufhören, und ein Shirt mit einer Pistole drauf. Es ist das, das mir in Berlin zu teuer war.

Irgendwie bin ich noch müde und gar nicht richtig da.

Morgen wolle er auf die Jacht eines Kumpels, der bringe Mädchen mit, sagt er. Es werde eine größere Runde.

Seine Frau bleibe an Land.

Er redet viel, über Uhren, welchen Wein man auf der Karte nehmen müsse, um reich zu wirken, den zweitteuersten.

Dass es gut sei, wenn man wichtige Sachen wie die, dass man der Nachbar von Jude Law sei, lieber ganz belanglos erzähle. Die wirkten von alleine.

»Achte auf die Handgelenke. Es gibt hier an der Côte d'Azur eine Bang, eine Bigger Bang und eine Biggest Bang«, schwärmt er mir vor und zeigt auf seine. »Eine Bang kostet 15 000 Euro.«

Er will mir noch schnell ein paar Tipps für die Côte geben, das könne mir helfen. Ohne seine Bang sei man kein richtiger Mann, sagt er. Er habe zwar drei, aber das sei jetzt egal. Wenn man so wie ich keine habe, dann tue man möglichst lange so, als habe man sie heute Morgen nach dem Duschen oder am Pool vergessen.

Eine teure Sonnenbrille helfe eine Weile auch.

Ich weiß immer noch nicht warum, aber er mag mich, und ich mag, dass er mich mag. Vielleicht ist das merkwürdig, dass man von Menschen, die man eigentlich nicht mag, trotzdem gemocht werden will, insbesondere wenn sie reich sind. Ich kann mir das auch nicht erklären.

»Du bist cool«, sagt er und greift mir um die Schulter, als Anne auf der Toilette ist. Es ist ein harter Griff und er ist ein bisschen feucht, aber das ist mir egal.

Die Küste sei ein Spielplatz, Gott, er habe hier auch gespielt. Was er hier nicht alles gespielt habe. Das müsse ich erst noch lernen. Das sehe er ja schon an meinem Blick, wie unsicher ich sei.

»Du musst spielen, so wie ich das gemacht habe. Wie es alle machen. Hast du ein Gefolge, mit dem du in die Bars gehst?«

Ich schüttele den Kopf. Müsste ich aber, fährt er fort.

»Eigentlich müsstest du eine Clique haben, eine richtige Clique, die dir hinterherläuft und alles macht, was du auch machst. Du holst nicht zu trinken, du lässt holen. Jeder hat eine Clique.«

»Ich habe Anne«, sage ich.

»Ja, und?«

Er starrt mich an, intensiv.

»Wir sind ein gutes Team«, sage ich.

Er guckt mich immer noch an.

»Ja, und?«, fragt er. »Wie viele Frauen hättest du gerne mehr?«

Der Millionär meint, ein Mann wie ich könne mehr als eine haben. Wo sei denn da das Problem. Eine Frau sei eine Frau, und wenn sie einem reichen Mann gefalle, dann mache man zack, bumm. So einfach sei das. Da hätte ja auch die Frau was von.

Bei zack, bumm zucke ich ein bisschen zusammen.

Es gefällt ihm, davon zu reden, er redet gern von Sex, ich glaube, das macht ihn ein bisschen scharf.

Er habe, und das sage er mir im Vertrauen, auch mehr als eine auf einmal gehabt, schon öfter. Das wolle doch jeder.

Er macht mir klar, wie aus seiner Sicht die Welt eines Mannes sein könne, wenn der Mann es so will. Ich müsse das nur begreifen.

Ich sei der Mann, ich sei der Star. »Das ist nun mal so.«

Wenn ich der Star bin, was ist dann eigentlich die Frau? Ein Fan?

Dann wechseln wir das Thema, das heißt er wechselt es, wir sprechen ein bisschen über die Côte, dass es schon komisch sei, dass die Welt so ein großer Ball ist, und im Sommer seien sie alle hier, alle. Ob ich mich denn wohlfühle?

Viele seien ja schon als Kinder hergekommen und würden sich seit Jahrzehnten kennen und immer ihre Sommer hier verbringen.

Füttern heiße es, wenn man sich halb nackt am Strand die Magnum-Flasche ansetze und von oben den Champagner in den Schnabel schütte.

»Weißt du, am Ende sind die Leute hier immer alle zusammen, sie sind alle gleich, sie gehen alle in dieselben Clubs. Sie kennen sich alle«, sagt er, und ich sage nicht viel. »Sie wissen nicht, was sie machen sollen, und hängen draußen auf dem Wasser ihre Ärsche rüber«, sagt er. »Sie lachen über die aberwitzigsten Sachen. Sie pudern sich die Nasen, bespritzen sich. Wenn du fun bist, laden sie dich wieder ein. Du musst fun sein, Spektakel bieten«, sagt er.

»Yeah, I like fun«, sage ich so ernst ich kann, aber das will mir nicht so recht gelingen, ihn mir vorzustellen, wie er seinen beschissenen Arsch über die Reling hängt.

Ich gucke ihn an, seine gerade Nase, die Stirnfalte, die mal ganz ernst aussieht und ihn dann wieder ganz weich wirken lässt.

Er ist brauner als in London, tut lässiger.

Es ist, als mache die Küste einen anderen aus ihm. Ich weiß nicht mehr, wer er ist und ob ich ihn mag.

Ich höre ihm zu, wie er von Jean-Paul Belmondo erzählt und mir sagt, dass Jack Nicholson da ist.

Dann kommt Anne zurück, sie sieht wieder frisch aus, sie hat sich noch einmal nachgeschminkt und ein bisschen aufs Meer geguckt, jetzt lächelt sie uns an.

»Herrlich ist es hier«, sagt sie. »Ich fühle mich ganz Sommer.«

»Unser Guru-Seminar war ein voller Erfolg«, sage ich. »Fünf Leute waren da und ein Coach aus der Schweiz. Ich habe den Mann in the Arbeitsamt bestochen, aus Gag«, prahle ich mit dem, was wir haben, gemacht haben, und übertreibe, wie er es auch machen würde.

Anne hasst mich dafür, aber sie kapiert, dass das jetzt so sein muss.

»Pass auf den auf«, sagt er zu Anne bei der Verabschiedung und meint mich. »Der ist unberechenbar.«

Noch eine Umarmung, der Mann, der morgen auf die

Jacht geht und uns an Land lässt, küsst Anne links und rechts, formvollendet. Dann brechen wir auf, durch die Berge in Richtung Monaco.

Unser Hotel liegt im Jachthafen von Cap-d'Ail, und es ist dunkel, als wir ankommen. Es ist ein prächtiges Haus. Wir werden schon erwartet. Von Thierry.

»Da sind Sie ja«, ruft der VIP-Chef des Marriott und lässt uns von einem eifrigen Boy eine Flasche Rosé bringen. Wie er uns den Aufenthalt noch angenehmer machen könne, will Thierry wissen und notiert sich unsere Vorstellungen.

Er wolle, dass wir uns wohlfühlen, er habe schon so viel Gutes von uns gehört. Mir ist unbehaglich, ich habe ein bisschen Angst vor morgen.

Es ist, als sei ich im Urlaub, aber wir müssen Geld verdienen.

Müde fallen wir ins Bett, der Leuchtturm im Hafen wirft ein rundes Licht. Ich denke an Schönburg und was er gesagt hat, dass man allen Menschen das Gefühl geben muss, dass sie interessant sind, und dass man für sie im Zweifel eine Show machen muss.

***

Der Morgen ist laut und zeigt den Jetset-Wahnsinn vor unserem Fenster, das Meer liegt da, blau, azur.

Nach rechts ziehen die Jachten, nach links fliegen die Hubschrauber. Ich sehe Palmen auf Dächern, Dachterrassen als Sonnendecks, ockerfarbene Paläste und himmelblaues Meer. Ich ziehe die Gardinen beiseite und lege mich wieder hin.

Aus dem Bett beobachte ich das Mittelmeer im Minibar-Spiegel. Wie die Hubschrauber beim Start die Köpfe senken. Wie die Jachten weiß in der Sonne funkeln und am Pool Hochbetrieb ist.

Wie sich unten vollendete Sixpacks auf die Liegen legen und die Blondinen kommen, nicht älter als 25. Wie Jungs nicht wissen, ob sie sich im Pool entspannen sollen oder doch auf der Liege, wie Jungs mit der Sonnenbrille durch den Pool tauchen.

Ich sehe Mädchen mit Knallbikini und Sonnenbrille im Pool stehen. Die ältesten Männer haben die braunsten Schenkel.

Mein Blick geht auf Pool, Hafen und Meer, junge Araber, die sich die Fingernägel richten. Der Himmel und das Meer kämpfen um das schönste Blau.

Ein weißes Schlachtschiff läuft den Hafen an. Vorne fünf Mädchen, hinten drei Männer – alle fast nackt. Der Motor dröhnt so laut wie fünf Formel-1-Wagen.

Die Ersten husten.

Im Fahrstuhl, die Russen üben: »Reception«, »Bar«, »Salon«. Sie üben die Betonung der fremden ausländischen Worte.

Fünf Jahre, hat der Millionär gesagt. Fünf Jahre, und ich sei hier drin in den allerbesten Kreisen.

Jack Nicholson, Jean-Paul Belmondo.

Wer bin ich, frage ich mich.

Wir fahren rein in die Stadt von Monaco, durch ein Paar Tunnel durch zum Hafen, die »Lady Moura« ist da, ein Reichen-Schiff mit 15 Kilo schwerer goldener Schrift.

»Das wahre Monaco sitzt auf dem Boot«, sage ich zu Anne, und Anne sagt: »Die Autos haben mehr Form als die Körper der Menschen.«

Bei jedem Dickeren, der vorbeikommt, kommt ihr ein bisschen Ekel. Die dicken Menschen gefallen ihr nicht. Es sind viele Dicke da. Russen, Araber. Man könnte fast meinen, dass sie sich die Stadt aufgeteilt haben.

Ihr gruselt ein bisschen vor den Badeschlappen-Reichen und vor dem, was wir heute machen wollen.

Sie fühlt eine kalte Hand, tiefer als sie darf, und fürchtet in Gedanken, dass ich sie nicht rette. Sie fühlt vor.

»Guck mal, Jan«, sagt sie. »Diese ganzen Videokameras. Hoffentlich werden wir dabei nicht gefilmt.«

»Ja«, sage ich, »gefährlich!«

Zwei Stunden sind es mit dem Auto von Monaco nach Saint-Tropez. Pampelonne heißt der fünf Kilometer lange Strand vor Saint-Tropez, weltberühmt soll er sein, aber ich kenne ihn nicht. Der Strand der Sehnsüchte, an dem Gunter Sachs Brigitte Bardot küsste.

»Am Strand gibt es keine Polizei, die uns festnehmen könnte«, sage ich. »Wollen wir lieber da anfangen?«

Ich nenne es jetzt die Schweinchennummer am Meer.

Anne hat ein kurzes gelbes Sommerkleidchen mit Seidenträgern an, das ganz leicht um ihre Beine weht und über dem Knie schon aufhört. Anne hat ein bisschen Angst.

»Anne, die tragen dich auf Händen. Das wird eine Show«, sage ich. »Die haben Langeweile und freuen sich, wenn wir kommen.«

»Was ist, wenn einer mit mir wegläuft?«, fragt Anne.

»Wo soll er denn mit dir hin?«

Auf dem rappelvollen Parkplatz mit den roten und schwarzen Ferraris zieht sie sich den Lippenstrich wie eine junge Dame, ganz dezent.

»Nicht, dass du schwitzt, Anne!«

»Nein, mein Deo hält 24 Stunden. Du rettest mich doch?«

»Ja, natürlich.«

Wir klappen den Kofferraum zu und gehen in Richtung Strand, staubig ist es und 35 Grad heiß.

Kniend schreibt Anne das Pappschild, das sie gleich hochhalten wird an dem Strand, an dem Danny de Vito liegt, wenn alles gut geht.

Das Schild will sie gleich hochhalten, und jeder kann es lesen. »Tragen: 50 Euro, Streicheln: 100 Euro.« Man darf sie tragen für 50 Euro und streicheln für 100. Man kann auswählen.

Die Idee ist ja eigentlich nicht von uns, sondern von zwei Kindern in Berlin Prenzlauer Berg. Die Kinder hatten zwei Meerschweinchen, Blacky und Hopsi. Sie ließen Blacky und Hopsi im Park streicheln und tragen. Streicheln für zehn Cent und tragen für 50.

»Du spinnst ja«, hatte Anne gerufen und mich entgeistert angeguckt, als ich ihr gesagt hatte: »Wenn wir in Saint-Tropez sind, machen wir das mit dir!«

Ihr Gesicht werde ich nie vergessen, wie da die Empörung rauswich und das Lachen reinkam. Wie sie erst Nein sagte und dann aber lachte. Wie es sich verboten anfühlte und falsch und dann aber lustig.

So als könne das gehen.

Ich zeige Anne den ganzen langen Strand, und was wir sehen, ist leider nicht so prickelnd. Es gibt viele leichte Bänke, und auf diesen Bänken liegen viele schwere Männer. Auf circa drei Frauen kommt ein Mann an diesem Strand.

Es gibt viele Männer in Badehosen, die keine Bangs haben, aber Gummienten und Sonnenbrand. Und es gibt graue Motor-Schlauchboote, aus denen die Reichen klettern, die von den Jachten an den Strand fahren. Ob die Jacht da hinten die von Abramowitsch ist, frage ich mich.

Wenn ja, dann gibt es hier ein Boot mit Reptilleder an den Wänden, dann sind hier auch ein U-Boot und eine Raketenabwehrstation.

Zehn Minuten lang schauen wir uns um auf der Suche nach den ersten Gewinnern, die infrage kommen. Ich weiß noch nicht, wer die richtigen sind. Wir versuchen es zuerst bei den Coolen, die etwas zu beweisen haben, entscheiden wir. Keine Monster.

»Anne, die da?«

»Okay, los!«

Anne geht auf drei Italiener in Badehose zu. Sie sind nicht älter als 25. Sie sehen so aus, als lägen sie schon seit Wochen hier rum und ließen keinen Versuch ungenutzt, einer Frau auch nur irgendwie zu gefallen.

Sie haben einen Volleyball.

Anne geht direkt auf sie zu, groß und blond und aufrecht, und hält ihr Schild hoch.

»Do you speak English?«, fragt sie.

»Yes.«

Die Jungen kommen näher, sie nehmen sie in ihre Mitte, alle Augen hängen an ihr und ihrem Schild. Anne sucht nach der richtigen Formulierung.

»I'm the special offer!«, sagt sie – und zeigt noch mal auf das Schild. »Ihr könnt mich tragen für 50, streicheln für 100! Das ist kein Sex. Das ist ein Spiel mit meinem Freund.«

Ungläubiges Gucken, Fragezeichen in sonnigen Gesichtern. Ich drehe mich weg, schäme mich. Die sind doch nicht so doof hier, denke ich. Es muss auch in Italien eine versteckte Kamera geben. Zumindest suchen sie die. Und dann stelle ich fest: Sie suchen mich.

»Chi è?«, fragt der eine mit den Muskeln.

»Wer ist dein Freund?«

»Dove è?«

»Wo ist dein Freund?«

»Ja, er liebt mich, und das hier ist eine Mutprobe«, sagt Anne. »Ihr würdet mir einen Gefallen tun, wenn ihr das macht.«

Sie werden wütend, die Jungen schütteln den Kopf. Ich fühle, dass es Ernst wird, und gehe ein Stück näher. Sicher ist sicher.

Meine Jeans sind unten ein bisschen nass vom warmen Mittelmeer. Ich spüre das Nass an meinen Knöcheln, aber es kühlt nicht.

»Che cazzo!«

»Was für ein Schwanz«, höre ich.

»Che culo!«

»Was für ein Arsch.«

»Willst du?«, fragt der Muskelmann und tänzelt einmal ganz um Anne rum.

»Nee!«, sagt der Hagere.

»Machst du?«, fragt der Hagere.

»Nee«, sagt der Muskelmann und guckt mich an.

»50 Euro?«

Ich wittere meine Chance.

»Du musst sie von dort nach dort tragen, sonst gilt es nicht, sonst gewinnt sie die Mutprobe nicht.«

Ich zeige eine Strecke von vielleicht 20 Metern.

Ich weiß nicht, was mit mir los ist, warum ich das mache, aber ich denke, je mehr ich dazwischengehe, um Anne die Show zu vermiesen, desto lockerer sitzt das Geld, und sie wollen es ihr geben. Es ist dann das Spiel zwischen Männern um die Gunst der Frau. Sollen sie ruhig gewinnen. Aber sie wollen nicht gewinnen.

»Nee, lass mal«, sagt der Muskelmann.

»Grazie!«

Die Sonne funkelt über dem ganzen Strand. Auf dem Wasser schaukeln die Jachten, der Sand brennt so heiß wie Annes Energie jetzt, es wirklich zu schaffen. Sie stapft vorwärts.

Zwei Engländer, mit langen Haaren so breitbeinig wie lässig vor dem »Niou Largo« direkt am Strand. Techno dröhnt aus der Bar in ihrem Rücken, in den Sonnenbrillen der beiden spiegelt sich die Sonne.

»Hey, Jungs, wollt ihr mir helfen?«, fragt Anne. Einer ist dunkel, der andere blond.

»Wie denn?«, will der Blonde wissen. Anne zeigt ihr Schild, und es folgt ein längerer Dialog, den ich aus der Entfernung nicht verstehen kann und der mal in die eine und dann in die andere Richtung zu kippen scheint.

»Sorry. Ich habe nur meine Karte dabei!«, ruft der Blonde und sieht wirklich so aus, als täte es ihm wahnsinnig leid.

Er denkt, das müsse er ihr beweisen, und zieht sie aus der roten Badehose. Rote Kreditkarte in roter Badehose.

»Schade, dann beim nächsten Mal«, sagt Anne und macht dem Freund noch ein Kompliment für seine Turnschuhe.

»Wo würdest du denn gerne?«, fragt der.

»Egal«, sagt Anne und guckt ihn an.

»Wo macht es dich am glücklichsten?«, will er wissen und guckt in meine Richtung, als nehme er mir mit Freuden etwas weg.

»Du kannst den Rücken, die Haare. Wie du möchtest. Du kannst mich aber auch tragen.«

Sein Karten-Freund lacht, er lacht auch. Er findet das lustig. Und dann nimmt er Anne an den Schultern, hebt sie hoch und trägt sie. Die Liege rum, einmal, noch einmal, schleppt er sie. Sie lachen beide, Anne und er, er lacht ganz dunkel, als er Anne wieder auf ihre nackten Füße stellt.

»You are fucking cool«, sagt er.

Und zahlt.

Nicht 50 Euro, sondern 100!

Er gibt Anne 100 Euro, als sei das normal. Den doppelten Lohn für keine Arbeit, einfach so, nicht nur 50, sondern 100 Euro.

Für das Sex-Spiel ohne Sex, eine Mutprobe zwischen einem durchgeknallten Deutschen und seiner hübschen Freundin, die nicht mal seine Freundin ist.

»Ihr seid echt schräg«, sagt er zum Abschied.

Drei Stunden lang laufen wir über den Strand von Pampelonne, gucken auf die Jachten, hinter den Palmen dröhnen die Bässe der Bars, in denen Bono mit Liz Hurley sitzt. Oder Abramowitsch mit dem Herrenausstatter von Putin.

Männer, die alleine sind, streicheln nicht, aber es sind nur wenige alleine. Männer, die zu jung sind, machen es nicht, aus Angst verarscht zu werden. Männer, die ihren Freunden was beweisen wollen, machen es am liebsten.

***

Es ist Mitternacht und hell wie am Tag. Alles leuchtet. Das berühmte Café de Paris platzt aus allen Nähten, die Uhr über dem Casino strahlt wie ein zweiter Mond. Wir ignorieren die Kameras.

»Wandelnde Geldsäcke«, sage ich zu Anne und zeige auf die Schlange beim Eismann, aber Anne sieht nicht begeistert aus.

Sie hat das kleine Schwarze an, in dem ihre Beine so scharf aussehen, sie hat ihren weißen Burberry-Mantel über den linken Arm geworfen, so als kämen wir aus dem Casino vom Spielen und hätten gerade die spontane Idee gehabt.

Sie hat die Haare perfekt geföhnt und gestylt. Sie sieht gut aus, gut genug für die nächsten Hunderter.

»Happy Birthday« spielt die Kapelle im Café de Paris in drei Sprachen. Ein Typ, der aussieht wie Woody Allen, kommt uns entgegen. Eine Araber-Kombo in weißen Hosen bestellt heißen Tee.

Anne sucht Augenkontakt.

»Anne, lass die Leute in Ruhe!«, rufe ich und wünsche mir genau das Gegenteil.

»Das ist eine Wette«, wendet sie sich wildfremden Leuten zu, »wenn wir bis drei Uhr 500 Euro zusammenhaben, dann heiratet er mich, hat er gesagt. Gleich morgen.«

»Lass das, Anne«, rufe ich und tue so, als sei mir das peinlich und als ginge es uns nicht ums Geld. »Anne, niemand wird dir helfen!«

Es ist wirklich so, denke ich. Wir müssen fun sein. Die

Leute müssen denken, dass dieses Gespräch hier ein absoluter Zufall ist.

Es sind plötzlich viele Männer da, viele Männer, die auf ihre Frauen aufpassen, manchmal nicht nur auf eine.

Der Platz vor dem Casino ist irgendwann, wenn die normalen Menschen schlafen, kein Ort mehr für Spiele mit Frauen ohne Sex – er ist ein Platz, an dem man alles kaufen kann.

Ich bin enttäuscht und ziehe Anne zurück.

»Nächstes Mal wieder am Strand«, sage ich und köpfe mit ihr noch eine neue Flasche Rosé, die Thierry für uns kalt gestellt hat.

Der Wein ist wirklich herrlich kühl.

***

Ganz klein ist der Juwelier. Die Wände sind blau, das Gold ist frisch mittendrin in diesem berühmten Hotel gleich um die Ecke vom Casino. Wir haben ein bisschen anprobiert. Sie bringen uns jetzt vom Besten, dem Allerbesten. Von den roten Ohrringen mit den Rubinen, den Ringen mit den Conch Pearls und den Tausenden Diamanten. Die schöne Margaux und der schöne Maurice.

»Oh, ich habe gar keine Löcher«, sagt Anne.

»Oh, Sie haben keine Löcher, gar kein Problem!«, sagt Margaux. Die Diamanten hat sie auch als Clips, sagt sie, und verschwindet im begehbaren Safe.

»Möchten Sie in der Zwischenzeit ein wenig unsere Uhren ansehen, mein Herr?«, fragt mich Maurice und verschwindet auch im Safe.

Irgendetwas zieht sie beide da rein.

Dann ist Maurice wieder da mit limitierten Uhren für 89 000 Euro, die er nur für mich rausbringt. Uhren schwerer als alles, was mein Gelenk jemals umhaben durfte. Groß und klobig, das Ziffernblatt breiter als mein Arm. Exklusiv sind sie, so exklusiv, dass niemand anderes sie hat.

Nur Maurice, und gleich ich.

Zwei Uhren bringt er mir. Eine eckige und eine runde. Drinnen schwingen die Diamanten, und Maurice beobachtet meinen Blick.

Ja, er schätze auch die eckige mehr, die sehe maskuliner aus, sagt der Juwelier.

Ich bin nicht in der Lage, das Armband alleine zuzumachen, aus Angst, dass mir die Uhr runterfällt oder mein Arm zu dünn sein könnte – aber da hat er einen Blick für, dass er keinem Millionär einen zu kräftigen Arm einstellt. Da muss er nicht nachstellen, der perfekt gekämmte Maurice, und die schöne Margaux mit ihren zauberhaften Wimpern und den blonden langen Haaren muss auch nichts zwei Mal machen. Da haben sie ein Auge für.

»Du könntest auch ein Russe sein«, sagt Margaux zu mir, »aber eher einer der zarten.«

Ich lächele unbeholfen.

Anne kriegt zwei Ohrenclips mit Rubinen angelegt. Und dann noch ein Collier mit Rubinen, ein Armband mit Rubinen, einen Ring mit Perlen. Ihr Hals leuchtet, ihre Ohren leuchten, ihr Arm, ihre Hand leuchtet.

Sie strahlt.

Fünf + Eins + Eins + Eins = Acht.

Acht Millionen hat sie jetzt um. Fünf Millionen Euro um den Hals, eine Million um den Arm, eine Million am linken Ohr, eine Million am rechten.

»Wahnsinn«, ruft sie vor dem Spiegel. »Ich brauche einen Bodyguard!«

Nie war ihr Schmuck wichtig, aber jetzt sieht sie aus, als wolle sie ihn stehlen.

»Er ist ja so, so schön«, ruft sie und ist ganz Frau.

Dürfen wir?

Ja, wir dürfen.

Als wir auf einem Proberundgang in der Lobby verschwinden, kommt uns Putins Herrenausstatter in kurzen Hosen entgegen.

Ich grüße, nicke.

Anne grüßt, nickt.

Er kriegt seinen Mund nicht wieder zu.

»Ich zahle mit meiner schwarzen Centurion«, scherze ich, als wir zurück sind, weil ich weiß, dass das die beste Kreditkarte sein soll.

Maurice nickt.

»Ach, nein, machen Sie vier Millionen in cash, wir haben noch so viel Bargeld rumliegen.«

»Aber Monsieur«, sagt Maurice.

»Maurice, wir wollen zum Strand. Bringen Sie bitte alles in unser Hotel«, sage ich. »Nein, senden Sie es mir direkt nach Deutschland, ich gehe jetzt schwimmen und schicke Ihnen meine Privatsekretärin mit meinen Daten vorbei.«

Maurice beugt sich vor, zwinkert und zeigt sich generös.

»Darf ich der gnädigen Frau Sekretärin dann auch eine kleine Aufmerksamkeit mitgeben?«

Ich lache.

Ich sage: »Ja, gerne.«

Dann nimmt Maurice meine Uhr für 89 000 Euro, legt sie auf ein Samtbett in die dafür vorgesehene große schwarze Box. Zwei passende Manschettenknöpfe gesellen sich dazu. Als Geschenk.

Die Box mit der Uhr und den Knöpfen wandert in den dafür vorgesehenen braunen Rollkoffer, den man verschließen kann. Er geht nur schwer wieder auf. Mit dem Fingerabdruck des Käufers.

Auch Annes Schmuckverschlüsse gehen nur schwer wieder auf. Fast ist es so, als würden die Rubine rufen, dass sie bei Anne bleiben wollen und nicht mehr zurück. Aber nur fast.

»Wissen Sie, ich möchte diese Uhr nicht geschenkt«, sage ich. »Ich möchte diese Uhr nur haben, wenn ich sie mir selber gekauft habe.«

Der Juwelier versteht das.

»Wenn mich alle angucken und sich fragen, wer ist der Typ, wo hat der diese Uhr her?«, sage ich und glaube fest daran, was ich sage, mir wird richtig warm dabei. »Wenn sich alle fragen: Gehört die ihm? Wenn ich nicht sagen kann, dann und dann nach diesem Deal habe ich sie mir gekauft. Was ist sie denn dann noch außer eine Uhr?«

Maurice und ich – wir verstehen uns.

Ich streichele den Koffer. Die Uhr soll jetzt schlafen.

»Bis bald«, sagt Maurice, der Juwelier, zum Abschied und gibt Anne Küsschen links, Küsschen rechts.

Als wir rauskommen und die Sonnenbrillen wieder gerade rücken und das Licht so gleißt, ist es fast so schön, dass ich nie mehr wegwollte, so, wie es ist, wenn man sich an etwas gewöhnt hat.

Letitia ist da, die VIP-Begleiterin des Hotels, die sich freut, dass sie für uns da sein darf, und wirklich wahnsinnig hübsch ist. 25 Bentleys und Maseratis warten, einer neben dem anderen, aber nicht auf uns, sondern auf ihre Besitzer.

Boys in schwarzen Anzügen passen darauf auf und werden fotografiert. Volkswagen und Opel winken sie einfach weiter.

Aufgeföhnte Zwanzigjährige im samtigen roten Mini staksen uns entgegen und sehen aus, als wollten sie zu einer Gala. Einem Porsche springt die Alarmanlage an, weil sich irgendeiner von diesen armen Touristen reinlehnt, ein Boy huscht hin. Eine Limousine kommt vorbei mit Blaulicht-Eskorte.

»No photo«, fahre ich im Scherz einen polnischen Touristen an und tue so, als sei ein gelber Maserati meiner. »Willst du auch mal mit?«, frage ich ihn.

Letitia, unsere VIP-Betreuerin, strahlt und ist sehr zufrieden mit uns, sie findet, dass wir gut aussehen am Hotspot der Welt.

»Die künftige Frau von Prinz Albert hat früher als aktive Schwimmerin auch immer im Marriott gewohnt. Mit dem ganzen Team«, sagt sie. Anne gefällt das.

»Du hast auch noch Chancen«, sagt Letitia zu ihr. »Du bist eine bezaubernde Frau«, sagt sie. »Du bist schlank, so hübsch.«

Ich sehe, wie es in Anne leuchtet, auch ohne Schmuck.

»Was müsste ich mir denn anziehen, um mir hier einen Millionär zu angeln?«, fragt sie.

»Kurz muss es sein, sexy, very sexy«, sagt Letitia. »Das muss jede Frau selber wissen, ob sie das will.«

Kurz.

»Willst du das wirklich machen, Anne?«, frage ich sie auf Deutsch.

»Mich sexy anziehen, na klar.«

»Und sonst?« Ich weiß, dass sie es eigentlich nicht wirklich will, aber dass es sie reizt zu wissen, ob es geht. Wenigstens mal gucken, was ginge und wie die Millionäre drauf sind, was sie ihr anbieten.

Da sei ein Beach-Club mit weißen Liegen, sagt Letitia, die auch nicht glaubt, dass Anne das wirklich will. Wenn man es wirklich darauf anlege, komme man da den Reichen schon sehr nahe. Oder da gebe es die Sea Lounge. Die sei eigentlich noch besser. Da sei immer mächtig viel los.

»Da darfst du auf keinen Fall alleine hingehen«, sagt sie zu Anne. Es sei wirklich sehr teuer da, sehr angenehm. »Sehr exklusiv, sehr reich. Sehr privat.«

Sie könnte uns einen Tisch buchen, sagt sie.

Wir fahren zurück ins Hotel, und Anne zwängt sich in einen schwarzen Schlauch, in den nicht mal ein BH passt, und hüpft in ihre höchsten High Heels. Anne will jetzt einen Mann, einen Millionär.

»Jan, jetzt guck nicht so«, fordert sie, »oder sieht das schlimm aus?«

Sie läuft vor dem Spiegel auf und ab.

»So, guck mal, geht das so? Oder ist mit Schminke doch besser?« Sie sieht auch halb nackt noch ziemlich edel aus, und wir fahren hin in diesen Club.

Es gibt einen Parkplatz, der ist voll.

Mein Atem stockt, als ich die uniformierten Boys sehe, die den Laden bewachen. Es ist 21 Uhr. Wir werden schon erwartet, es riecht nach Zypressen am Eingang.

Russische Animateurinnen kommen auf uns zu, mit hüpfenden Pferdeschwänzen, und geleiten uns an unseren Tisch. Es muss mehrere Terrassen in Richtung Wasser geben, oben auf dem Felsen ist die Villa, die Karl Lagerfeld gehört haben soll.

Ich fühle mich unwohl. Wenn ein Tisch Champagner bestellt, leuchten Wunderkerzen aus dem Flaschenkühler. Auf dem Monitor räkeln sich technovergnügte Leiber. Damit die Stimmung steigt, legt ein DJ auf.

Was sollen wir nehmen? Wir streiten zehn Minuten lang, was wir nehmen sollen, weil ich es doof finde in dem Club, weil Anne es zunehmend auch doof findet, aber das nicht sagt, und weil wir beide nicht dort sein wollen und es jetzt aber nun mal sind.

Die Cristal-Magnum-Flasche kostet 24 000 Euro.

Ich sage: »Nein, ich will nichts.« Anne bestellt eine Flasche Chablis, den zweitbilligsten. Ich bespritze ihre Schenkel mit dem teuren Saft und warte weiter, dass was passiert.

An den Nachbartisch setzen sich Junggesellen aus der Ukraine mit Gel in den Haaren und weißen Hemden, sie haben Begleiterinnen dabei, lassen den Korken knallen und spritzen auch gleich rum, aber mit Champagner.

Anne prostet ihnen halbherzig zu.

Keine Antwort.

»Du musst dir keinen Kopf machen, du siehst besser aus als die Russen«, sagt Anne zu mir, »und schlanker bist du auch!«

»Du siehst leider nicht besser aus als die Russinnen«, sage ich, und das sorgt fast für eine Krise.

Nach zwei Stunden hat Anne genug. 50 Euro, die Rechnung. Ich gebe 70 und sage 55, ohne hinzugucken. So wie ich glaube, dass das geht.

Der Kellner verschwindet und kommt nicht wieder. Er kommt nicht wieder, hat jetzt 20 Euro Trinkgeld und nicht einmal Danke gesagt.

Im Hotel stelle ich fest, dass ich noch weniger habe, denn ich habe 50 Euro von Annes Streichel-Geld aus der Hosentasche verloren. Anne sitzt noch ein bisschen auf dem Balkon – im kleinen Schwarzen, mit Blick aufs Mittelmeer. Immer noch ohne Mann, nur mit mir.

»Anne, ich will nicht, dass du das machst, wirklich nicht.«

»Ich weiß«, sagt sie und lächelt mich an.

»Wenn man bei Frauen nach der ersten oder der zweiten Verabredung nicht den erotischen Bann durchbricht, überschreitet man oftmals einen Punkt of no return«, lese ich in der Biografie von Gunter Sachs. »Da verfestigt sich das Platonische!«

Am nächsten Morgen klingelt mein Telefon. Es ist der Millionär aus London, der wissen will, wie unser Beach-Business gelaufen ist. Es war super auf der Jacht, sagt er, sie hätten geschnorchelt.

Wir bestellen Champagner und genießen das Frühstück, wie noch nie, dann sagt Anne, dass sie ja nun schließlich zum Millionär-Angeln hergekommen sei und dass sie das jetzt noch einmal versuchen wolle.

Sie redet nicht viel, sagt nur, dass es ja gelacht wäre, wenn da nichts ginge. Früher sei sie mit ihrer Schwester in jeden Laden reingekommen, und immer hätten die Männer Schlange gestanden.

Im Auto nach Saint-Tropez, als ich sie in die Bagger-Bar Nikki Beach bringe, sind unsere Gespräche kurz.

»Vielleicht ist ja Prinz Albert da«, sage ich und denke, dass er es ganz bestimmt nicht ist, aber dass es wahrscheinlich schon ganz okay würde.

»Lass mich mal machen«, sagt Anne. »Ich weiß schon, wie ich das mache. Ich werde schon vorsichtig sein.«

»Die spritzen da Champagner. Es gibt da Betten. Soll ich nicht doch besser mitkommen?«

»Und dann?«

»Ich kann dich beschützen. Ich greife ein!«

»Ach, Jan«, sagt sie.

Wir verabreden, dass sie mir eine SMS schickt, wenn es drinnen, wo der Champagner spritzt, zu merkwürdig wird.

Falls sie Hilfe braucht.

Ich sehe, wie sie zum Eingang huscht, und stehe noch ein bisschen auf dem staubigen Parkplatz. Ein Boy guckt mich an in seiner Uniform.

Ich fühle mich leer – alleine im Jetzt, mit einem langen Nachmittag vor mir.

Ich, der Mann, der Anne angeboten hat zum Streicheln, ganz alleine. Ich, der traurige Junge – einsam in Saint-Tropez.

Ich weniger traurig beim Eisessen.

Ich im Jachthafen bei den Booten. Beim Jachten gucken. Beim Nachdenken, ob ich lieber der Besitzer einer Jacht wäre oder doch der, der auf die Jacht eingeladen wird. Der, auf den sich alle freuen würden, wenn er mitkommt, der Künstler mit der weißen Hose und dem Humor.

Es ist ein langer Nachmittag, gleißend und heiß und ein bisschen stickig. Ich genieße Saint-Tropez, die Boote, die Menschheit, die hinausfährt aufs Wasser und sich selbst vergisst. Die Fußabtreter im Hafen und die Models, die darüber steigen.

Ist das unsere Zukunft, frage ich mich und denke nicht weiter darüber nach. Doch, ich denke darüber nach und wünsche es mir. Jetzt ist es gleich halb fünf, denke ich, jetzt so ungefähr geht es da voll ab bei Anne. Jetzt wird gespritzt mit Champagner, wer nur lunchen wollte, verschwindet jetzt.

Da kriege ich eine SMS, die mich beunruhigt.

»Abholen! Sofort!«, steht auf dem Display.

Ich rufe an, Anne geht nicht ran. Ist ihr was zugestoßen, frage ich mich. Ich fühle, es geht ihr nicht gut, rufe noch einmal an, sie geht nicht ran.

Warum geht sie nicht ran, frage ich mich.

Ich schwitze. Ich habe schreckliche Angst. Haben sie mit ihr was gemacht? Was haben sie mit ihr gemacht?

Anne!

Es ist ein einziges Scheiß-Debakel.

Ich rase die zehn Kilometer zum Strand. Ich stehe im Stau. Ich will vorbei. Ich erreiche den Parkplatz.

Da sitzt sie, zusammengekauert, auf einem Stein in ihrem kurzen grünweißen Kleid.

Sie hat den Kopf zwischen den Knien.

»Anne«, rufe ich. »Anne!«

Sie hat Tränen in den Augen. Sie steigt ins Auto. Der Türsteher von Nikki Beach hat uns noch im Blick.

»Komm«, sage ich. »Komm!«

Raus fahren wir, die Stichstraße raus. Rechts ist Stau, wir fahren nach links. Einfach weiter. Ich und Anne, die völlig durch ist.

»Ich kann nicht mehr«, sagt sie, und ich weiß nicht, was sie meint. Ich bin so froh, dass sie da ist. Dass ich sie wiederhabe.

»Was war?«, frage ich.

Keine Antwort.

»Das war schlimm?«

»Ja.«

»Was war denn los?«, frage ich, gucke sie an, und sie guckt mich an. Dann sagt sie, was los war.

»Ich konnte es einfach nicht.«

***

Ein Kumpel ruft mich an, als ich gerade an unserem Hotelpool liege, sie uns die Frucht-Cocktails bringen und die Zeitung, die *Herald Tribune.* Anne schwimmt ein paar Runden, sie hat noch ein bisschen Schlaf in den Augen, der Pool gehört ihr ganz alleine.

»Weißt du, Jan«, sagt der Kumpel, er ist Anwalt, »ich habe jetzt doch gefragt, ob ich mehr Geld kriegen kann.« Er arbeitet schon seit drei Jahren für die Sozietät, er macht gerade seinen Doktor.

»Weißt du, was sie gesagt haben: Wir haben doch so einen renommierten Namen als Kanzlei. Seien Sie froh, dass Sie hier bei uns Fälle machen dürfen.« Am liebsten würde er jetzt kündigen, sagt er, aber er wisse es noch nicht, er werde mal sehen.

Ich tröste ihn.

So sind sie, die Methoden, sage ich. So machen sie es überall und werden reich.

***

Es sind Bilder von Sachs, auf dem Riva-Boot, mit Frauen, mit Männern mit schönen Händen, ich spüre den Geist, den Witz. Das ist er also, Gunter Sachs, denke ich und sitze immer noch über den Fotoseiten seiner Biografie. Grau ist das Buch, silbern, schwer. »Nackedei« heißt das eine Bild. Zwei Mädchen kauern aneinander, nackt mit Hut, Gunter steht davor – auch mit Hut. Gunter Sachs sitzt im Pool mit einem guten Freund. Mädchen postieren sich auf einem Schachbrett in seinem Garten.

Sein Sohn liegt auf seinem Rücken, angekuschelt wie ein Teddy.

Ich sehe Thomas Gottschalk. Ich lese von einer sexuell sehr anregenden Feier bei Salvador Dalí, bei der am Bett ein Stau herrschte.

Da, das ist Kennedy, Gianni Agnelli. Alle, die jemals wichtig waren, sind seine Freunde – und er ist auch da.

»Excuse me, Sir«, klopft das Mädchen draußen an unsere Tür. Das wird meine weiße Hose sein. Perfekt gebügelt und glatt wie seine. In das alte, das schöne Saint-Tropez werde ich mit ihr fahren, dorthin, wo Sachs wohnt, wenn es warm ist.

Er lädt uns zu sich ein, privat.

Ich ziehe meine weißen Turnschuhe aus, die ich gleich wieder anziehen werde, und streife die Hose über. Im Bad stehe ich mit weißer Hose, weißen Schuhen und nacktem Oberkörper. Ein helles Poloshirt ziehe ich an, die Knöpfe lasse ich offen. Wie sonst sollte es sein?

»Come on, du bist cool«, sage ich und zwinge mich, in den Spiegel zu gucken und möglichst cool dabei auszusehen. Wenn man an sein Kinderfoto denkt, hatten wir im Alter von vier Jahren noch Ähnlichkeit.

Ganz schön große Nasen. Die gleichen Haare.

Er empfängt uns, denke ich. Der berühmteste Playboy der Welt, der Kunstsammler, das Vorbild.

»Geld braucht man nur so viel, um nicht aufzufallen«, hat er mal gesagt über die Wichtigkeit des Geldes, und auch, dass er gar nicht so genau wisse, wie viele Häuser er habe. Es scheint nicht wirklich relevant zu sein für einen Mann, der milliardenschwer ist.

»Verbotenes oder Eigenwilliges hatte seinen Reiz, doch es musste in Klasse verpackt und authentisch sein«, hat er auch gesagt.

Schnürschuhe mag er nicht, nur Slipper. Auf einen ordentlichen Redefluss legt er schon großen Wert.

Ich nehme mir vor, ihm zuzuhören, ganz dicht bei ihm zu sein, so nahe ich kann. Gentleman zu sein, ganz wie er, wie ein Ziehsohn vielleicht oder ein Neffe.

Er soll mein Lehrer werden. Mein Lehrer Amos, und mir genau erzählen, wie es war mit der Bardot auf der Jacht, als er mit ihr schlief und am Steuer niemand mehr war und die Küste immer näher kam. Als alles Liebe war, Geschwindigkeit, lebenswertes Risiko.

Als er die Geschichten lebte, die andere träumten, seinen Mythos schuf.

Ich möchte ihn fragen, wie sie war, die Bardot. Wie er sie gebändigt hat, die Frau, mit der ich damals auch gerne alles gemacht hätte, und warum er sie verlassen hat.

Ich möchte ihn fragen, wie es war, als Kaiserin Soraya abends neben ihm ging und er spürte, wie sich ihre Hosen streiften. Ich möchte alles fragen, was Stil für ihn ist, was wichtig ist, was cool ist, und ob lässig sein cooler ist als cool.

Und auch, wie es war mit ihnen allen, den Playboys von damals. Ich möchte ihn über Gianni Agnelli ausfragen, den legendären Patriarchen von Fiat, über Porfirio Rubirosa, den Sohn eines Generals – wie er zur Tür reinkam. Was war da los, was haben die Frauen dann gemacht?

Ich möchte ihn fragen, was Mut ist, und ob er mutig ist. Ob man reich sein muss, um Erfolg bei den Frauen zu haben, oder ob es auch ohne geht.

»Jan«, steht Anne vor der Tür. »Würdest du dich bitte beeilen?«

»Ja«, sage ich – und bitte sie, nachher bei ihm ein wenig freundlicher zu mir zu sein.

»Vielleicht darf ich mich auch noch anziehen«, herrscht Anne mich an.

Merkwürdig aufgeregt bin ich. Im Auto immer noch, sogar

noch mehr. »Mir ist so erwachsen«, sage ich. »Wenn wir jetzt reich wären, so reich wie er, wenn wir jetzt auch so viele Millionen hätten – meinst du, ich würde dann alle Frauen kriegen?«

»Hatte er alle?«

»Na, klar. Der wusste, wie es geht. Der hat schon mit sechs nur noch englisch sprechen wollen, um dem englischen Kindermädchen zu gefallen. Steht in seinem Buch.«

Dann erzähle ich ihr alles, was ich über ihn gelesen habe. Von der Bardot, die lieber Jeans trug als Röcke, von Juliette Gréco.

Dass er denkt wie wir, dass es keinen Zufall gibt. Dass er fast nie schläft, wie ich, manchmal nur drei Stunden – und sich am liebsten immer alles selbst erklären möchte.

Dass er ein Perfektionist ist – alles perfekt haben möchte. Und dass ich ganz schön überrascht bin, dass ein Mann wie er dieselben Gedanken denkt wie ich.

Noch eine halbe Stunde über die Autobahn, dann werden wir da sein und ich bei ihm. In seinem Garten, in dem manchmal ein Helikopter landet, mit dem er nach Monaco fliegt oder nach Nizza. Er möge es nicht, wenn im Sommer die Jachten dicht an dicht vor seiner Bucht liegen und die Besitzer sich mit dem Heli Zeitungen und Zwiebeln holen, wurde neulich geschrieben. Ich finde das sympathisch. Gunter Sachs nimmt sich nur einen Helikopter, wenn es wirklich Sinn macht. Wenn sich das rechnet, auch emotional.

Wir sind gleich bei ihm. Pinien und Palmen, und da ist ein leichter Wind, der dir die Haut streichelt. Ein Wetter, bei dem man Frauen ausziehen kann, ohne dass sie frieren, denke ich, als ein Pinienzapfen haarscharf an meinem Kopf vorbeidonnert. Ich stecke ihn ein, als Erinnerung.

Ich bin jetzt fast gar nicht mehr aufgeregt. Ich freue mich wie verrückt auf ihn, wic cin Kind an einem großen Tag.

»Heute ist ein Ausflug in unsere Zukunft«, sage ich zu Anne. »Genieße es und höre ihm gut zu.«

Anne sieht fabelhaft aus – silberne Bändchen-Schuhe, kurze Tunika, die Haare offen, ganz leicht, wie sein Leben.

»Anne, bitte, sprich nicht so viel. Gunter Sachs und ich, wir haben es gerne, wenn Frauen nichts Falsches sagen«, sage ich zu Anne und bin voller Vorfreude und kriege einen echten kleinen Klaps auf den Hinterkopf.

Tatsächlich wird es ein schöner Tag, den wir mit Gunter Sachs verbringen, länger, anders und besonderer als gedacht. Natürlich würde ich gerne allen davon erzählen, wie es war und was wir erlebt haben – und warum der legendäre Gunter Sachs wirklich einer der großartigsten Menschen ist, die ich jemals getroffen habe. Aber das mache ich nicht. Denn auch etwas anderes habe ich von ihm gelernt: Wenn es nötig ist, die Sachs'sche Diskretion.

***

Die Baronin ist nicht unbedingt das, was man sich als junger Mann so wünscht, aber reich ist sie, und ich will mal gucken, ob sie Playboys mag.

Die Baronin war verheiratet, mehrfach, aber es kann nicht lange gut gelaufen sein, Genaueres weiß ich nicht. Um 20 Uhr sollen wir sie treffen, unten in der Lobby ihres Meerblick-Hotels, in dem sie ihre Zeit verbringt.

Ich trage die weiße Hose wie Sachs, den weißen Armani-Pullover, die weißen Turnschuhe so bewusst wie nie.

»Sehr Siegfried«, sagt Anne in Anspielung auf die Heldensage, »ich bin sicher, du wirst der Baronin gefallen.«

Ich sehe sie kommen, sie gefällt mir nicht. Oh je, denke ich.

Wo sie mit mir hin könne, fragt die Baronin an der Rezeption und guckt mich kaum an. Sie hat ein Wickelkleid aus

Seide in Naturweiß an, oben zu tief ausgeschnitten, unten zu kurz. Sie ist sehr energisch. Ihre Stimme ist kratzig.

Dann hat sie einen Raum für uns, den Tresorraum. Sie wirft ihren Kaugummi, den sie noch im Mund hat, in den Blumenkasten. Das dürfe sie, wer so viel zahle wie sie, der dürfe das. Eine Million Euro habe sie hier schon gelassen im Laufe ihres Lebens.

Ein Boy schließt uns auf, der Boy schließt die Tür. Es gibt nur zwei Stühle. Den schöneren für die Baronin, den anderen für Anne.

Die Baronin streckt genüsslich ihre Beine aus. Sie trägt champagnerfarbene Strümpfe, das orange Strumpfband kneift sich halterlos in das welke weiße Fleisch ihrer Oberschenkel.

Ich sitze auf einem Brett, das direkt an die Wand gebaut ist. Der Schmucktresen vermutlich, auf dem die Hotelgäste ihre Juwelen ausbreiten, bevor sie sie in den Tresor legen. Die Baronin hat nicht viel Zeit. Und will keine mehr verlieren.

Die Baronin schürzt ihre aufgespritzten Lippen und schaut mich gleich zu Beginn so an, als hätte sie in ihrem Herzen noch ein Plätzchen frei.

Sie reibt mit ihren Händen über ihren Stuhl. Sie streckt ihre Zehen in den golden glitzernden Sandalen. Alles glitzert, das Collier mit den Ohrringen, die Ringe mit Diamanten.

»Wie groß sind Sie?«, fragt sie mich.

Ich sage ihr meine Größe, 1,98 Meter.

Sie findet meine Größe erstaunlich. Sie schnalzt ein wenig mit den Lippen, als würde sie mich gleich aufessen. Ich denke an Sachs, die Erotik, und wie weit sie davon entfernt ist.

Die Baronin spielt mit ihren Lippen, wenn sie mich ansieht, und hält sie still, wenn sie Anne anguckt.

Sie macht mir Komplimente.

»Oh ja, ein Playboy. Ja, das könnten Sie sein.«

»Gunter Sachs hat ihn Siegfried genannt«, behauptet Anne.

»Oh ja, das kann sein. Sie sind ja so groß, das passt.«

Ich mache die Beine ein wenig breit und gucke von oben in ihr Dekolleté. Einmal treffen sich unsere Blicke auf dem Weg dorthin. Einmal verfängt sich mein Blick in ihrem Collier.

»Ist die Côte d'Azur noch die Küste des Sex?«, frage ich ein wenig umständlich.

Aber sie versteht.

»Nicht vielleicht Monte Carlo, aber zwischen Cannes und Saint-Tropez geht einiges.«

Ob es denn einen Weg für mich gebe, hier etwas zu werden, frage ich die Baronin.

»Ja«, sagt sie.

Sie mustert mich noch einmal. Ihre Lippen beginnen sich wieder so hungrig nach vorne zu stülpen wie eben.

»Ja«, findet sie, ganz sicher.

»Einen Monat«, sagt sie, dann hätte ich wohl die Kontakte.

»Wollen Sie mich noch etwas fragen?«, fragt sie mich.

Ich denke, was wir wohl zu besprechen hätten, da beginnt sie ein Spiel.

»Wärmer!«, ruft sie.

»Madame«, sage ich und springe Richtung Klimaanlage.

»Jetzt ist mir zu kalt.«

Ich höre ihr zu, wie ein guter Playboy zuhört, und gebe mich aufmerksam wie Knigge. Zwischendurch helfe ich ihr auf die richtige Temperatur.

Beim Golfen, Tennis, Wasserski, in den Clubs, da träfe sie die anderen wichtigen Leute, erzählt mir die Baronin.

Ich sehe sie vor mir, auf einem Brett im Wasser, wie sie ins Meer schießt auf ihren weißen, unbestrumpften Beinen.

Wenn sie beim Wasserski einen »Bums« nach vorne mache, sie sagt »Bums« und guckt mich an, da sei immer gleich jemand da, der zu ihr komme, schwärmt sie. Manchmal ginge man erst auf eine Cola, »aber dann …«

Ich spüre, dass sie sich nimmt, was sie braucht, und wie gerne sie Cola trinkt.

Es muss wohl schon ein Flirt sein, denke ich. Ich sitze jetzt exakt so wie Gunter Sachs auf diesen alten Fotos, lässig.

Vor Kurzem war da ein Mann, ein Junge, sagt sie. Der war 25 Jahre alt und schon so gerissen. Er habe ihren Freundinnen seine Anlagen verkauft, keine guten leider. Sie seien ja alle auf diesen Jungen reingefallen. Trotz seiner löchrigen Schuhe, mit denen er gekommen war.

Die Baronin betont, dass der 25-Jährige kein Lover von ihr war, »zu hässlich«.

Und guckt mich wieder an.

Sie mustert mich, ihre Krallenfinger mit den langen spitzen Nägeln massieren die bulligen Stuhllehnen, morgen wolle sie nach Istanbul für eine Woche.

Morgen.

Ob ich da schon mal war?

»Ich habe morgen Verpflichtungen in Berlin«, sage ich, aber ihre Musterung ist noch nicht beendet.

»Sie sind so schön, Sie sind so sportlich«, sagt sie.

»Das gute Aussehen und die gute Sprache«, die würden mir helfen, es wirklich weit zu bringen. Vielleicht käme ich ja wirklich einmal mit in ihre Clubs.

Zum Abschied reicht sie Anne die Hand. Mir auch. Mit der anderen tätschelt sie vorsichtig meinen Bauch. Ich spüre, dass sie sich nimmt, was sie will.

Und dass sie das öfter macht.

***

»Mama, ich will aber keine braune Sauce«, höre ich ein kleines Mädchen vor meinem Fenster wieder in Berlin. Die neue Familie von gegenüber baut sich ihren Tisch auf dem Bürgersteig meiner Wohnstraße auf, sie hat entschieden, ihr Mittagessen heute doch lieber draußen einzunehmen.

»Henning, bringst du bitte noch den großen Topf mit raus?«, höre ich, als ich mittags noch im Bett liege.

Ich kann nicht mehr, ich bin erledigt, ich weiß nicht mehr so ganz genau, wer ich bin, die Baronin, der Millionär Sachs geistern durch meinen Kopf.

Ich gehe auf meinem Balkon und gucke auf einen Tisch mit Karo-Tischdecke und Blumenvase und einer Pfanne mit Braten.

Wenn sich ein Mann seiner Umwelt nicht mehr so ganz zugehörig fühlt, wer ist er dann? Wenn die Frau, mit der ein Mann alles macht, um ein gemeinsames Ziel zu erreichen, plötzlich nicht mehr alles machen will? Wenn die Frau plötzlich nicht mehr ganz so weit gehen will, was soll der Mann dann machen?

»Jan, wir müssen aufpassen«, sagt Anne neuerdings immer wieder. »Ich habe Mann, Familie. Das ist ein Fulltime-Job. Das geht an die Grenzen.« Sie hat Kaffee vom Bäcker mitgebracht, schwarzen für sich und Cappuccino für mich.

»Anne, wir sind ganz nah dran«, sage ich.

***

»Und, seid ihr schon reich?« Mit dieser Frage im Kopf treffen wir ihn an diesem Morgen, Norbert Vojta, der sich aufmachen wird, uns das Wesen des Charismas zu erklären, mit angeschlossenem TV-Training, dem guten Auftritt vor der Kamera. »Und, wie viel habt ihr schon verdient?«

Ein guter Freund hat mir die Frage gestellt, einer, der mich wirklich mag und an mich glaubt.

Ich weiß nicht, was ich von dieser Frage halten soll, es ist keine gute Frage und sie bereitet mir einen kleinen Stich im Herzen. Sie tut ein bisschen weh.

Sollte ich schon reich sein? Geht es ihn etwas an? Sollte ich ihm etwa sagen, dass ich mit einer Baronin im Tresorraum war? Sollte ich angeben mit der Gunst von Gunter Sachs?

Nein, das wäre nicht richtig, angeben ist überhaupt nicht das meine, denke ich, als wir an diesem Morgen zu Norbert Vojta fahren, dem Charisma-Coach, der auf uns wartet.

Über die zweite Frage, die mir der Freund auch gestellt hat und die mich sehr beschäftigt hat, die mir wehtat, habe ich einfach hinweggehört.

»Was ist, wenn ihr doch nicht reich werdet?«

***

Norbert Vojta ist ein Mann, der wirklich viel zu tragen hat an dem vielen Lob, das ihm zuteil wird. Der Goldknopf-Sprecher von Frank-Jürgen Weise hat ihn gelobt und ihm auf seiner Internetseite die Ehre erwiesen. »Das Mediencoaching mit Prof. Vojta & Partner und Norbert Vojta erfolgte auf höchstem Niveau. Zur vollsten Zufriedenheit aller Beteiligten.« Von niemandem lasse er sich lieber kritisieren als von Norbert Vojta, hat Alexander von Schönburg befunden.

»Der ist die Quelle des Guten«, sage ich zu Anne. Es ist schon so, dass ich mir eine ganze Menge von ihm verspreche. Alles, was mir noch fehlt.

Ich weiß gar nicht mehr so genau, was es ist, das mich so für ihn einnimmt. Ob es seine schnellen Augen sind. Ob es seine klare Aussprache ist, sehr norddeutsch. Seine zurückgekämmten Haare, diese Sicherheit in jeder einzelnen seiner sparsamen Bewegungen.

Er sei ja so kamerageil, sagt Norbert Vojta, kaum dass er uns begrüßt und gefragt hat, ob Anne und ich auch wirklich keine Geheimnisse voreinander hätten. Das hier, das werde zum Teil schon ein bisschen persönlich.

Er sei ja so kamerageil. Wenn es an der Ampel rot werde, stelle er sich hin und sage: »Guten Abend, meine Damen und Herren!«

Ich lächele, als er das sagt. Das rote Lämpchen an seiner Kamera leuchtet jetzt, und die Linse vorne in seiner Kamera registriert meine Schwächen.

Wo der geneigte Herr vor der Linse dazu neigt zu schwitzen. Wo der geneigte Herr nicht ganz gerade sitzt. Und wo er einfach nicht begreift, dass ein Lächeln die stärkste Waffe ist, die ein lebendes Individuum mit Erfolgsorientierung nur haben kann.

Ich will Vojta zeigen, dass ich ein williger Schüler bin. Ich glaube, dass ihm das gefällt, und ich glaube, ich bin etwas merkwürdig.

»Sei bitte knallhart mit mir, keine Scham, keine Skrupel«, sage ich so ergeben, dass Anne sich schon peinlich berührt abwendet.

Er tut ein bisschen so, als ignoriere er das, und stellt lauter Fragen, die mich offenbar ein bisschen provozieren sollen. Pikante Fragen, nach Schwächen. Wie Plasberg, so ein bisschen forsch, herrisch.

Wir spielen eine Art Kreuzverhör zu meinem Leben. Ich antworte kurz, weil ich kurze, prägnante Aussagen schätze, aber das ist nicht richtig, denn ich entblättere mich wie ein Kind, das beim Bonbonklauen erwischt wurde.

Er ist ganz eindeutig der Meinung, dass ich länger antworten solle, dann könne er auch nicht so viele Fragen in zwei Minuten stellen, dann sei ich vorne. Das sei wichtig, vorne zu sein. Ich nicke, ja, das verstehe ich.

Dann sagt er: »Und noch etwas«, und ist beim Thema Optik. Beim Thema Optik gebe es ja leider schon noch etwas zu korrigieren.

»Deine Schuhe«, sagt er. »Tipptopp. Aber nicht geputzt.«

»Doch!«, sage ich und überlege ernsthaften Widerspruch.

»Aber nicht vorne!«

Er zeigt auf die Kante meiner Sohle. »Da musst du auch drüber, wenn du perfekt aussehen willst. Das hast du dir nicht heute abgelaufen.«

Er lobt meinen Anzug. »Toll, hinten zwei Schlitze!«, meine Manschetten, die rausgucken. Er teilt mich ein in einen grünen Bereich und einen roten Bereich. Der rote Bereich meines Anzugs ist der, dass er am Bauch Falten wirft.

Meine Haare, die seien zwar okay so von der Länge, aber sie erinnerten ihn an einen Mob, alles krumm und schief. Meine Haltung, die sei zwar an sich sehr gerade, ich müsse mich aber mehr nach vorne beugen, weil das offener wirke.

Die Knie mehr auseinander. Die Hände nicht vor den Bauch. Die Hände auch nicht vor die Brust. Zwei Finger zeigen auf meine Augen, und er sagt: »Hier muss dein Blick sein, hier.«

Norbert Vojta korrigiert mich – und ich weiß nicht warum, ob es mein Schönburg'scher Reflex ist, aber ich lasse mich gerne von ihm kritisieren. Ich genieße es.

»Gerade sitzen. In die Augen gucken. Das ist die halbe Miete«, sagt er und legt nach. Wenn es mir gelingen würde, den Menschen gerade in die Augen zu schauen, könnte ich alles erreichen, was ich will.

Einmal unterbreche ich ihn versehentlich, aber da gibt er mir zu verstehen, dass er das nicht sehr schätze, unterbrochen zu werden, und ich zucke zurück.

Ich glaube auch, dass er es nicht mag, wenn es Frühstücksbrötchen auf einer großen silbernen Platte gibt und man nimmt das letzte mit Schinken, ohne zu fragen. Aber er beschwert sich nicht.

Charisma heiße schon zu lenken, zu führen, sagt er. Charisma heiße auch mal Kante zu zeigen, wenn es drauf ankommt. Manchmal mache ich auf ihn ja leider den Eindruck eines Jungen, der unsicher durchs Leben tapst.

Dann guckt er mich an, als hätte er nichts Böses gesagt.

»Du bist wie ein Papa zu seinem Sohn«, sage ich.

»Ja«, sagt er und spricht von seinem Sohn, der das auch schon alles von ihm mitbekommt. Der bestimmt schon deshalb einmal sehr erfolgreich wird, denke ich.

Er sehe Handlungsbedarf bei uns, das solle uns jetzt nicht verletzen.

»Ihr seid beide so lustige Quatsch-Typen«, sagt er. »Das ist auch in Ordnung so.« Aber wir müssten uns noch mehr als bisher der Community der Erfolgreichen anpassen. Die Erfolgreichen merkten das blitzschnell, ob jemand dazugehöre oder leider eben doch nicht.

Dann ist die Kamera wieder an.

»Warum bis du Journalist geworden?«

»Weil ich mich für andere Menschen interessiere.«

»Warum interessierst du dich für andere Leute?«, fragt er mich und knipst das doppelte Licht an, damit es noch heller wird.

»Weil ich gerne alles weiß und alles kontrolliere!«

»Warum?«

»Weil ich lieber agiere als reagiere.«

»Wer ist dein Lieblingsfeind?«

»Mein letzter Chef.«

»Wieso?«

»Ich weiß nicht warum. Es ist eben so.«

Ich will nicht antworten, es ist mir unbehaglich.

»Es läuft jetzt nichts mit. Sag mal.«

Ich antworte, ohne es zu wollen. Wahrscheinlich ziemlich uncharismatisch, aber wenigstens mit der Hand nicht vor der Brust und auch nicht vor dem Bauch.

Ich ärgere mich, dass ich nicht die Kraft finde, einfach nicht zu antworten, Kante zu zeigen. Irgendetwas zu sagen, was meinen Chef schont. Ich finde es hoch uncharismatisch, so ehrlich zu sein, und komme mir vor wie ein Politiker, der seinen Job nicht beherrscht.

»Na gut, das ist ja okay«, sagt er, als ich es ihm gesagt habe. »Das passiert dir ja hoffentlich noch sechsmal im Leben. Anders geht's nicht. Was meinst du, was ich schon alles erlebt habe. Dagegen ist das Puffykram.«

Gegen Vojta ist alles Puffykram.

Wenn Vojta etwas fragt, will er Antworten. Nicht irgendwelche. Gute, die fesseln, die das Gegenüber einnehmen. Norbert Voijta will, dass ich lerne, mein Gegenüber für mich einzunehmen – ohne Puffykram.

»Auf welche eigene Leistung bist du besonders stolz?«, fragt er. Mir fällt nichts ein.

»Auf ein Buch, das ich gerade schreibe.« Es scheint mir eine gute Antwort, die beste, die ich finden kann.

»Welches Buch schreibst du?«

»Ich schreibe ein Buch über den Erfolg. Ich suche die Erfolgsformel und wie man sie findet.«

»Und meinst du, das wird ein Renner?«

»Ich glaube, es wird richtig, richtig... Ich glaube, es wird gut.«

Dann ist Anne dran.

»Du wirkst selbstbewusst, zu sehr, ein bisschen arrogant«, sagt er zu Anne, und das überrascht sie leider wirklich.

»Du kommst sehr glaubwürdig rüber, man nimmt dir ab, was du sagst«, befindet er. »Du machst auf mich den Eindruck einer sehr freundlichen, aber äußerst resoluten Person.«

Ich pflichte ihm bei, dass er da ganz richtig liege, und auch das ist, glaube ich, nicht im Sinne des Lehrers.

»Sehe ich immer so aus oder nur vor der Kamera?«, stammelt Anne entsetzt, als Norbert Vojta das Band noch einmal für sie ablaufen lässt.

»Ich fühle das gar nicht, dass ich so kalt bin«, sagt sie, »wie soll denn das weggehen?«

Sie ist wirklich empört über sich selber, sie schämt sich.

»Ein Kühlschrank spürt das auch nicht. Das geht nie weg!«, rutscht es mir aus Versehen raus, und Vojta guckt mich streng an.

»Ist schon in Ordnung, die Anne.«

Sie solle mal die Beine andersrum übereinanderschlagen, keine Stiefel, zu sexuell, lieber College-Schuhe. Das sehe freundlicher aus.

Lockerer soll sie sprechen, mit Mut zum Fehler. Und immer positiv: »Nein, nicht sagen: Ich kann nicht kochen, ich kann nur Lasagne. Lieber sagen: Lasagne kann ich am besten!«

Immer mehr Tipps holt er raus, wie wir sein müssten. Die kleinen Dinge, die wir wissen müssen, wenn wir etwas wollen – von anderen. Die Kniffs, mit denen wir Normalos die anderen dazu kriegen, uns dabei zu unterstützen.

Er erklärt es auch an sich selber. Er erklärt es uns ganz genau, und es ist so eine Art Mixtur aus Unterordnung, überraschen, besonders sein. Überraschen mit allem. Charme, Information. Lautstärke.

Wir müssten authentisch sein, verbindlich. Das müssten wir wirklich. Und wir müssten die Grenzen unserer Anpassung finden.

Ja, meine Anpassung müsse wirklich Grenzen haben.

Er könne den Leuten 20 Minuten am Stück in die Augen gucken, das habe er vor dem Spiegel gelernt. Er könne brüllen, schneller, lauter als alle anderen. Lautstärke sei auch eine Waffe.

Ja, das müsse man können, wenn man sich durchsetzen wollte, auch mal schreien. Er ist früher immer nach Ostberlin gefahren zum Üben, nach Pankow, unter das Viadukt der U-Bahn. Wenn der Zug kam, war er nicht einfach nur laut, sondern lauter als der Zug.

Seine Worte sind streng und ehrlich, aber auch wie eine schützende Hand, die sich über mich legt. Ein bisschen fühle ich den Suchtfaktor.

»Recherchieren! Recherchieren! Recherchieren!«, fordert er von mir so eindringlich, dass ich es wahrscheinlich nie vergessen werde. »Du musst in der Lage sein zu begeistern, du musst dich vorher informieren, auf wen du triffst, du kannst dir Fotos angucken, was hat der an? Wenn der Wichtige ohne Schlips kommt, kommst du mit und nimmst ihn dann ab. Du musst auf dich aufmerksam machen. Und zwar dermaßen auf dich aufmerksam machen, dass die Person dich nie vergisst.«

Wenn wir es wirklich schaffen wollten, Anne und ich, könnten wir eine Marke setzen, indem wir Exklusivität böten. Sachen tun, die andere nicht tun, das sei ein Schlüssel zum Erfolg.

Seid exklusiv, gebt Handküsschen, die andere nicht geben. Nehmt die Leute an die Hand, führt sie, zeigt Konturen, seid besonders.

»Fragt die Leute, von denen ihr etwas wollt: Wo haben Sie Ihre Krawatte gekauft? Fragt das und fasst ihn an, den Schal: Das ist aber ein toller Schal, den Sie da haben.«

Selbst wenn der Schal des Gegenübers gar nicht so toll sei, könne man den loben. Schade doch keinem, nütze allen.

Ich merke, was für ein besonderer Spieler Norbert Vojta ist, wie er die Herzen der Menschen aufschließt.

Das Leben ist ein Klavier und jede Taste eine Möglichkeit. Das Leben ist eine Schatzkiste, und für jeden gibt es einen Trick.

Alles gehe, alles sei erlaubt, das ganze große Spektrum. Man könne Wusel-Wusel machen und sich an den Unwichtigen zu den Wichtigen vorbeimogeln, drei Mal in die Hände klatschen, wenn man komme, bis alle wegspringen. Man könne eine Show machen mit allem Pipapo, man könne auch schreien. Er schreit, er schreit vor. »Sie spinnen ja!«, man könne brüllen, wenn es nötig sei. Drohen, tanzen und schon am Flughafen wichtig sein. Entscheidend sei, dass man seine Rolle ausschöpfe und am Ende gewinne.

Würden wir Gäste bewirten?

Ja, das würden wir.

Im Restaurant, da sollten wir doch in Zukunft nicht nur einen Tisch reservieren, wenn wir einen Gast bewirten wollen. Das machten schließlich alle. Da könne man doch viel mehr machen, ganz andere Effekte erzielen, wenn wir zeigen, wie sehr wir uns um unsere Gäste kümmern.

Wir könnten ja auch ein Foto vom Gast ins Lokal schicken, damit er mit Namen angesprochen wird, kaum dass er da ist. Wir müssten zumindest wissen, wo die Toilette ist, und sie zeigen können. Wir müssten wissen, ob die Kalbsbrüstchen ganz hervorragend sind, und die empfehlen, wenn wir wüssten, dass unser Gast sich nach Kalbsbrüstchen verzehre.

»Köstlich, haben Sie schon mal an die Kalbsbrüstchen gedacht, die sind hier wirklich ganz hervorragend.«

Man könne, wenn es ganz wichtig sei, sogar die Speisekarte ändern lassen – um eine besondere Präferenz zu bedienen.

Die Sekretärin. Die Gattin. Die persönliche Sekretärin. Der persönliche Sekretär: Es gebe immer einen, den man vor dem wichtigen Termin kurz bezirzen kann, der einem gerne etwas verrate. Eine Besonderheit, eine Vorliebe, eine kleine ganz persönliche Schwäche, einen geheimen Titel, den fast niemand weiß und den der Herr so gerne hört. Und dieses Wissen, das sei dann der Vorteil, der einen von anderen unterscheide.

Vojta spricht, er redet schnell, es ist, als lege er ein Band an die Menschen und halte die Fäden, ohne dass sie es merken. Bis sie es lieben, geführt zu werden.

Und es klingt alles so wahnsinnig einfach.

»Hör auf Vojta«, sage ich Anne. Das werde ich in Zukunft noch oft sagen. »Denk an ihn, dann machst du nichts falsch!«

Anwenden, anwenden, anwenden! Das ist es, was ich mir schwöre, vielleicht für immer.

Ich bringe ihn runter zur Tür, der Teppich ist linksschüssig, er rollt immer zur Seite mit seinem Rollstuhl, den er erst seit Kurzem hat, seit seinem Unfall.

»Denk dran, Hosen hoch«, sagt er und guckt mich noch einmal an. »Denk an alles!«

»Sei ein Gentleman. Du tust so, dann musst du das auch sein!«

Ein letzter Blick, ein letzter Handschlag.

»Musst nicht mit rauskommen«, sagt er und rollt davon, immer geradeaus.

Ich gucke ihm hinterher. Was er mit mir gemacht hat, frage ich mich, dass ich mich so unendlich gut fühle. Ich weiß es nicht, ich weiß es wirklich nicht, aber es ist gut.

Ich sehe ihn von hinten, so klein, wie er dort sitzt. Er wird immer ein Großer für mich sein!

***

In den nächsten Tagen gehen wir sehr offensiv mit unserer Idee um, reich zu werden. Wir schrecken auch vor TV-Kameras nicht mehr zurück.

Große Gruppen sitzen da in einem Saal im Berliner Hotel Mercure, in dem es sehr heiß ist. Es gibt Nummern für alle, man muss Fragen vor der Kamera beantworten. Woher man sich kenne, warum man sich möge.

Anne und ich, wir kommen in die zweite Runde.

Eine aufgeregte Casting-Frau stellt dort noch mehr Fragen, um zu erfahren, ob die Kandidaten geeignet genug seien für die Game-Show und was sie so besonders macht.

Ob sie dem Moderator am Ende auch wirklich gefallen würden.

Ich gebe fast dieselben Antworten wie bei Vojta, nur dass ich dieses Mal gar nicht unsicher bin. »Wir machen ganz viel verschiedenes Zeug. Wir versuchen damit reich zu werden, wir schreiben darüber auch ein Buch.«

Das gefällt der Casting-Frau. Ich glaube, das ist es, was ihr so an uns gefällt.

»Herzlichen Glückwunsch, dann wünsche ich Ihnen viel Erfolg in Hamburg«, sagt sie, und ich umarme Anne äußerst überschwänglich.

Ich weiß ja noch nicht, dass die Casting-Frau in Hamburg auch noch einen Chef hat und dass wir uns noch ein paar Tage gedulden müssen, bis endlich die definitive Zusage kommt.

Dass ich ein paar Mal zum Briefkasten rennen muss, bis die Produktionsfirma endlich ihren Brief schreibt.

***

»Macht ihr jetzt alles zusammen?«, fragen mich meine Freunde und meinen Anne und mich. Ich verstehe die Frage nicht richtig.

»Ich meine, seid ihr jetzt Tag und Nacht zusammen?«, fragen sie und klingen wirklich ein bisschen besorgt.

»Und das geht gut? Wollt ihr nicht hin und wieder mal getrennt was machen?«

Ich möchte nichts von Anne getrennt machen – ich möchte, dass die Tage wachsen und länger werden. Damit ich noch mehr schaffen kann.

In der Post-Schlange denke ich, dass ich das alles nicht mehr nötig habe, als es einmal nicht vorwärts geht, und ich überlege mir, ob ich schreien soll, weil es so lange dauert.

Ich müsste jetzt eine Show machen, eine Riesennummer, und ruck, zuck wäre ich vorne, denke ich.

»Meine kranke Mutter steht im Halteverbot, sorry!« Wusel, wusel, wäre ich dran.

»Meine kranke Mutter«, setze ich an und kriege es nicht raus.

Ich könnte den Brief schwingen, zweimal in die Hände klatschen: Klatsch, klatsch.

»Entschuldigen Sie, ich muss hier einen Stempel drauf haben, hat irgendjemand was dagegen, es ist sehr, sehr dringend!« Schon wäre ich dran.

Ich gucke auf meine Hände und fühle mich nicht dazu in der Lage, die Post zusammenzuklatschen.

Reiche würden das so machen.

Bin ich zu höflich oder zu ängstlich? Ich bleibe stehen.

Abends treffe ich einen Kumpel. Ich erzähle ihm, dass wir jetzt nicht nur in eine Gameshow kommen, sondern auch noch hundert Promis nach ihren Ideen befragen wollen, wie man reich wird. Hundert. Wenn da etwas Kluges bei sei, würden wir das gemeinsam mit dem Prominenten verwirklichen. Wir, die Reichmacher, und der Prominente als Mentor.

»Ist doch super«, sage ich.

Der Kumpel guckt mich nur zweifelnd an, und ich klopfe ihm auf die Schulter.

Was ist normal im Leben?

Die merkwürdige Frage von Annes Sohn fällt mir wieder ein.

»Sag mal, Mama, woran merkt man eigentlich, dass das, was man träumt, nicht die Wirklichkeit ist?«

Anne hat ihm gesagt, dass sie das nicht wirklich beantworten könne. Sie hoffe aber, dass die Wirklichkeit lange so bleibe, wie sie ist.

»Ihr glaubt echt, dass ihr alles könnt, oder?«, fragt Annes Mann ein kleines bisschen gereizt am selben Morgen.

»Bewerbt euch doch als Bundespräsident. Das wäre doch was: Anne und Jan werden Bundespräsident!«

Dann lacht er, und Anne lacht auch. Ein bisschen hat er ja vielleicht auch recht.

***

Sie soll ja sehr gut aussehen und selber mal Model gewesen sein. Sie findet ihre Talente auf der Straße, in Cafés, in Clubs, im Strandbad.

Wer ihr gefällt, kommt groß raus, zu 80 bis 90 Prozent, der läuft für die Großen, kommt in den *Stern*, der läuft für Joop, Escada.

Im Auto unterwegs zu unserem Treffen mit der Chefin von der Modelagentur, die ich mit einer gewissen Nachlässigkeit nur Modeltante nenne, sage ich zu Anne: »Die Grundwährung ist Aufmerksamkeit.«

Dass es wichtig sei, dass wir die Leute in ihrem Herzen berühren wie mit einer Feder, sage ich.

Anne findet das ziemlich ekelhaft.

Dass man mit der Feder das Herz streicheln müsse und dass dann alles gut werde bei den Menschen, sage ich.

Anne verbittet sich solche Formulierungen.

Dass Reichwerden ein schwerer Spaß ist, denke ich. Ich möchte viele Menschen gewinnen. Viele. Ich habe Ideen für eine Poker-Tante, die Anne anquatschen soll, eine 28-Jährige aus Dessau, die mal eben eine Million Euro gewonnen hat auf einem Turnier, und ich habe eine Idee für die Mauer-Heinis, mit denen wir die deutsche Geschichte vergolden wollen.

Ich sage Tanten, Onkels und Heinis, weil ich mir die ganzen Namen nicht merken kann und das kurz einfach schneller geht.

Wir sind ja unter uns.

Ich setze mich beim Asiaten an den Nachbartisch von Daniel Brühl und höre die ganze Zeit zu. Er spricht leider nicht viel beim Essen.

Ich fühle, dass das Reichwerden langsam Arbeit wird, schwere Arbeit. Wir sind im Büro, von morgens acht Uhr bis weit in den Abend, und abends haben wir noch Termine. Es ist so, als würden wir einen Spitzenjob machen, aber wir haben gar keinen, nur Anne, die muss immer noch zur Arbeit in die Redaktion.

Es sind noch sechs Wochen, bis ein halbes Jahr Reichwerden um ist, bis dahin müssten wir eigentlich schon reich sein, denke ich. Oder zumindest die Option haben, dass wir es wirklich werden.

Sonst wird das nachher alles so knapp – und wächst sich aus bis in die Ewigkeit.

Druck, ich spüre eine Art Reichwerde-Druck, von morgens bis abends. Den ganzen Tag Vojta-Anwende-Druck, wenn wir die Sachen machen wie Vojta, dann geht bestimmt irgendwo was. Ich fühle auch den Schönburg-sprich-schön-Druck und den Laura-ich-ziehe-mich-immer-gut-an-Druck, ich fühle mich gar nicht mehr wie ich selbst.

Ich fühle den Druck, im Lotto zu gewinnen mit diesen Zahlen von den Buberts, die nicht so richtig was werden; den Ärger, dass der Mann im Arbeitsamt das Geld nicht angenommen hat. Das wäre wirklich zu schön gewesen.

Die Chefin von der Modelagentur, von der ich unbedingt ein Foto ins Lokal schicken wollte, damit man sie ordentlich begrüßt, und für die ich schon jetzt die Empfehlung »Großer Weltsalat mit Langusten« habe, weil ich mir vorstelle, dass schöne Modelfrauen nach acht Uhr gerne etwas Leichtes, etwas Teures essen, sagt kurzerhand, dass sie eigentlich doch nicht mehr essen wolle, wir könnten aber zu ihr in die Agentur kommen. Sie wolle heute wirklich nicht mehr ausgehen.

Als wir kommen, sitzt sie noch am Schreibtisch.

»Schön, dass ihr da seid. Die Kinderagentur ist da hinten auf der anderen Seite«, sagt sie und zeigt zur gegenüberliegenden Wand des Loft-Büros im Herzen von Berlin. Dorthin, wo das große Bild hängt, irgendetwas Zeitgenössisches.

Das ist Werbung, das sind Träume hier, denke ich. Es riecht nach offenem Fenster in dem Büro, aber ich bilde mir ein, dass es nach Hoffnungen riecht, nach Laufsteg.

Ich glaube, ich gefalle ihr nicht ganz so gut als Model, und hoffe, dass Juri, Annes Sohn, ihr gefallen wird. Sie steht nicht auf Siegfrieds.

Die Frau, die ich insgeheim Modeltante nenne, führt uns durchs ganze Büro und klagt, dass es zu dunkel sei.

»Könnt ihr nicht auch bestätigen, dass es hier zu dunkel ist?«, fragt sie, und ich nutze die Gelegenheit, die vielen Fotos zu loben, die von den ganzen Männer- und Frauenmodels bei ihr hängen, die sie alle unter Vertrag hat.

Die meisten Frauen haben sicher schon länger keinen Braten mit Kruste mehr gegessen, sind aber wahnsinnig hübsch.

Die meisten Männer sind einen Tick kleiner als ich. Sie sagt, dass sie nicht nur groß sein müssten, sondern auch noch wohldefinierte Körper bräuchten. Ich frage nicht, was sie unter wohldefiniert versteht, und denke: vermutlich dünn.

Die Modeltante steht im schwarzen Kleid am anderen Ende des gewaltigen, abenddunklen Großbüros unter einem gewaltigen *Elle*-Cover, auf dem ein Model lächelt, eines von ihren.

Sie sagt, wir gingen gleich doch in ein Lokal zu einem Wirt, der einen neuen Laden aufgemacht hat und ein bisschen Publikum braucht. Networking ist Networking ist alles.

»Ist euch das recht?«

Sie zeigt uns die Konkurrenz vom Jahrgang 2002. Armer Juri, denke ich, so viele! Seine Konkurrenz heißt: Cornelis, Thore, Friedolin.

Alles hat die Agentur von diesen Kindern registriert, die Körpergröße, die Konfektions- und Schuhgröße, die Augen- und die Haarfarbe. Die feine kleine Kinderwelt, die blond ist oder dunkelhaarig, Zahnspangen hat oder keine. Die von den Bildern lächelt, mal mehr von vorne und mal mehr seitlich.

Drei Bilder machen sie von jedem Kind.

»Das macht dem Juri doch bestimmt Spaß, der lässt sich so gerne fotografieren«, sagt Anne, aber die Chefin der Modelagentur schweigt.

Juri ist blond, grünäugig. Juri kann Zahnpasta verkaufen, denke ich, Juri werden sie lieben.

Jetzt bloß nicht anmerken lassen, wie wichtig uns das ist, denke ich. »Ach, guck mal«, sage ich. »In deiner Sitzecke stehen dieselben Sessel wie unten bei Hans Eichel.«

Die Chefin der Modelagentur staunt.

Bei dem waren wir auch gerade, beginne ich zu erzählen, der hätte uns empfangen, um sich mit uns über das Sparen zu unterhalten, sage ich.

Dann fahren wir zu dem teuren Italiener. Es wird ein langes Essen, und bei diesem Essen ist auch noch ein Frauenarzt, sie essen lauter so fettiges Zeug.

Ich erzähle viel von Hans Eichel, weil ich will, dass sie weiter staunt und uns unterhaltsam findet. Dass man es ja gar nicht glaube, dass der wirklich nur in der Sparkasse in Kassel sein Geld hole, um den Überblick nicht zu verlieren. Dass der seinen Kontoauszug ganz genau kenne und jeden Dienstag seine Belege kriege.

Dass er sich neulich Gläser im Antikmarkt gekauft und sie gleich um 100 Euro runtergehandelt hat, erzähle ich – und wir sprechen gar nicht mehr so viel über Juri.

Nicht über Honorare, nicht über Disziplin und nicht über das Besondere in einem Gesicht. Über eigentlich nichts Wichtiges mehr zum Thema.

»Juri wirkt ja immer ein bisschen kleiner, als er ist«, sagt Anne. »Das ist doch bestimmt hilfreich, wenn er schon ein bisschen erwachsener ist und trotzdem niedlich.«

»Ja, ja. Schick mir mal ein paar Fotos von ihm«, sagt die Chefin der Modelagentur.

Juri wird aufgenommen. Sie nehmen Juri in die Kartei.

***

Ich will nicht mehr Hans Eichel sein. Ich will jetzt doch nicht sparen wie er. Nicht so viel und schon gar nicht jetzt.

Anne sagt am Samstag, dass wir am Montag damit anfangen, so zu leben wie er, dann sagt sie übernächsten Montag.

Seit wir bei ihm waren, dem Mann, der Gerhard Schröders Haushalt saniert hat, wissen wir genau, wie es geht: Wie man bescheiden ist und das Geld, das reinkommt, optimal vermehrt.

Wir wollten es machen wie er, hatten wir uns vorgenommen: ein Eichel-Leben führen. Jetzt drücken wir uns um den Anfang herum.

»Vielleicht müssen wir das ja gar nicht«, sage ich. »Wir tun einfach nur so, als würden wir das machen wie er.«

Für Anne schreibe ich einen Text, um ihr zu zeigen, was für Auswüchse das annehmen würde, wenn wir damit anfangen. »Wir schreiben das einfach so ins Buch und tun so, als hätten wir so gelebt wie er«, sage ich.

»Mein Leben macht keinen Spaß mehr, es ist nur noch Verzicht, das reinste Konsum-Zölibat«, beginne ich die Beschreibung meines Eichel-Lebens möglichst dramatisch. *»Jeder*

Tag wird schlimmer. Ich trinke keinen Kaffee mehr im Coffeeshop und gehe mit Anne in die Kantine. Heute gab es Bratwurst mit Sauerkraut für 3,50 Euro, ohne Pudding. Kein ›Brot und Rosen‹ mehr und kein ›Papa Pane‹. Wir essen abends nicht mehr außerhalb und laden Freunde ein, mal zu mir und mal zu Anne. Dabei sparen wir ganz gut, weil ja mittlerweile alle ein bisschen Geld haben und Wein mitbringen, der teurer ist als das Essen, das Anne kocht. Anne ist ja keine gute Köchin.«

Ich weiß nicht so genau, ob Hans Eichel und seine Frau ihre Freunde nach Hause einladen, um zu sparen, aber sie laden sie nach Hause ein.

»Wenn mich einer fragt, warum ich so traurig bin, sage ich, dass Herr Eichel mein Herr ist, und dass wir jetzt sparen, ganz viel und ganz dicke. Ich verhandle, egal, wo ich hinkomme, da bin ich knallhart. Gestern wollte ich mir einen Stuhl kaufen, weil der alte in der Küche kaputt ist.

›Das kann doch nicht Ihr Ernst sein‹, habe ich im Geschäft gesagt und bin weitergegangen auf den Flohmarkt. Handeln, das hätte ich früher nie gemacht, aber Hans Eichel sagt, wenn man in gewissen Situationen nicht verhandele, dann sagen sie hinter deinem Rücken: Der ist dumm. Das will ich nun wirklich nicht.

Der Stuhl ist jetzt billiger, ich sitze jetzt 100 Euro billiger, als ich ohne den harten Hans gesessen hätte.

80 Euro statt 180 hat er gekostet.

Ich hasse ihn und ich liebe Hans Eichel. Hans Eichel war das beste Geschenk, das uns passieren konnte. Ein einziges Gespräch mit ihm.

Ich habe das mal zusammengerechnet, was da am Tag zusammenkommt an Geld, das ich nicht mehr ausgebe. Ich spare 15 Euro am Tag, mindestens.

Das mal 30 macht 450 Euro im Monat.

Eichel-Geld.

Das mal zwölf sind mehr als 5000 Euro im Jahr. Es ist, als hätte ich mit dem Rauchen aufgehört, hoch drei.

Er raucht nicht, der Herr Eichel.

Er lässt seine Finanzgeschäfte seine Sparkasse machen, hat er gesagt, immer schon.

Er sagt zwar, dass das Sparen kein Selbstzweck sein dürfe, aber das ist bei mir jetzt anders mittlerweile. Ich finde Sparen geil.

Socken flicken, vielleicht flicke ich bald wieder meine Socken. Wird Zeit, dass die ganze Verschwendung einmal aufhört.

Manchmal stelle ich mir vor, wie das Geld mehr wird, von den Zinsen alleine. Super, dieser Zinseszins, rechne ich mir aus.

Zins und Zinseszins. Das alles macht mehr Freiheit, das hat der Eichel auch gesagt, dass Sparen frei macht, weil man dann mehr Möglichkeiten hat in der Zukunft.

Jedes Geld, das man beiseitelegt, kann morgen ein Urlaub sein und in der Rente eine Million.

Wir haben gar nicht mehr darüber gesprochen, der Herr Finanzminister a. D. und ich, wie es weitergeht.

Wann genau man eigentlich die Million zusammenhat, alleine durch sparen und die Zinsen, die immer mehr werden.

Wann meine 5000 Euro im Jahr richtig viel sind, ein Vermögen. Mein Eichel-Geld-Spezial-Vermögen.

Aber ich weiß jetzt, dass das geht.

Dienstags kriegt Herr Eichel seine Kontoauszüge. Immer dienstags. Ich werde das jetzt auch beantragen und auch wissen, wie viel sich auf meinem Konto bewegt.

Ich spare jetzt mal weiter. Immer weiter und noch mehr, und wenn es gut läuft, fahre ich nächste Woche mal zu Herrn Steinbrück, der ist ja jetzt auch kein Finanzminister mehr.«

Ich reiche Anne den Zettel mit dem Text, als sie in unser Büro kommt. Wir lassen das jetzt erst mal mit dem Sparen, auch wenn Herr Eichel recht hat, wenn er sagt, dass man durch Sparen in der Zukunft mehr Freiheiten hat.

***

Was wäre Deutschland ohne seine Geschichte? Ohne die Mauer und die Menschen, die gegen sie gekämpft haben? Was wäre Deutschland ohne die Tränen der Freude von 1989?

Man spricht darüber ja nicht so oft, aber ich bin froh, in einem Land zu leben, das diese Tränen weinen durfte.

»Wären die Teile nicht was für euch?«, hatte ein guter Freund gefragt, als er von einem Ausflug nach Brandenburg wiederkam, ich weiß nicht, was er dort gemacht hat.

Er war ganz glücklich über seine Entdeckung. Er sagte, das sei doch ein Schatz, der dort auf dieser Wiese in einem Industriegebiet am Stadtrand lagert. Auch, wenn man auf den ersten Blick nur einen Haufen waagerecht liegender und senkrecht stehender Betonteile sehe.

»Die sind mit Sicherheit original«, sagte er. »Wollt ihr nicht mal fragen ob ihr die nicht verkaufen dürft? An die Scheichs, als Mahnmal oder als Gartenkunst. Das könnte gut laufen.«

»Das wird euer erstes Geschäft, in dem wirklich Millionen drin sind«, sagte er.

Maurice, der Juwelier in Monte Carlo, dem wir Fotos von den Teilen gezeigt hatten, war gleich ganz angetan. »Ja, das könnte meine Kunden interessieren«, hatte er gesagt, als wir in Saint-Tropez waren mit den Säckchen voll mit Gesteinsproben.

»Gibt es dafür ein Echtheitszertifikat?«, wollte er wissen, aber das wussten wir noch nicht. Wir hatten ja erst mal nur gefragt, ob es an der Küste einen Markt für deutsches

Geschichtsgut gebe, und er hat gesagt, dass er das ganz sicher denke, und dass die deutsche Geschichte ein sehr spannendes Feld sei. »Außer für die Russen vielleicht.«

Die Männer, die in Deutschland einen der letzten Originalbestände der Berliner Mauer verkaufen, sind leider nur schwer erreichbar. Sie sind auch sehr verschwiegen.

Nein, sie wollen uns am Telefon nicht sagen, ob wir ins Geschäft kommen könnten. Oder, vielleicht doch. Er rufe zurück, sagt der Mann am anderen Ende, und ruft dann nicht zurück. Er ist ein bisschen freundlich und dann wieder sehr zurückhaltend.

Anne bringt morgens noch ganz normal die Kinder in Schule und Kindergarten, dann fahren wir zu dem Herrn, der am Telefon so geheimnisvoll tut. Er hat sein Büro in einem Neubau neben der Mauerwiese und zuckt ein bisschen zusammen, als wir plötzlich vor der Tür stehen, unangemeldet. Ich kann eine große Anspannung in seinem Körper sehen und auch, wie sehr er versucht, sie zu verbergen. Die Augen flattern unruhig, wie bei einem gehetzten Tier.

Er ist nervös, denke ich, aber ich weiß nicht warum.

Ich nehme an, dass es nichts damit zu tun hat, dass die letzten Teile der deutschen Mauer einer Firma gehören sollen, die immer noch Beton gießt.

Ich denke, wahrscheinlich hat er einfach viel zu tun und ist ein bisschen gestresst, wir sind doch nur Anne und Jan. Oder er hat noch nicht so ganz raus, dass der Kalte Krieg vorbei ist.

Ja, es gebe noch Teile, die zur Disposition stünden, aber nur über einen Mittler, sagt er. Sein eigener Name solle nicht fallen.

Aber immerhin, er gibt uns die Nummer des Mittlers.

Anne legt sie drei Mal weg, bevor sie dort anruft, weil sie denkt, der Moment sei falsch und alles müsse stimmen. Dann ruft sie an.

»Anne Nürnberger«, sagt sie am Telefon. »Ich rufe wegen der Mauer an.«

Sie klingt wirklich sehr nervös.

»Sind Sie das Mädchen aus Wien?«

»Nee, die nicht.«

»Ach so«, sagt die Stimme, die dem Mittler gehört. Und klingt ein bisschen enttäuscht.

»Über das Mädchen in Wien wüsste ich gerne mehr. Das klingt spannend«, sagt Anne, lacht ein wenig, und ich höre ganz genau, wie aufgeregt sie ist.

Dann herrscht Stille. So geheimnisvoll wie alles ist, frage ich mich, ob »das Mädchen aus Wien« ein Codewort ist.

»Sind Sie noch da?«, fragt Anne.

»Ja, na klar.«

Anne sagt, dass sie sich sehr für die Geschichte der Berliner Mauer interessiere, und fragt, ob wir drei uns nicht mal treffen könnten. »Bald.«

»Okay«, sagt die Stimme und fragt: »Morgen?«

Morgen geht nicht, sagt Anne.

Sie einigen sich auf Dienstag, 16 Uhr.

»Auf der Klingel steht kein Name«, sagt die Stimme, und es klingt, als sei der Mann dazu sehr umgänglich.

Anne erzählt ihm nicht, dass wir schon wissen, dass es schon einmal eine sehr erfolgreiche Versteigerung an der Côte d'Azur gegeben hat. Und schon 1990 bis zu 20 000 Mark pro Stück gezahlt wurden. Dass der Juwelier vielleicht sogar einen Prospekt bei sich auslegen würde – um uns zu helfen –, behält sie auch erst mal für sich.

***

Wir klingeln an der besagten Klingel, sollen aber lieber doch nicht hochkommen, sagt die Stimme des Mittlers.

Ich hasse das Warten.

Ein sportlicher junger Mann kommt runter, er wolle mit uns ins Café gehen, sagt er. Er bestellt nichts. Setzt sich ins Sonnenlicht.

»Wollen Sie einen Kaffee?«, frage ich ihn. Nein, das wolle er nicht. Gar nichts will er.

Wir seien gerade in Saint-Tropez gewesen, sagt Anne.

Es sei ein Wahnsinn, wie sie sich dort alle für das Schicksal der Hauptstadt interessiert hätten. »Die Mauer bewegt die Leute.«

Wir versuchen das richtige Maß zu finden, um einerseits zu zeigen, dass wir sehr gute Kontakte haben, und andererseits nicht zu viele Erwartungen zu schüren, die den Preis voreilig nach oben treiben.

Wir seien auch bei Gunter Sachs gewesen, jetzt sei ja wirklich Hochsaison an der Küste, viele Araber seien da, wirklich gute Stimmung.

Zwei Stunden sitzen wir beisammen, der Mittler rührt das Wasser, das ich ihm trotzdem bestellt habe, kein einziges Mal an, beobachtet uns nur.

Man müsse aufpassen, was man mit diesem einzigartigen Stück Geschichte mache, sagt er und klingt sehr stolz auf seinen deutschen Mauer-Schatz. Er sagt Sätze wie: »Die Teile stehen ja nicht im Wald und wachsen nach.«

»Nein, das tun sie nicht«, sage ich und lache höflich. »Das wäre ja noch schöner.«

Das Kontingent, das er habe, das seien mit die letzten echten Teile, die es überhaupt noch gebe, sagt er.

Ja, sagen wir, das sei uns klar.

Es gebe Bilder der Berliner Mauer mit Michail Gorbatschow, Ronald Reagan, Margaret Thatcher, die sich vor Mauerteilen haben fotografieren lassen.

Ich bemühe mich, so zu gucken, als fände ich das interessant, aber als hätte ich das nicht anders erwartet.

Er sagt, er könne die Mauer leider nicht an jeden x-beliebigen verkaufen. Die Reihe müsse stimmen. Er sagt nicht, dass wir aus dieser Reihe herausfallen – oder ein Scheich.

»Wie viele haben Sie noch?«

»250.«

»So viele?«

»Ja.«

Sie seien wohl gar nicht vom Stadtrand, die Teile, sondern aus der Mitte der Stadt, sagt er.

»Nicht vom Rand?«, frage ich, und er holt aus zu einer Geschichte, die mir erzählt, was für Zeiten das damals waren, und wie sein Kontingent wahrscheinlich vom Potsdamer Platz an den Stadtrand gelangt sein muss, wahrscheinlich.

»Was kosten die Teile?«, frage ich.

Er müsse sie nicht unter Wert weggeben, sagt er.

Ich schaue ihm in die Augen.

Dann sagt er, er mache einen Vorschlag, er würde sich jetzt gerne mit seinem Partner besprechen, ob wir da irgendwie zusammenkommen können.

Wir bedanken uns, und ich sage, dass es mich sehr gefreut habe, ihn kennenzulernen.

In der Nacht kommt es zu einem Telefonat zwischen Anne und mir. Ich bin sehr aufgewühlt, weiß nicht, ob es richtig ist, die Mauer zu verkaufen, oder nicht, weiß aber auch niemanden, den ich da auf die Schnelle fragen kann.

»Anne, stell dir mal vor, die würden uns wirklich die Rechte geben und ließen uns die verkaufen.«

Ich sage, dass ich mich gefragt habe, ob die Teile wirklich echt sind.

Anne sagt das auch.

Dann sage ich, dass das ja wohl einer geprüft haben müsse, wenn sich die ganzen Prominenten der Welt davorstellen.

Anne sagt das auch.

Dann schlafe ich ein.

***

Ich schlafe denkbar gut. Als ich aufwache, weiß ich, dass ich einen Traum geträumt habe, der besonders ist.

Ich gehe in die Küche, nehme einen Schluck Wasser und denke daran, dass ich gerade den Papst gewählt habe. In dem Traum standen Anne und ich auf dem Markusplatz in Venedig in einer Kaffeebar, und vor uns saßen vier Papstanwärter auf Pferden. »Einer von diesen vieren wird jetzt der Papst sein«, sagte der Mann neben mir und sah mich seltsam an. »Sie dürfen ihn wählen.«

Die Päpste vor mir saßen hoch auf ihren Pferden wie Ritter in Montur, bewaffnet mit Schwertern und Säbeln, mit rauschenden Bärten.

Anne sagte: »Mach du!«

»Der wäre nicht schlecht«, sagte ich und zeigte auf den ganz links. »Wenn wir den nehmen würden, gibt es dann auch eine Prozession?«, fragte ich.

»Nee, bei dem nicht, aber bei dem dort«, sagte der Mann und zeigte auf den dritten, der auch nicht schlecht aussah mit seiner silberblitzenden Uniform.

»Dann nehmen wir den«, sagte ich. »Wir machen ein großes Fest für die Leute. Alle sollen Spaß haben.«

Danach lief ich den Berg zur großen Prozession hoch. Bäume am Straßenrand, flanierende Pärchen.

»Hey, kommt, jetzt ist Prozession!« rief ich, und alle jubelten mir zu.

Würden wir wirklich reich werden?, fragte ich mich in der Küche. Mit der Mauer? Oder mit etwas anderem?

***

»Sie haben Angst vor einem Brief? Ihnen fehlen die richtigen Worte? Für den Stromanbieter, die Bewerbung, Ihren Exfreund? Wir, ein Berliner Autorenteam, schreiben Ihnen Ihre Post. Der Preis dafür ist kleiner als der Erfolg.«

Wir hängen Plakate auf, das heißt wir lassen sie aufhängen. Überall hängen schlichte weiße Zettel mit unserer Telefonnummer, vor allen großen Zeitungsredaktionen der Hauptstadt.

Sie haben nur ein Ziel: Medien-Marketing.

Eine kleine Schreibstube, die es noch gar nicht richtig gibt, schnell zum Erfolg zu führen, indem wir die Zeitungen auf uns aufmerksam machen, und dann, wenn sie über uns berichten, erwähnen wir ganz nebenbei weitere Geschäftszweige, die dieses Büro auch noch betreibt, die Gestaltung von Werbekampagnen, die Akquise von Sponsoring gegen interessante Prozente. »Da können dann schnell ein paar Tausender drin sein«, sagt Anne, »denk doch mal an unser Sponsoring.«

***

Ein paar Tage später steht vor Annes Haus ein dunkler Truck mit einem Tresen.

»Hat hier jetzt ein Kiosk aufgemacht?«, fragt sie.

»Nein«, sagt der nette Mann mit der Schürze und fährt mit einem Messer durch die Schrippe. »Wir drehen doch heute hier.«

»In meinem Haus?«

»Ja, haben Sie schon gefrühstückt?«

Dann macht er ihr Müsli, Käsebrötchen, Kaffee. Und als sie reingeht in den Hinterhof, da sind da überall Lampen und Kabel, aufgeregte Leute mit Funkgeräten und Taschenwesten laufen rauf und runter.

»Was dreht ihr denn?«, fragt Anne.

»Hautcreme-Werbung!«

»Bei wem?«

»Bei Kosta, im Zweiten.«

Die Tür im Zweiten ist offen, und ein Typ mit Schirmmütze

bewacht den Eingang. »Pscht«, macht er, dabei hat sie gar nichts gesagt.

Wie der das macht, der Kosta, fragt sich Anne oben in der Wohnung. Wenn die hier bei uns im Vierten drehen würden und nicht bei ihm, bräuchten sie viel weniger Licht.

Am Telefon erzählt sie mir davon.

»Und?«, frage ich.

»Super Frühstück!«

»Und was machen wir jetzt?«

»Das Loft anmelden!«

»Genau, Anne, das machen wir jetzt.«

Und zwar nicht nur einmal.

Kosta von unten weiß das noch nicht, aber sie meldet ihr Loft jetzt bei acht Location-Agenturen an. Und der eine Location-Scout mit der Adidas-Trainingsjacke und der Sonnenbrille kommt gleich und sagt, dass es ihm sehr gut gefalle.

»Es wird gerade viel gedreht!«, sagt er. »Vielleicht dauert es ein paar Tage, vielleicht zwei Wochen, länger garantiert nicht.«

Das Loft sah aus wie eine Garage, als sie es gekauft haben, Anne und ihr Mann, wirre Kabelbündel standen aus den Wänden. Die Deckenbalken waren so zerlöchert, als hätte ein Sprengmeister die neuesten Spielereien ausprobiert.

Es steht immer noch nicht viel mehr drin als ein rotes Sofa und ein Tisch. Es ist die am spärlichsten eingerichtete Wohnung, in der ich je war, auch wenn das rote Sofa sehr gemütlich ist.

»2000 Euro«, sagt der Location-Scout. »Wenn Kosta 2000 Euro am Tag nimmt, dann sollten wir das auch bei euch als Satz angeben.«

Er schwärmt, dass es nicht viele Räume gebe wie Annes Wohnung. So vom Lichteinfall, mehrseitig. Und dass die Werbebranche ja auch ständig ungewöhnliche Locations suche.

»Wo wohnen wir denn dann, wenn da welche kommen?«, fragt sich Anne. »Wie lange bleiben die denn so?«

Eine Woche lang denken wir, dass die Option »Reich werden durch Loftvermietung« zurzeit ganz gut steht, dann kommt die Gewissheit.

Anne ruft mich morgens an, als ich noch schlafe.

Sie kriegt kaum Luft, so aufgeregt ist sie.

»Das Fernsehen hat sich gemeldet«, ruft sie, »sie wollen das Loft!«

»Was?«, frage ich.

»Ja, du glaubst das nicht: Ewig, vier bis sechs Wochen ab Ende Oktober. Vier Wochen, 30 Tage, Jan, das bringt 60 000 Euro mindestens.«

Mir wird ganz schwindelig bei dem Gedanken, und ich frage mich, was ich gemacht habe, dass das Geld uns jetzt so zufliegt.

»Wer?«

»RTL, ein Comedy-Format!«

»Und wo wohnt ihr denn?«

Anne hat es sich schon überlegt. Eine Freundin von ihr hat eine Ferienwohnung, vielleicht können sie die so lange haben.

***

»Ja, der Porsche geht klar. Wann genau und wie lange brauchen Sie ihn? Und Sie wollen wirklich eine Poker-Millionärin damit rumfahren?«, fragt die freundliche Frau bei Europcar.

»Ja, sie geht für uns ins Casino. Sie macht aus einem Euro drei, wissen Sie?«

»Nein?!«

»Doch, stellen Sie sich das mal vor. Sie hat ihrer Mutter gerade eine neue Küche gekauft, ihrem Vater eine Harley.

Und wir lassen sie jetzt nach Baden-Baden einfliegen, damit sie für uns spielt.«

»Na, da wünsche ich Ihnen aber, dass das alles klappt! Sind Sie eigentlich schon mal Porsche gefahren?«

***

»Na, geht es dir gut?«, frage ich Annes Sohn Juri, als er ins Büro kommt zum Umziehen, mit all den schönen neuen Sachen, die Anne ihm gekauft hat. Den Burlington-Pullover, das rote Polohemd, die coole schwarze Lederjacke. Damit er tipptopp aussieht.

»Beim Friseur warst du auch, oder?«

»Ja!«

»Und hat Mama dir schon was versprochen, wenn du artig bist?«

»Nein, das hat Papa! Wir gehen in den Zirkus.«

Ich drücke ihm die Daumen, als er mit Anne losgeht, wie ein wackerer kleiner Krieger an der großen Hand.

Das Studio, in dem Juri fotografiert wird, liegt im zweiten Hinterhof eines Fabrikgebäudes. Aufgang 8. Roter Backstein, das Treppenhaus in einem runden Turm wie in einer Ritterburg.

Stella, die Chefin der Kinderagentur, öffnet persönlich.

»Du bist Juri?«, fragt sie und nimmt Juri an die Hand. »Da machen wir schöne Fotos von dir heute.«

Anne und Juri sollen sich erst noch auf das braune Sofa neben der Tür setzen. Der Raum ist so ähnlich, wie man sich das vorstellt. Sofa, Couchtisch, weiße Küchenzeile. Die Wände sind weiß gestrichen mit weinroten Flächen. Schräg gegenüber der Tür ein großer Flatscreen. Anne hat sich das genau eingeprägt, weil es ja ihr Sohn ist, den sie hier weggibt.

»Schau«, sagt Stella zu Juri, »ich zeige dir mal ein paar Fotos von Kindern, die schon bei uns waren.«

»Oh«, sagt Juri und zeigt auf ein dickes Baby. »Der sieht ja aus wie mein Bruder.«

Es ist gar nicht schlecht, wenn er hier aufgeweckt rüberkommt, denkt Anne. Aufgeweckt, sympathisch haben sie sie bestimmt gerne.

Juri blättert durch den Ordner, auf dessen Seiten immer drei Bilder der perfekt frisierten Kinder zu sehen sind.

»Hier, Luna zum Beispiel«, sagt Stella und zeigt auf ein blondes Feenmädchen, »die kommt heute, und dann machen wir neue Fotos.«

Juri lümmelt sich auf das Sofa, lässt sich ganz nach hinten in die weichen Kissen fallen. Er fühlt sich wohl, wie zu Hause.

Und dann ist auch schon Alexandra da, die blonde Fotografin. Sie legt den Arm um Juri, nimmt ihn mit ins Studio. Muttis müssen draußen bleiben.

»Hast du schon mal Fotos gemacht?« fragt Alexandra.

»Ja, ich hab 'ne eigene Kamera«, sagt Juri, der die Frage nicht verstanden hat.

Juri darf sich an die Wand lehnen, er darf die Arme verschränken oder sie schlenkern lassen, wie er will.

»Einfach ein bisschen cool stehen«, sagt die Fotografin.

Sie redet viel, sie sagt: »Oh, da hatte der Juri die Augen zu« und »jetzt machen wir das Licht noch ein bisschen heller«, »wir brauchen mindestens sechs Bilder«. Und dann macht sie Musik an, Bambusflöten, Gezwitscher, Dschungelmusik. Juri macht große Augen.

»Das ist Musik, die soll dich einschläfern«, sagt die Fotografin und lacht. »Ach Quatsch«, sie kommt näher, geht in die Knie: »Bist du bei mir?«

»Ja.« Juri lacht.

»Super, perfekto«, sagt Alexandra, »klasse, gleich noch mal.« Augen zu und wieder auf. »Und jetzt richtig strahlen.« Und noch näher. Manchmal sagt sie »hu« zwischendurch, ein kleiner Erschrecker, der alle Kinder zum Lachen bringt.

Hinterher gibt sie Juri einen Button und eine Tüte Mini-Gummibärchen. »Jetzt kriegst du eine richtige Setcard«, sagt Alexandra. »Du hast es ganz toll gemacht.«

»Ich war perfekt«, sagt Juri, als er ins Wartezimmer zurückkommt.

Ein paar Tage später hat Anne Juris Setcard im Mailpostfach, und wir alle sind ganz gerührt.

Was für ein süßer Junge. Mit seinen eckigen Zähnchen, seinem hellen Blond. Das rechte Auge ein bisschen größer als das linke, der rote Pulli viel zu groß. Wie frech er aussieht auf dem großen Bild. Und wie verletzlich auf dem kleinen rechts. So süß. Zu gebrauchen für Kaugummi, Pullover, alles. Ich würde ihn nehmen.

»Liebe Anne, liebe Grüße.« Stella scheint auch ganz begeistert von ihm zu sein. So habe ich mir das vorgestellt, genau so.

Juri Alexander, The Coming Superstar. Größe: 128 cm, Schuhe: 34/35, Augen: Grün.

Sie werde den Juri jetzt ein bisschen pushen, verspricht Stella.

***

Es riecht nach warmem Herbst, nach Champagner, nach Gräfinnen und Entourage. Top-Models sind da. Den Mann, den wir extra mitgenommen haben, um uns vorzufahren, einen Kumpel von mir, schicken wir weg mit unserem Cayenne.

Alexander von Schönburg ist da, mit Swatch und Fliege, er macht Small Talk, eine Minute bei uns, dann hüpft er zum Nächsten, wie ein Schmetterling von Blume zu Blume hüpft er. Zu Günter Netzer. Und bei dem lässt er sich nieder.

»Ich bin ja auch keine 75 mehr«, sagt Gunter Sachs in seiner Rede, und die Menschen applaudieren.

Wir klatschen mit und genießen die ergreifenden Momente.

»Guck mal, der sieht ja doch noch ganz frisch aus, der Pierre Brice«, sagt Anne.

»Vielen Dank, gerne noch ein Gläschen«, sage ich zur Kellnerin.

Gunter Sachs gibt Interviews, eins, noch eines. Dann kommt er zu uns mit seinem schwingenden Schritt, in seiner weißen Hose, mit seinen weißen Slippern.

»Hallo, wie geht es Ihnen?«, fragt er.

»Die Bilder, die ich von Ihnen gemacht habe, sind sehr schön geworden«, sagt er.

Wir bedanken uns noch einmal, vielleicht ein bisschen zu überschwänglich, aber er sieht aus, als würde er sich freuen.

»Bis später«, sagt er und lächelt uns fröhlich an.

»Wir müssen uns beeilen«, sage ich und habe kein Ziel, das Leben ist mein Ziel, mein Glück, und ich gebe Gas, mehr als vorhin, ich donnere über die Autobahn raus aus Baden-Baden.

230 km/h.

»Man merkt die Geschwindigkeit nicht«, sage ich. »Man kann freihändig fahren.«

»Bitte nicht«, sagt Anne.

280 können wir, der Motor surrt. Und nachdem wir das jetzt wissen, können wir auch wieder langsamer fahren.

»Ist ja auch anstrengend so schnell«, sagt Anne.

»Nee, eigentlich nicht, ist geil«, sage ich.

»Ich glaube, die Vögel kacken auch lieber auf einen Porsche. Die Scheibe ist schon ganz voll.«

***

»Der Jan freut sich auch schon auf dich, das ist ja so ein kluger Junge«, hat Anne gesagt, als sie das erste Treffen mit Sandra im Café ausgemacht hat.

Kluge Jungs, denkt Anne, das könnte sie mögen, die kluge Pokermillionärin. Obwohl sie ja jetzt einen Freund haben soll, einen Schauspieler.

»Bei mir um die Ecke, in diesem Café am Savignyplatz?«, hat sie gefragt.

Bei ihr um die Ecke in diesem Café am Savignyplatz.

Ich stelle sie mir wahnsinnig schlau vor, so ein Mega-Mathe-As, aber sehr hübsch. Sie war mal Model.

Es ist ein bisschen so wie eine Verabredung mit dem Glück, und man weiß, dass man jetzt nur lange genug gute Stimmung machen muss, dann sagt das Glück: »Ja, hier bin ich richtig!«

Und dann kommt es tatsächlich so, wir sitzen am Savignyplatz, und sie sagt diese ganzen Sachen, die mir wirklich gefallen und mich anspornen, das Glück auch ja nicht zu verprellen.

»Wenn ich Geld brauche, gehe ich nicht mehr zur Bank, sondern ins Casino«, sagt sie.

»Die haben bestimmt alle wahnsinnig viel Respekt vor dir, wenn du kommst«, sage ich.

Sie erzählt, dass es Turniere gibt, wo sie alle in den Pausen mit dem Laptop im Pool liegen und online weiterzocken. Auf den Bahamas.

»Dein Kleid ist wirklich schön. Wenn man von den Bahamas kommt, ist das bestimmt ein Kälteschock«, sage ich.

Sie ist gerade aus Barcelona zurück.

»In Barcelona gibt es eine große Russen-Community«, sagt sie. »Denen tut es nicht weh, ein bisschen zu verlieren. Vielleicht gehen die ein bisschen lockerer mit ihrem Geld um!«

Ich muss an die vielen Russen in Baden-Baden denken. Angeblich die größte Russendichte Deutschlands, weil sie sich da alle operieren lassen.

Der Deal, den wir ihr anbieten wollen, ist denkbar einfach. Wir geben ihr 3000 Euro, sie geht ins Casino, gewinnt und macht mit uns halbe-halbe. So soll es sein, denken wir, und machen schon Rechenspiele.

Sie sagt, sie hat einen ROI von 300 Prozent. Das heißt, wenn sie 3000 Euro einsetzt, macht sie daraus 9000.

»Tun dir die Leute leid?«

»Nein, Mitleid ist fehl am Platz.«

»Wissen die in der Regel, wer da kommt?«

»Manche ja, manche nein, aber das sind alles Fische, und ich bin dann der Hai.«

»Wonach suchst du dir die richtigen Tische aus?«

»Wenn da schon zwei Haie dran sitzen, gehe ich nicht dran. Dann gibt es Blicke von den anderen Haien, ich weiß, jetzt ist das schon abgegrast.«

Sie ist ein Hai mit langen dunklen Haaren. Ihr Blick ist wirklich komisch. Wenn sie dich anguckt, weißt du nicht, wohin mit dir. Man versinkt in diesen eisblauen Augen, das wird ihre Waffe sein, denke ich.

Weder ich noch Anne wissen so genau, wie Poker funktioniert, aber wir sitzen da, als seien wir die Geschwister von Black Jack mit einer Wohnung in der Großen Straße. Hey, wir müssen doch die Regeln nicht kennen, du spielst für uns.

»Fifty-fifty. Das hat mich noch nie jemand gefragt«, sagt sie. »Ihr seid die Ersten.« Sie sagt, wir seien wirklich originell. Deshalb macht sie mit.

***

Ich male mir gerade aus, wie es sein wird, wenn am Abend alles gut geht, und wie wir uns dann gebührend bedanken. Da klingelt Annes Handy.

Sandra.

»Auf der Avus ist Baustelle, ich habe den Flieger verpasst.«

Den Flieger, den wir gebucht haben, um sie einzufliegen.

»Alles nicht so schlimm, habe schon umgebucht. Um 20.15 Uhr bin ich da.«

Sie kommt zwei Stunden später.

»Wir gehen hier zur Bank, holen das ganze Geld, wir schicken das beste Pferd ins Rennen, und das will später kommen«, bin ich schon ein bisschen wütend. Mich nervt das, dass wir hier nicht alles rausholen.

Ich finde es nicht gut, dass ich von ihr abhängig bin. Gerade aus dem Nichts-tun-Können, aus dem Sich-nachher-Danebensetzen entsteht für mich eine Angst.

»Immerhin kommt sie noch«, sagt Anne, um mich zu beruhigen, aber ich hasse es, beruhigt zu werden, und werde noch ärgerlicher.

»Soll sie doch kommen. Wir blasen es ab!«

»Es ist doch Quatsch zu sagen, wir blasen alles ab«, wird Anne laut und ein bisschen rot und wackelig am Kinn. »Es ist doch immer so, dass irgendwas nicht klappt, auch wenn du das Leben gerne perfekt hättest. Es wird nie perfekt sein, so wirst du niemals im Leben glücklich, weder reich noch glücklich!«

Ich sage nur: »Wie süß!«

Eine Dame fährt ihren Pudel hinter meinem Rücken im Kinderwagen Gassi. Super, in Baden-Baden müssen nicht einmal die Hunde gehen, denke ich.

»Was ist mit Randy?«, frage ich Anne.

»Sein Kumpel hat doch gesagt, dass er kommt, er wird auch noch da sein, wenn wir später sind.«

Randy macht in Versicherungen, wissen wir, und geht montags immer ins Casino. Das hat sein Kumpel verraten.

Randy hat einen Kumpel, der einen X5er BMW fährt, seine Initialen auf der Brusttasche trägt und sagt: »So ist das hier in Baden-Baden. Das machen wir so, wer mehr als 250 000 im Jahr verdient, darf so etwas machen.«

Und der sagt: »Das wird heute Abend ein guter Tisch!«

Es ist kurz nach halb neun, es gibt Anzugzwang im ältesten Casino Europas, wir sind die bestangezogenen Flughafen-Abholer aller Zeiten, und die Stimmung ist schon sehr feierlich.

Etwas Großes passiert, denke ich.

Ein Polizist mit Halbglatze und zwei Sternen auf der Schulter hilft mir in der Halle noch schnell mit meinem Schlips.

»Ohne in de Spiegel zu gucke, jetscht!«, badelt der Uniformierte und hat meine Krawatte um, »ohne in de Spiegel zu gucke! Es geht an und für sich ganz einfach. Einmal hintenrum, hintendurch, jetzt hammas, hier so rum. Und dann so!«

Dann hat er es und reicht sie mir.

»Und was machen Sie jetzt?«, fragt er, »was machen Sie jetzt Schönes?«

Ich denke kurz, dass es besser ist, ihm das nicht zu sagen, weil ich nicht weiß, ob man in Deutschland Profi-Spielerinnen auf Laien loslassen darf.

Da kommt Sandra, locker in enger Jeans, weißer Bluse, Lederjacke. Unser Fahrservice kommt gut an bei ihr, ich halte ihr die Tür auf wie ein Gentleman. Stilvoll.

»Ist das jetzt schlimm, dass wir so spät kommen?«, frage ich sie.

»Nein, nein. Ist alles im grünen Bereich. Besser, wenn wir später kommen, dann haben die schon ein bisschen gespielt, sind schon in Stimmung. Ich mache selten ein Spiel vor 22 Uhr.«

Wir bringen sie ins Hotel, das wir für sie gebucht haben, unmittelbare Casino-Nähe, warten mit dem Cayenne unten vor der Tür.

Sie kommt zurück: »Was ist das denn für ein Zimmer? Das hat ja nur ein 80-Zentimeter-Bett. Das geht gar nicht, so etwas habe ich schon lange nicht mehr erlebt!«

Wir rennen zur Rezeption, ich fühle mich wie Mr. Peinlich.

»Geben Sie ihr ein ordentliches Zimmer«, sage ich, und Anne steht neben mir. »Eins, in dem sie sich wohlfühlt.«

Es ist mir so unangenehm.

Ich will das Geld aus dem Kofferraum holen, unsere ganzen 50-Euro-Scheine sind alle durch meine Tasche gekippt.

Wenn wir verdreifachen, ist es super-super, sagt Sandra, wenn wir verdoppeln, sind wir zufrieden, und wenn wir *even* rausgehen, ist niemand sauer.

Es ist typisch für mich, dass ich den Schluss ihres Satzes nicht höre. Ich bin gut darin, Dinge selektiv wahrzunehmen.

»Sandra, ich gebe dir jetzt 3000 Euro«, sage ich mit festlicher Stimme vor dem nachthellen Casino. »Mach, dass es mehr wird. Anne will sich morgen ein neues Kleid kaufen!«

Ich reiche ihr den Umschlag mit dem Geld. Ganz tief in mir fühle ich, dass sie es vermehren wird, und wir schreiten sechs Stufen hoch in das ehrwürdige Haus.

Wir müssen erst noch durch die Registrierung. Was ist, wenn Sandra als gefährlich für die Gäste registriert ist, frage ich mich.

»Wohnort ist Berlin? Straße? Hausnummer?«

Scheiße, denke ich.

»Ich gehe mal gucken, ob der Casino-Direktor noch da ist«, ruft die Dame am Empfang und stöckelt aufgeregt davon.

Da, jetzt ist es so weit, jetzt fangen sie uns ab.

»Das habe ich mir schon gedacht«, sagt Sandra und schaut mich an. »Immer wollen die Casino-Direktoren persönlich Hallo sagen, wenn ich komme.«

Der Herr Direktor ist schon weg, der Vize kommt.

»Es ist, als wenn ich zur Arbeit gehe«, sagt Sandra, und dann kommt alles anders, denn da geht die Tür auf.

Alles kronleuchtert und leuchtet, rote Teppiche liegen unten, oben hängen gemalte Engel, die sich in den Spiegelwänden spiegeln. Leider ist gar nicht so viel los wie erwartet, und es riecht nicht so frisch.

Es müffelt, als hätte jemand den Angstschweiß eines Hechtes eingefroren, jeden Tag ein bisschen in die Sessel gekippt und dann nicht mehr gelüftet.

»Was ist denn das hier?«, frage ich mich.

Eine Kugel tanzt gerade im großen Saal, alle starren in den Roulette-Teller, ein Mann mit Langhaar im Anzug nestelt Chips aus der Tasche.

»Rien ne va plus«, ruft die Croupiers-Frau, und die Kugel tanzt im Kessel. Oh und Ah machen die Leute.

Die Null.

Ein Asiate im roten China-Hemd ballt die Faust.

Sandra sitzt schon, sie hat das ganze Geld in Chips getauscht, die sie mit der linken Hand sortiert. Sie sitzt da in der hintersten Ecke, schlägt die Beine übereinander.

Jemand bringt ihr Spaghetti mit Garnelen, die sie sich auf den Schoß stellt.

Sie bauen jetzt einen Tisch. Sie basteln jetzt einen Pot. Es gibt 52 Karten, Straßen und Royal Flushs.

»Ist auch wirklich alles gut, Sandra? Du musst nicht!«

»Geht mal, geht mal«, bedeutet sie uns. Eine Kordel wird vor den Tisch gehängt, damit niemand mehr stört.

Ich fühle mich ausgeliefert.

»Rien ne va plus«, denke ich. Herr Rentzow, Sie können nichts mehr tun. Beten Sie, setzen Sie sich hin. Wir geben Ihnen Bescheid. Es kann dauern, es ist eine schwierige Operation, und Sandra braucht jetzt eine ruhige Hand.

»Verlieren! Verlieren! Verliert alle schön!«, sage ich mir und schaue ständig die anderen an am Tisch, an dem Sandra sitzt, hinter der Kordel.

Karten werden gegeben, jeder drei.

Die Croupiers-Frau sagt etwas zu Sandra, Sandra sagt auch etwas. Sandra bewegt sich nicht.

Gewinnt sie? Was ist, wenn sie verliert?

Karten werden gegeben, Sandra unterhält sich mit ihrem Nebenmann. Der Nebenmann ruft: »Wow, das ist ja gut.«

Der Nebenmann reibt sich die Glatze.

Ich sehe Sandra, wie sie gerade sitzt, sich kaum bewegt, die Hand an den Chips. Sie klappert damit.

Beim Black Jack werden schon die Karten weggeräumt. Das macht die Croupiers-Frau, die eben noch beim Roulette saß.

Sandra holt ihr iPhone raus, legt es auf ihren Platz, ruft »Don't touch« und kommt zu uns.

»Bitte sag! Wie läuft es?«

Sie guckt missmutig, ein bisschen gelangweilt.

»Bisher habe ich verdoppelt!«

»Was hast du? Verdoppelt?«

»Ja!«

»Das gibt es ja gar nicht«, rufe ich und kann mich kaum bremsen. »Lass dich umarmen! Du Goldschatz!«

»Anne, schau, unsere Sandra, die macht das!«

Unsere Sandra sieht nicht sehr glücklich aus.

»Willst du was zu trinken?«, frage ich.

»Wenn ihr noch was anderes habt, der Mojito war nichts. Könnt ihr mir vielleicht eine Cola light bestellen?«

»Wie machst du das? Erklär uns bitte, welche Tricks du angewendet hast!«

Sie zuckt die Achseln. »Ich habe bisher verdoppelt, keine. Keine! Da muss ich dich wirklich enttäuschen!«

Es ist 0.30 Uhr. Der Spielbank-Obere guckt schon auf die Uhr.

»So, jetzt werde ich noch mal ins Geschehen eingreifen!«, sagt sie, immer noch gelangweilt, setzt sich wieder hin, spielt und stülpt ihre Lippen über die Cohiba, sitzt da, der Blick wieder geradeaus.

Der Schlanke mit den weißen Haaren, der Brille und der

Uhr. Das ist Randy, denke ich. Ja, das ist Randy! Randy ist Dostojewski, Randy verliert.

Der Thüringer hier vorne, seine Frau sitzt beim Roulette und setzt nicht viel. Die haben nichts, denke ich. Ich sortiere die Menschen nach ihren Erfolgschancen, gucke auf die Socken, ihre Uhren, und werte alles.

Ich bin sauer auf mich selbst, dass ich immer noch keine Ahnung habe, worum es da eigentlich geht. Und woran man sieht, wer gewinnt.

Die beiden dicken Amerikanerinnen scheinen Geld zu haben. »Oh, my knees«, stöhnt die eine und ist schon beim dritten Glas Rotwein. »It hurts!«

»Durchhalten, Baby, durchhalten«, denke ich und hoffe, sie fällt zurück auf ihren Stuhl. »Noch musst du ein bisschen was verlieren!«

Zwei Minuten später. Die Amerikanerin mit den Knien jammert. »Ich bin heute Morgen um fünf Uhr aufgestanden!«

»Ich bin fit!«, ruft die andere.

»Verlieren, verlieren«, denke ich. Wie das Publikum eines geheimen Spiels, das sie auf keinen Fall gewinnen dürfen.

»Why do I have friends like you?«, fragt die eine.

»Because I'm good fun«, antwortet die andere.

Sandra gähnt, Anne sitzt neben mir.

Die Zeit verrinnt, in die Tiefe der Nacht geht der Zeiger. Bis es 1.30 Uhr ist, bis Sandra bestimmt schon verdreifacht hat und alle anderen Tische schon leer sind, niemand anderes mehr da.

Bis der Spielbank-Obere sagt: »Wir schließen.«

»Ich bin im Plus«, schreit die Knie-Amerikanerin und kriegt ihren Hintern gar nicht mehr hoch vom Stuhl. »10 Euro!«

Sie stehen alle auf, alle bedanken sich, auch der Erfurter. Sie stehen da, und ich versuche in Sandras Gesicht zu lesen, wie viel wir gewonnen haben. 700 Euro, 1000?

Wie viel wird es sein?

Es ist wie Weihnachten.

Sandra kommt zu uns. Mein Gesicht bebt.

»Sandra, wie viel hast du? Sag, Sandra, sag!«

»Das Problem ist, da war kein Geld am Tisch«, sagt sie. »Das waren alles blutige Anfänger!« Wir sind nur 40 Euro im Plus.

40 Euro!

Ich sacke zusammen.

Ihre 20 Euro gibt sie der Bedienung, unsere 20 Euro verlieren wir im Nachbarsaal bei »Alles auf rot«, als die weiße Kugel auf Schwarz fällt.

Nichts geht mehr.

Im Foyer fange ich den Erfurter ab.

»Entschuldigen Sie, wie viel haben Sie heute gewonnen?«

»1400 Euro, ich habe verdoppelt!«, sagt er. »Jetzt kaufen wir uns eine Flasche Champagner, und morgen schlafen wir aus. Ich spiele nur einmal die Woche und stehe selten mit weniger auf! Ich habe heute Hochzeitstag!«

***

»Schönen guten Tag, hier ist die Gudrun von der Zeitung. Ich habe eure Anzeige gesehen. Ich fand die originell. Habt ihr schon Rückmeldungen? Ich würde gerne über euch berichten.«

Wir haben Post. »Post für Dich« hat Post.

Das kann doch nicht sein, denke ich. Dass man Plakate vor die Redaktionen hängt und das wirklich aufgeht. Ich kann mich kaum beherrschen vor Überraschung und greife sofort zur Tastatur.

Bloß nicht zeigen, dass wir genau auf sie gewartet haben, denke ich und schreibe:

Liebe Gudrun,

lass uns per E-Mail miteinander sprechen. Das passt viel besser zu unserem Metier. Schreiben liegt uns mehr als sprechen. Es ist der helle Wahnsinn, was in Berlin passiert, wenn man eine Anzeige aufhängt. Post für Dich – erstaunlich, wie viele darauf anspringen. Wir kommen kaum hinterher.
Irgendwas kriegen wir bestimmt hin.

Einen schönen Abend noch, liebe Grüße,
Jan (ich) und Anne

Es gibt keine Briefe, es gibt kein Büro und keine Kundschaft. Aber jetzt gibt es Gudrun von der Zeitung, und mit Gudrun von der Zeitung halten wir in den nächsten Tagen einen ganz engen Kontakt.

Gudrun antwortet immer sofort und klingt wie eine, die uns unbedingt groß rausbringen will.

Ob sie es herzschmerzig mag?

Kai, ein Kumpel, könnte unseren ersten Kunden spielen. Kai hat angeblich seine Freundin in Amerika betrogen – und jetzt will er sie zurück.

Er will ihr was Einfühlsames schreiben, angeblich. Und bei uns sucht er Rat, angeblich. Es ist ein Versuch.

Gudrun hat eine weiche Stimme, als wir dann doch telefonieren, sie sagt, sie sei gerade in Mexiko gewesen, und da gebe es so etwas noch, Briefeschreiber.

Sie sei ja so überrascht gewesen von unseren Plakaten, normalerweise fände sie, Briefeschreiben sei ja schon etwas »Antiquiertes«.

Sie freue sich ja so, dass wir so etwas sind: »Briefeschreiber.«

Ich mag sie, weil unser Business in Mexiko auch erfolgreich wäre und jetzt so etwas unausgesprochen Transatlantisches hat.

Wenn Gudrun da ist, soll Kai gerade klingeln und sich einen Brief abholen. Rein zufällig.

***

Hallo, Jan und Anne,
wie wäre denn Mittwoch, gerne vormittags, früher Nachmittag, für ein Treffen, Gespräch, Interview?

Beste Grüße
Gudrun

***

Als ich unserem Praktikanten unsere Musterbriefe zeige, für die es keine Kundschaft gibt, schüttelt er nur den Kopf. Sein Finger fährt beim Lesen langsam über das Papier. Er grient und steckt sich sein Rosinenbrötchen in den Mund.

»Habt ihr 'ne Klatsche.«

»Gar nicht so schlecht, oder?«

»Hm!«

Schweigen ist bei unserem Praktikanten die höchste Stufe von Respekt.

Gudrun kann kommen, auch die Preisliste ist fertig.

Der erste Liebesbrief für die Kais dieser Welt kostet dann 100 Euro. Jede Folgekorrespondenz 5 Euro. Einen zweiten Formbrief zu einem anderen Thema gibt es für 80 Euro. Fünf Formbriefe für 350 Euro. Alles ist perfekt.

Wenn man so etwas macht, muss man auf den Suchtfaktor setzen, so stelle ich mir das vor.

Wir bestätigen Gudrun unseren Termin. Wir haben das

Büro geputzt, das Schlafsofa hochgeklappt und unsere Werbung an die Fenster geklebt. Wir haben jetzt ein »Post für Dich«-Schild an der Klingel angebracht.

Und auf der Tafel neben unserer Bürotür steht jetzt: »Worte sind Buchstaben mit Liebe.« Daneben habe ich ein Herz gemalt.

An der langen Wand hängt ein Stephen-King-Zitat: »Schreiben ist veredeltes Denken.«

Und zwei Mal Goethe: »Erlaubt ist, was gefällt« und »Alles, was es braucht auf dieser Welt, ist ein gescheiter Einfall und ein guter Entschluss«.

Gudrun kommt mit dem Fahrrad, sie hat dunkle halb lange Haare, fast ungeschminkt ist sie.

»Was sind denn das für Leute, die zu euch kommen?«, fragt sie.

Das wissen wir, wenn du über uns schreibst, denke ich und erfinde unsere Kundschaft.

Draußen vor dem Fenster bleiben Menschen vor unserem Werbeschild stehen.

»Guck mal da, schon wieder welche«, sagt Anne und tut so, als würde das den ganzen Tag so gehen. Auch Kai guckt von draußen ins Fenster.

»Warum klingelst du nicht?«, fragen meine Augen. Er schüttelt den Kopf und geht einfach weg.

»Ich finde es wahnsinnig toll, dass ihr damit Geld verdient«, sagt Gudrun. Ihre Augen glänzen. Wahrscheinlich muss sie wieder an die Briefeschreiber von Mexiko denken, die alten Azteken.

Sie versteht, dass unsere Kunden nicht gerne fotografiert werden wollen, sie versteht das total, aber das müsse auch gar nicht sein.

Sie verabschiedet sich ganz warmherzig.

Und wir verabschieden uns auch.

Es läuft gut jetzt. Bevor sie uns einen schönen Werbeartikel schreiben kann, haben wir unseren ersten lukrativen Schreibauftrag selbst akquiriert.

Eine Künstlerin, die Anne zufällig im Café kennenlernt und dringend Sponsoring für eine große Show braucht, bittet sie um Hilfe.

»Wenn ihr das für mich übernehmt, gebe ich euch 20 Prozent vom Sponsoring-Wert«, ruft sie. »Ohne euch würde ich ja gar nichts kriegen. Da ist das ja allein ein Gewinn.«

10 000 Euro hat sie schon investiert, mindestens noch mal so viel müssen da rein. Es ist eine wirklich attraktive Veranstaltung.

Götz George will sie anschreiben, meinen Burger-Kumpel Daniel Brühl und viele andere.

Wir machen ihr eine neue Preisliste.

***

»Denk dran, du willst ein Gentleman sein. Dann musst du es auch sein!«, hat Norbert Vojta gesagt. Man kann immer mehr machen und noch mehr, denke ich jetzt immer öfter.

Manchmal ist es ein bisschen schade, dass wir nicht mehr richtig weggehen können wie normale Leute. Mal ins Kino, durch die Clubs.

Ich schreibe Briefe, die gefallen, für die ich gelobt werde und an die ich noch mal ran soll, weil die beste Freundin der Künstlerin sie zu künstlerisch und zu emotional findet.

Ich sage: »Ja, gerne« und formuliere der Künstlerin eine Vita.

Ich fahre zu Angela Merkels Wochenendhaus und gucke, ob das ein guter Ort ist, um sie anzusprechen, ob sie nicht Schirmherrin werden will für eine unserer Aktionen, ich finde, dass sie sehr bescheiden wohnt, und erfreue mich daran, bis die Polizei kommt.

Ich treffe keine Freunde mehr, außer die, die mir helfen können, und höre, wenn ich sie treffe, schlecht zu.

Es ist jetzt ein Leben auf Pump. Auf Kosten der Freundschaften. Der Lebenszeit. Des Schlafens. Des respektvollen Umgangs miteinander.

Anne gähnt den ganzen Tag, und ich habe diese Rückenschmerzen, die ich früher nicht hatte.

Mein ganzer Rücken fühlt sich an wie ein zerlöchertes Brett, und ich ärgere mich, dass ich so gereizt bin.

Neulich habe ich Anne angeranzt, weil sie fünf Minuten zu spät kam.

»Ich kann nicht mehr hören, dass du müde bist, Stress hast«, habe ich sie angeblafft. »Ich will, dass du hier bist, dass du Leistung bringst und dich an Verabredungen hältst. Sonst können wir den ganzen Spaß auch einfach vergessen.«

Da hat sie mich in den Arm genommen und mich eine Runde in den Park geschickt, und danach ging es mir wirklich besser.

Ich versuche Sandra zu erreichen, wann wir wieder pokern, aber sie ist in London und trainiert Boris Becker und Lily.

Ich werde Facebook-Freund mit Knigge, klicke den Sohn von Gunter Sachs.

Ich komme doch noch nicht ins Fernsehen, die Gameshow sagt uns ab.

Anne putzt das Loft. Nicht nur RTL ist da jetzt dran, die Location-Scouts stapfen da jetzt alle durch. Sie lieben Annes Wohnung.

Anne schrubbt vorher, räumt Wäsche weg, legt Äpfel hin für alle, stellt Blumen hin, legt teure Zeitschriften hin, zieht Kleider an.

Sie sagt am Telefon: »Ja, theoretisch ginge da schon etwas«, weil das gut gebucht klingt.

Til Schweiger will kommen, eine Suppenfirma will mit Kindern drehen, vielleicht auch mit Juri. Ein Autokonzern will für einen Werbespot kommen, ein Cola-Konzern fragt an, Katharina Thalbach will kommen, jemand will einen Anti-Aids-Spot mit 20 Darstellern drehen.

Annes Nachbarn machen Ärger!

Verena, die Nachbarin unter ihr und über Kosta, fragt: »Oh, noch mehr Filmarbeiten im Haus? Wer macht denn dann die Mülltonnen leer? Wer repariert denn dann den Fahrstuhl, wenn er nachher kaputt ist?«

Anne versucht, sie zu beruhigen, und sie sagt: »Da müsst ihr ja was abgeben.«

Juri braucht Genehmigungen von Jugendamt, Schule und Arzt, dafür, dass er jetzt Model wird.

Anne putzt, die Location-Scouts kommen.

»Ist ja super hier. Da kann man ja 'ne Menge machen.« Sie schauen sich um, messen Entfernungen, setzen sich auf das Sofa.

»Mach ihnen Kaffee«, sage ich Anne jedes Mal.

»Mögt ihr einen Kaffee?«, fragt Anne.

»Wenn es einen gibt«, sagen sie und trinken Kaffee, essen Äpfel, machen Fotos vom Schlafzimmer.

Die Mauer wird ernst. Verena, die Nachbarin, die sich so aufgeregt hat wegen des Filmens, soll gute Kontakte haben zu Arabern, die sich für die Mauer interessieren könnten, bis hin zur Gaddafi-Familie.

Anne putzt und trifft Verena.

Juri kriegt alle wichtigen Genehmigungen und seine ersten Aufträge. Und dann noch einen Auftrag, noch einen.

Weil er so unkompliziert ist und so schön lacht. Weil Anne so unkompliziert ist und ihn überall hinfährt.

Anne putzt.

Wir machen jetzt die Nummer mit den T-Shirts. Die Nummer mit den T-Shirts wächst, wird größer. Wir werden jetzt Mode-Produzenten, wir entwerfen Slogans, Motive, wir kümmern uns um den Markenschutz, die Deutschlandrechte.

Die Location-Scouts kommen wieder oder kommen nicht wieder, sagen ab oder sagen nicht ab – erst auf Anfrage. »Nach langem Hin und Her hat sich die Sache nun leider erledigt. Vielen Dank und hoffentlich auf ein anderes Mal!«

Die Location-Scouts kommen wieder, kommen nicht wieder. Kommen um 9 Uhr, um 11 Uhr, um 15 Uhr. Empfehlen den Einbau einer besseren Küche, denn Kochspots gingen gerade so gut.

Sagen Dinge wie: »Es ist gut, wenn man die Menschen spüren kann, die hier wohnen.«

Anne fragt sich, ob sie auch den Stress spüren, den sie hat. Die Hochzeit ihrer besten Freundin, zu der sie zu spät kam.

Aber nur leise fragt sie sich das.

Anne putzt, schrubbt, kauft neue Äpfel, hat keine Lust mehr auf neue Äpfel, kauft trotzdem welche.

»Liebe Frau Nürnberger. Das Loft. Wir haben uns ja lange nicht gehört. Aber jetzt haben wir eine Anfrage für Sie, die interessant sein könnte. Wissen Sie: Til Schweiger sucht ein Loft!«

***

Morgen soll es so weit sein. Die Druckerei, bei der wir vorbeigehen, soll auch die coolen Shirts von Boss Hoss gemacht haben. Diskuswerfer Robert Harting war auch da und hat so geschwärmt. Gleich morgens, um 8.30 Uhr, stapfen wir die Kreuzberger Fabriketage hoch, irgendwo im dritten Hof. Es riecht nach Farbe.

Ein junger stylischer Drucker macht uns auf. Shirts sind Kunst, wir sind jetzt Künstler, denke ich – Satire-Künstler. Auch wenn wir nicht so aussehen.

Anne hat ihr Lieblingsmotiv auf einem Ausdruck mit schwarzem Hintergrund dabei.

»So wollen wir es haben«, sagen wir.

Das Motiv, das unsere Fotografin Steffi für uns dekoriert und fotografiert hat, zeigt neun Püppchen, die kopfüber, bäuchlings oder mit den Füßchen in einem mit Blumenerde gefüllten Baumarkt-Blumenkasten stecken, in Gedenken an die Brandenburger Mutter, die ihre Neugeborenen auf dem Balkon vergrub. Und in Gedenken an die anderen Brandenburger Mütter, die ähnliche Schlagzeilen machten.

Der Drucker fragt: »Was ist das denn Feines?«

Da ruft plötzlich jemand: »Anne!«

Ein Drucker mit Bürstenfrisur und hellen leuchtenden Augen, schwarze Jeans, schwarzes T-Shirt, blaues Kapuzen-Shirt ohne Aufdruck, kommt aus einem Büro.

»Was machst du denn hier? Das gibt es ja gar nicht!«

Anne guckt ihn an, guckt mich an.

»Hey, Jan, das ist mein Nachbar aus dem Vorderhaus.«

Dann sprudelt sie los.

»Wir haben eine Kollektion entworfen! Motive aus Brandenburg, Sachen, die alle aufregen, die Baumtoten und so, schwarzer Humor, wie Engländer ihn lieben.« Unsere Kollektion zeige: ein Paar Springerstiefel mit Eicheln dekoriert, einen vollen Aschenbecher vor dem Arbeitsamt, ein Straßenkreuz, einen ausgebrannten Plattenbau. Die Babys gebe es nicht nur als Gruppenfoto, sondern auch als Single-Portrait. Und über allen Bildern stehe dann der Slogan: So fies ist Brandenburg. Auch über den BHs mit dem Ketchup-Blut, wegen der gestiegenen Vergewaltigungsrate.

»Ich bin hier der Chef«, sagt Annes Nachbar.

»Zeig mal«, sagt er und nimmt den Ausdruck in die Hand. »Nicht schlecht, das würde ich gerne machen. Boh, das ist ein bisschen makaber. Aber die Fotos sind so cool.«

»Das kann schon laufen!«, ist er sich sicher.

»Da mache ich euch einen guten Preis!«

Wir handeln ihn noch von zwölf Euro pro Shirt auf zehn runter.

»Wir sind doch Nachbarn«, sagt er, und ich finde, dass alles, was groß wird, mit ein bisschen Glück beginnen muss.

»Das mache ich gerne«, sagt Annes Cousine, die Grafikerin ist, und setzt um unsere toten Babys im Blumenkasten einen rosa Rahmen mit Schleife drum.

»200 Euro würde das schon kosten«, sagt mein Bruder, der Informatiker, und legt kurz darauf den Hörer auf, nur um gleich danach zurückzurufen.

»Mein Mitbewohner macht dir das, du gibst uns mal einen Kasten Bier aus. Wozu sind wir denn Brüder?«

So hatte ich mir das vorgestellt. Die Seite www.fieses-land.de. Er wird sie uns programmieren.

Gleich am Sonntag fahren wir mit den ersten Entwürfen für unseren Online-Auftritt bei ihm vorbei.

»Brandenburg. Ein Land mit vielen Kindern – in Tiefkühltruhen und Blumenkästen«, beginnt der Introtext. »Ein Land, das Hilfe braucht. Helfen auch Sie! Tragen Sie: ›So fies ist Brandenburg‹, die Kollektion, die Brandenburg verändern soll.« Und endet mit: »Setzen Sie jetzt ein Zeichen! Es ist leichter, ein T-Shirt zu tragen als noch einen Sarg.«

Unsere T-Shirts wachsen und gedeihen, sie werden immer größer. Armes Brandenburg. Eigentlich ist es ja gar nicht so schlecht.

19,95 Euro, 24,95 Euro, 40,00 Euro – was dürfen Kult-Shirts kosten?

Eine befreundete Designerin, die sich mit Mode auskennt, schlägt 40 Euro als Verkaufspreis für die Shirts vor.

Ein Werbefreund sagt, dass die T-Shirts wie Coca-Cola seien, geringe Herstellungskosten, große Gewinnspanne, Marketing sei alles.

Was ist mit Marketing? Wir setzen uns abends ins Auto und fahren bis an die Ostsee, um auf gute Ideen zu kommen, im Auto kommen mir meist die besten.

Wir fahren in einer Mitternachtsaktion nach Rostock, Warnemünde, um den Kopf frei zu bekommen.

Freier Kopf denkt besser, freier Kopf freut sich übers Meer.

Die Vorschläge für das Marketing gehen ins Absurde.

Wir trinken Cocktails nur mit Saft und freuen uns über unsere Ideenliste:

- Berlins Ortsausgänge mit den Shirts zuhängen.
- Einen Typen mit Shirts vor die Redaktionen der Zeitungen stellen, und zwar so, dass die Lokalreporter ihn sehen.
- Einen empörten Leseranruf bei den Redaktionen vortäuschen (»Wissen Sie, was ich gerade gesehen habe? Es gibt jetzt T-Shirts mit den neun toten Babys im Blumenkasten.«).
- Die Shirts einem Brandenburger Abgeordneten im Wahlkampf zuspielen. Einem von der CDU, der sich aufspielt: »Meine Damen und Herren, so weit ist es schon gekommen.«
- Sämtliche Barkeeper der Stadt damit ausstatten.
- Eine Verkaufsaktion vor dem Landtag in Potsdam, bis wir vertrieben werden unter lautem Geschrei.
- Auf die Homepage schreiben: Ein Euro geht an den Berliner Senat zur Förderung der Menschlichkeit in Brandenburg. Den Eindruck erwecken: »Hey, Leute, Berlin steckt da mit drin!« Und die Shirts zum Politikum machen.
- Die Shirts auf den roten Teppich bei einer Filmpremiere werfen.
- Einen Komiker finden, der die Shirts auf dem roten Teppich trägt.
- Die Shirts selber auf einem roten Teppich tragen.
- Bei jedem Baumunfall mit den Shirts auftauchen.

Es wird eine ganz entspannte Rückreise. »So fies ist …« lebt.

Noch ist es nur eine Brandenburger Idee. So fies kann

Kleidung sein. Es kann funktionieren, es klappt, es wird schon.

Die Blätter an den Bäumen werden schon ein bisschen kräuselig.

»Werden die etwa schon bunt?«, frage ich mich. Wir müssen uns beeilen.

»Gehen T-Shirts auch im Herbst?«, denke ich kurz. Hätten wir damit nicht schon eher anfangen müssen? Timing. Business ist Timing.

Der Himmel ist grau am nächsten Tag, wer jetzt noch T-Shirts kauft, wird lange frieren. Das ist es, was ich denke.

Wenigstens zwitschern noch die Vögel.

Drei Häuser neben dem T-Shirt-Hof stehen ein Avis-Umzugswagen und eine silberne Auto-Kiste, fünf Wohnmobile groß. Und es blitzt in einem fort. Ein Shooting in einer Kneipe. Es blitzt immer und immer wieder. Blitz, blitz, blitz.

Zwei schwarzhaarige Damen, eine mit Kind, im Kneipenfenster sind das Objekt der Kamera-Begierde.

Juri, denke ich, das könnte Juri sein.

»Ach, schon wieder eine Fotoproduktion«, sagt eine Frau, die an mir vorbeigeht. »Jeden Tag wird hier irgendwo irgendwas fotografiert oder gedreht!«

Eine Spanierin trägt schon Pudelmütze.

***

Annes Nachbar lobt uns, wir hätten schon von ganz alleine die richtigen Größen ausgesucht, den richtigen Geschmack für den Stoff, wir fühlen uns wie kleine Modeschöpfer.

Meine Bedenken zerstreut er.

»T-Shirts haben zwar im Frühjahr Saison, aber diese hier werden das ganze Jahr gekauft! Wenn ihr nachher am Tag 100 Shirts verkauft, könnte ich euch einen guten Vertreiber empfehlen«, sagt er. Und noch mal: »Ich finde die Idee gut!«

Er sieht am Tag viele Ideen, er findet nicht jede Idee gut, denke ich.

***

»Anne Nürnberger, schönen guten Tag. Wir wollten uns doch noch mal sehen wegen der Mauer. Sie erinnern sich doch?«

Die Stimme erinnert sich.

»Ich wollte mich letzte Woche schon melden, aber wir waren so viel unterwegs.«

Kein Problem, das mache nichts. Die Stimme klingt erfreut, Anne zu hören.

»Wie würde es denn am Freitag bei Ihnen aussehen? So gegen 17 Uhr?«

Das sei super, das könne man machen.

Er gibt sich sehr flexibel. Und den Ort gibt er auch gleich an. Das könne man dann im Büro machen. Die Klingel sei weiß.

»Die ohne Namen?«

Genau.

»Ich habe mir mal ein paar Dinge notiert, über die wir sprechen sollten. Wie funktioniert unser Deal? Was ist mit der Provision? Und wir müssen darüber sprechen, was ihr uns für Präsentationsmaterial zur Verfügung stellt. Den Katalog.«

Okay. Das könne man machen.

»Danke, Ciao.«

»Danke, Ciao.«

***

Ich war noch nie auf Mallorca, habe mich immer geweigert da hinzufahren zu Jürgen Drews und den Kegel-Klubs. Jetzt bin ich froh, dass sie da sind. Unsere Kunden.

Schade, dass die Shirts noch nicht fertig sind, da hätte man glatt eine Ladung mitnehmen können. Schade, dass wir die Nummer nicht machen können, wo wir den Touristen die Villen von den Promis zeigen. Hier wohnt die Schiffer, hier der Lagerfeld. Zu weit auseinander, diese Villen.

Es sind schon Herbstferien, und es stehen viele Kinder in der Schlange. Sie haben bunte Rucksäcke auf und bunte T-Shirts an. Ihre Eltern tragen die gleichen Rucksäcke in groß.

»Wir haben da so eine kleine Bucht«, sagt der Mann vor mir am easyJet-Schalter. »Wir freuen uns so auf unseren Urlaub.«

»In den Urlaub?«, denke ich. »Ich fahre, ja, in was fahre ich eigentlich?«

Anne schläft im Flieger, und ich decke sie mit ihrem pinkfarbenen Buddha-Tuch zu. Selbst wenn sie schläft, sieht sie noch müde aus.

»Erhol dich nur, wenn wir auf Mallorca sind, musst du gut aussehen!«, denke ich und überstehe einen kleinen Panikanfall, dass wir uns umsonst aufreiben und niemals reich werden. Ich gucke mir die Leute im Flieger an, beobachte die Stewardess, die ich schon vom Flug zu Knigge kenne, und lenke mich ein bisschen mit der Kompaktausgabe der *Welt* ab. Eleganz sei wieder sehr gefragt, steht da.

Na bitte, denke ich.

Ich habe noch den schwarzen Zylinder besorgt, den wir brauchen werden, aus einem 20er-Jahre-Laden, Mietpreis 25 Euro. Mein Anzug war in der Reinigung, ist jetzt wieder tipptopp, Annes weißes Kleid auch.

Anne hat eine Mail an die PR-Chefin unseres Hotels geschickt.

Liebe Frau P.,

viele liebe Grüße von Frau H., die für uns schon so viel möglich gemacht hat. Es ist toll, wie professionell, spontan und begeistert alle aus dem Marriott-Team bei unseren Reisen mitgeholfen haben, dass alles perfekt klappt. Wir freuen uns sehr auf Sie, unseren Aufenthalt bei Ihnen und darüber, dass Sie uns helfen, unser nächstes Projekt vorzubereiten.
Gerne schicke ich Ihnen die Liste mit den Dingen, die wir für unsere charmante Performance brauchen. Über Ort und Zeit hatten wir ja schon gesprochen: am Dienstag, nach der Siesta, Dauer etwa drei bis vier Stunden an einem belebten Ort/Platz in Palma mit viel gehobenem Publikumsverkehr, stilvollen Flaneuren, die Muße und Lust haben, stehen zu bleiben, zu staunen und das Projekt zu unterstützen.
Wir bräuchten:

1. *Jemanden, der alle Utensilien mit einem Hotel-Minibus zum Ort des Geschehens bringt und sie perfekt dekoriert.*
2. *Einen Tisch, festlich dekoriert mit weißer Tischdecke, gerne mit Marriott-Logo.*
3. *Einen Obstkorb*
4. *Zwei Gedecke aus feinem Porzellan mit gefalteten Stoffservietten*
5. *Eine Vase mit roten Rosen*
6. *Antipasti, die sich schön auf dem Tisch arrangieren lassen*
7. *Brotkorb*
8. *Süßes Gebäck*
9. *Eine Flasche Mineralwasser/Gläser*
10. *Einen Champagnerkühler mit geöffneter Flasche (kann auch Apfelschorle drin sein)/Gläser*

11. *Gutes Wetter :-)*
Das ist die Wunschliste zur Perfektion. Wenn es nicht ganz perfekt wird, improvisieren wir natürlich.

Herzliche Grüße
Ihre Anne Nürnberger

***

Als Anne entdeckt hatte, was für ein nettes Riesenressort unser Sponsor auf Mallorca hat, mit eigenem Golfplatz, Wellness, Massage und Doppel-Pool-Landschaft, war klar, dass wir da hinmüssen, dass das der richtige Ort ist, um das Angenehme mit dem Nützlichen zu verbinden. Wo es schön ist und die Kundschaft spendabel.

»Beine schulterbreit, ein bisschen in die Knie. Die linke Hand unten am Griff, den Zeigefinger einhaken!«, sagt Anne und steht in ihren neuen Lacoste-Schuhen und im Poloshirt neben mir auf dem Golfplatz.

»Eine Bewegung«, ruft einer, der mich beobachtet und sich wirklich damit auskennt. »Der Ball muss durch eine Bewegung fliegen. Als würdest du durch ihn durchhauen«, ruft er. Es müsse leicht sein, die Arme gerade hoch. »Hoch«, ruft er. »Hohoch!«

Es ist so schwer.

»Ein Stück zurück, Rücken gerade, in die Knie!« Ich kann mich nicht so richtig auf das Spielen konzentrieren, weil ich immer an heute Nachmittag denken muss.

»Ja, natürlich heirate ich sie, ich liebe sie doch!« Kann ich das wirklich immer wieder sagen, funktioniert mein Ich-bin-ja-so-verliebt-Blick? Und kann Anne das aushalten, ohne zu kichern?

»Den linken Arm einknicken, den rechten dürfen Sie gerade lassen.«

Dann höre ich es doch noch, dieses eigenartige Aufheulen, bevor mein Schläger den Ball trifft. Und das metallische Klicken. Getroffen!

Was sind das für schöne Sekunden, den Ball fliegen zu sehen in Richtung der Hügel, denke ich. Bis er sich wieder senkt, ganz hinten erst, kaum noch erkennbar.

»Richtig Golf musst du schon können, wenn du es schaffen willst«, sagt Anne und lächelt unseren selbst ernannten Trainer an. Woher sie das schon wieder hat, die Braut, die schon morgens vorlaut ist.

Mein Schläger ist so kurz, denke ich und frage mich, wie Tiger Woods damit 300 Meter weit schlägt. Ich glaube, bei meiner Größe brauche ich Spezialschläger. Teuer. Teuer. Teuer.

»Man hört die guten«, sagen die Leute auf dem Platz. »Wenn sie ganz leicht wegzischen, sind sie richtig gut.« Meine sind alle ein bisschen metallisch.

Neben mir die Gören im Golfpullover mit ihren Baseballcaps und den Sonnenbrillen, die machen eine entschieden bessere Figur als ich. Und ich denke, das wissen sie auch. Aber heute Nachmittag, da sind keine Kinder, da sind nur Anne, die Sehnsucht nach Liebe und ich.

Nach dem Golfen hocke ich auf einem der edlen Landhaus-Sofas in der Lobby und kontrolliere meinen Teint, ob meine Haut die Sonne abkann und ob ich jetzt Leberflecke kriege.

Ich habe das neuerdings so, dass ich lieber noch ein zweites Mal nachschaue.

Anne besorgt weiße Blätter und Textmarker für unser Vorhaben. »Wenn Sie bis 20 Uhr 500 Euro spenden, heiratet er sie«, soll auf unserem Schild stehen.

Er bin ich.

Sie ist sie.

»Ah, stark aufgebrezelt«, höre ich die nette Dame von der

Hotel-PR anerkennend sagen. »Wir haben im Hotel leider keine Klapptische, ich habe jetzt einen kleinen Beistelltisch von zu Hause mitgebracht«, sagt sie und stellt die Champagner-Gläser drauf. Ich sehe Weintrauben, Oliven, schwarze und grüne, Kuchen, Porzellan.

Anne trägt ihr weißes Kleid – wie eine Braut.

»Anne, zieh dir deine Brioni-Jacke über, falls es kalt wird«, bitte ich sie. »Nicht Brioni, Missoni«, herrscht sie mich an. Mein Anzug sitzt tadellos, auch die Krawatte. Perfekt sehe ich aus. Wie ein echter Hochzeitskavalier.

»David bringt euch dann nach Palma!«, sagt die Dame von der Hotel-PR, verschwindet, kommt noch mit ein paar Blumen, während ich mit Anne die Agenda durchgehe.

»Wenn einer fragt, Anne, wie das kam: Heute Morgen beim Frühstück hatten wir die Idee. Du bist geschieden, gerade frei, hast mich gefragt. Ich habe gezögert. Habe gesagt: Nur, wenn du das Spiel mitmachst.«

Wenn sie jetzt sagen würde, komm, vergiss es, dann würden wir es lassen. Ich hoffe, dass sie fragt. Aber sie fragt nicht, ich gucke in den Himmel: Er zieht sich zu.

Es darf nicht regnen, das wäre ja voll daneben, wenn es jetzt regnet, denke ich im Auto und versuche David anzurufen, der im Hotelbus vor uns fährt.

»Hier?«, fragt er und hält an der Strandpromenade.

»Nein«, sage ich.

Dann stoppt David im Halteverbot unterhalb der Kathedrale vor einer gewaltigen Freifläche, schnell alles raus, den Tisch, die Decke, den Champagnerkühler.

»Ich hätte nie gedacht, dass du das machst«, sage ich zu Anne. Aber Anne sagt nicht: »Das ist mir auch zu heiß.«

Eine Fontäne schießt in einem Bassin Wasser in den Himmel, und es fällt perlend in die Tiefe. Auf der anderen Seite wiegen sich Palmen sanft im Wind. Irgendwo, gleich in der Nähe, muss ein Eismann sein, und man kann sich auf Bänke setzen und die Türmchen-Kathedrale anschauen, die von der Sonne angeleuchtet wird.

Anne sagt nicht viel, klebt das Schild an, stellt den Zylinder an den Fuß des Tisches, und ich helfe ihr beim Richten.

»Soll ich?«, fragt sie.

»Jetzt schon?«

»Das ist dein Job, du bist der Bräutigam!«

Der Korken knallt. Ich gieße uns den Champagner ein, zwei Gläser klirren aneinander, gehalten von Händen, die vor Angst leicht beben.

Wir gucken uns an, so verliebt es geht. So, wie man guckt, wenn man in der Kirche steht, wenn hinten alle schon weinen.

So ist es gut.

Die Oliven glänzen, der Lachs schimmert rosa. Für den Kuchen ist es noch zu früh, denke ich.

»Wie, dann heiratet er sie?«, fragt eine deutsche Touristin, als seien wir gar nicht da, schüttelt den Kopf und zieht weiter. Eine kleine Blonde macht eine durchaus richtige Feststellung: »Die haben ja viele Oliven!«

Ich hätte doch noch was essen sollen, denke ich. Wenn wir das hier plündern, gibt keiner irgendwas.

Vielleicht wäre die Strandpromenade doch besser gewesen, mit nicht so viel los.

Vielleicht hätte ich doch noch mal aufs Klo gehen sollen, aber das ist jetzt nicht richtig. Verliebte müssen nicht, Verliebte essen nicht.

Anne, ich gucke sie an, nehme ihre Hand, habe den Blick in ihren Augen. Selbst wenn ich vom Brot abbeiße, gucke ich nur sie an, kleben meine Augen nur an ihr, erst noch unbeobachtet, dann vor einer Menge. Noch nie habe ich mich so auf die Liebe konzentriert, das erarbeitete Gefühl.

Ich gucke Anne an, ganz fest in die Augen, wie ein Pferd

mit Scheuklappen. Anne guckt mich an wie sonst wohl nur zu Hause ihren Mann.

Das Pferd ist nervös.

»Jan, jetzt reiß dich zusammen«, flüstert Anne, »Saint-Tropez war doch viel schwieriger!«

»Aber in Saint-Tropez saßen wir nicht rum, und da konnten wir wenigstens weg, wenn es brenzlig wurde«, flüstere ich zurück.

»Ohne Küssen«, flüstert sie.

»Ja, klar, ich kann nur echte.«

Dann kommen die ersten Schritte näher, ganz nah ran. Ich gucke nicht hin, nur Anne an. Die Schritte bleiben stehen. Es ist ganz ruhig. Ich spüre ein Abwägen, Zaudern, höre einen Reißverschluss, fühle einen Blick. Dann klockt es im leeren Hut, 50 Cent.

Es geht doch! Es geht wirklich! Der Damm ist gebrochen.

Wenn einer gibt, geben mehr.

Und das stimmt, denn es klockt gleich wieder.

»Ist das nun für ihn gut oder für sie?«, rätselt ein Doppel-Ehepaar aus Bayern, läuft um unseren Tisch rum, mustert mich, mustert Anne. Betrachtet unsere Körper wie die von Puppen in einem Schaufenster, ist entzückt.

50 Cent, 50 Cent. Einen Euro spenden sie.

»Wenn Sie es so machen, ist es für beide gut«, sage ich und drehe mich plötzlich zu ihnen um. Da lachen sie.

Eine ganze Gruppe bleibt stehen. Alle gucken uns an, es müssen sechs, sieben sein. Dann noch mal drei. Das sind mir fast zu viele. Je mehr es sind, desto mehr Augen, denke ich.

»So, ihr Lieben«, ruft der Spaßvogel unter ihnen. »Wenn wir jetzt zusammenlegen, habt ihr die Arschkarte gezogen!«

»Das mit dem Heiraten würde ich mir überlegen, das ist nur Schrott«, ruft einer aus dem linken Halbkreis. Und seine Freundin fragt: »Was soll das denn heißen?«

Als die nächste große Gruppe kommt, denke ich: Jetzt kommt gleich die Polizei.

»Mein Mann hat mich geheiratet, weil er mich liebt«, ruft eine.

»Das sagen sie alle«, ruft Anne, bemüht, die Stimmung gut zu halten. Die Frau, die geheiratet wurde, weil ihr Mann sie liebte, wirft nichts rein.

»Das ist ja hübsch hier. Wie lange hat es gedauert, das alles vorzubereiten?«, freut sich die Nächste, die an unserer Tischdecke zupft.

»Ach«, ich zucke die Achseln. »Habe ich alles an einem Tag arrangiert.«

»Just Marriott«, sage ich wie die Spanier, Mario mit tt.

»Was ist, wenn die 500 nicht voll werden?«, will sie wissen.

»Dann wird nicht geheiratet!«

»Wie viel habt ihr denn schon?«

»Noch nicht genug!«

Wir haben keinen Schimmer, wie viel wir schon haben. Ich widerstehe dem Drang, den Hut hochzunehmen und zu zählen. Es ist mir verdammt wichtig, dass wir nicht den Eindruck erwecken, dass es uns ums Geld geht. Wir wollen das Glück, wir legen es dem Schicksal in die Hand. Darum geht es uns, die Liebe!

Die Leute dürfen Schicksal sein. Wer würde das nicht gerne? Wer wäre da nicht gerne dabei?

Mehr Action. Wir stoßen an.

»Auf die Liebe.«

»Auf alles, was kommt.«

Die Menschen zücken die Kameras, es blitzt, wir posieren mit erhobenen Gläsern. Jemand klatscht. Wir gucken uns in die Augen und bieten den Leuten, was sie sehen wollen.

Da, die Blonde. Sie bleibt stehen. Sie macht Fotos. Einen Euro schmeißt sie rein. Braves Mädchen.

»Das ist ja schräg«, ruft eine. »Wenn die sich lieben, warum heiraten die nicht einfach so?«

»Nicht im Ernst?«

»Nicht wirklich?«

»Ihr spinnt doch!«

»Doch, doch! Das ist ein Spiel!«

Stehen. Gucken. Schmunzeln. Klingeling.

Menschen in Shorts zeigen mit dem Finger auf uns, sie nicken uns zu mit ihren Eiskugeln und Sonnenbrillen. Sie amüsieren sich – mit uns.

50 Meter vor mir auf den Stufen. Ein Ehepaar sitzt da, beobachtet uns. Sie guckt, er guckt. Sie warten auf einen Fehler oder die versteckte Kamera.

Sie guckt, er guckt. Dann stehen sie auf, schnell. Kommen beide auf uns zu.

Ich rechne damit, dass sie sagen: »Jetzt hört mal auf mit eurem Theater.«

Von wegen.

»Lustig seid ihr«, sagt die Frau. Und gibt uns Geld.

Der Urlaub ist der optimale Ort für so ein Gefühl, denke ich.

»Das ist eine Sehnsuchtsnummer«, flüstert Anne. »Die Menschen haben alle so viel Sehnsucht, alle sehnen sich danach, wie es früher bei ihnen auch mal war.«

Da kommt eine große Gruppe, eine Busladung aus Hessen, die mit dem Bus durchs Meer gefahren sein muss, bis sie hier war. Sie alle posieren wie zum Fahnenappell neben unserem Tisch, mustern uns und gucken uns an. Sie lachen, sie lachen laut und ein bisschen gemein.

»Lieber nicht heiraten«, ruft eine und streckt den Finger zu mir aus.

»Wieso?«, rufe ich. »Ich liebe sie!«

Dann ist der Spaß vorbei. Von hinten kommt die Polizei. Ganz langsam schleicht ein Einsatzwagen auf uns zu.

»Nicht umdrehen«, flüstert Anne – und ich spüre: Gleich ist alles vorbei.

Das war's.

Ich habe mal einen Film gesehen, in dem deutsche Touristen lange auf der Wache bleiben mussten. Der Film spielte auf Mallorca. Und keiner konnte Deutsch.

Der Wagen kommt näher. Ich kann ihn hören, wie er sich an uns ranknirscht.

»Ich liebe sie«, sage ich in die Menge. »Ich liebe sie.«

Und stupse Anne unterm Tisch, trete sie.

»Das Glas hoch, Anne. Das Glas hoch!«

Wir stoßen an, als ich im Augenwinkel ein Rad sehe, das zu einem weißen Wagen gehört. Es bleibt stehen. Der Wagen hat angehalten.

»Zum Wohl, Anne«, sage ich. »Auf die Liebe!«

»Zum Wohl«, sagt Anne.

Zwei zitternde Menschen gucken sich in die Augen. Ich nippe und stelle das Glas wieder hin.

Ich sehe jetzt einen Uniformierten, der links aus dem Fenster guckt, und einen, der rechts aus dem Fenster guckt.

Na kommt schon, denke ich.

Kommt doch, nehmt uns fest.

Dann geht ihr Motor wieder an, die Scheibe hoch. Sie lassen uns mit unserem Hut alleine.

»Hast du ihr denn schon einen Antrag gemacht?«, fragt mich ein kleines Mädchen.

»Klar habe ich das.« Für die nächsten 20 Minuten fällt mir das Lügen leichter.

Ein Vater, locker den Pulli um die Schultern, seine Tochter blond mit Zahnlücke.

»Soll man diesen Fehler jetzt auch noch unterstützen?«, fragt er. »Wieso Fehler?«, frage ich so irritiert es geht. »Haben Sie mit Ihrer Hochzeit einen Fehler gemacht?«

»Er nicht«, antwortet seine Frau. »Ich!«

Zwei Minuten später kommt ihre Kleine wieder mit einem Zwei-Euro-Stück und umarmt Anne.

»Hier«, sagt sie. »Für den Mut, den ihr habt.«

Es läuft. Unser Hut füllt sich mit Kleingeld. 50 Euro schätze ich, 70 schätzt Anne. Das Schwarz unten ist nicht mehr zu sehen. Es ist gegen 16.45 Uhr – noch drei Stunden und 15 Minuten, denke ich. Jede Minute Zeit ist Geld.

Eine Spanierin mit dicken, schwarzen Haaren.

»Ihr müsst doch auch ein spanisches Schild aufhängen«, rät sie uns auf Englisch – und verschwindet Arm in Arm mit ihrem Freund. Drei Minuten später ist sie wieder da. Mit einem spanischen Schild und einem katalanischen, selbst gebastelt.

»Muchias Felicitas!«, wünscht sie. »Viel Glück!«

Beide umarmen uns, fragen, ob sie von unserem Kuchen probieren dürfen, sie dürfen, sie machen Fotos von uns – und hängen uns das zweite Schild auf, weil wir ja nicht aufstehen dürfen, weil sonst die Romantik futsch ist.

Man sieht sich immer zwei Mal im Leben, heißt es. Die beiden Polizisten. Ihr Wagen, diesmal bleibt er direkt neben unserem Tischlein stehen. Die Uniformierten telefonieren mit einer Art Funkgerät.

»Gleich ist das Geld weg«, sagt Anne.

»Gleich ist Knast«, sage ich. Drei Minuten bleiben sie stehen. Wir gucken weg, weg, weg, nur ihnen nicht ins Gesicht. Dann heult der Motor ein zweites Mal auf, sie fahren weiter.

Gut, dass wir das Schild haben, denken wir, das spanische. Ohne wäre es das gewesen, aber jetzt gibt es die Sehnsucht auch auf Spanisch.

Immer mehr Spanier kommen jetzt. Mallorquinerinnen werfen mir Kusshände zu und Münzen in den Hut. Ich glaube fast, es tut ihnen leid, dass der große Deutsche mit den schönen blonden Haaren jetzt eine andere Deutsche heiraten wird und keine von ihnen.

Auch spanische Jungs ziehen vor Hochachtung den Hut – und mustern meine Anne. Auch sie werfen Geld für uns ab, fast im Vorübergehen.

Eine Spanierin im Tuchrock macht mit ihren Händen eine Wiege und fasst sich an den Bauch. Eine andere packt uns gleich eine Windel in den Hut.

Ich glaube, in Spanien wird nur geheiratet, wenn die Frauen schwanger sind. Eine Spanierin möchte mich küssen, und ich lasse sie gewähren. Sie riecht gut.

Ich wühle das erste Mal im Hut. Anne dekoriert den Tisch, damit er noch ein bisschen voller aussieht. Es ist 17 Uhr, der Wind hat aufgefrischt, aber ich genieße es.

Zwei Spanierinnen plappern auf mich ein, obwohl ich sie nicht verstehe und sie merken, dass ich sie nicht verstehe.

»Wenn man heiratet, muss man doch auch mal peinliche Situationen durchstehen«, sage ich zu einer Oma, und die Oma übersetzt ins Spanische.

Ein Ire fordert die Hochzeit ein.

»Marry her!«, fordert er mich auf und ballt die Faust in meine Richtung. Ich solle Anne auf jeden Fall heiraten, auch wenn wir nur 370 Euro verdienen.

»Nein«, sage ich.

»You should«, sagt er.

»Okay!«

»Ich heirate sie sowieso«, sage ich danach, wenn es wieder Kritik an uns gibt, und die Leute sind danach noch entzückter, jetzt, wo sie nur noch Liebe sehen. Mich, Anne und die Liebe. Einen, der dringend aufs Klo muss, und seine Geschäftspartnerin.

Immer mehr Leute bleiben jetzt stehen, wir sind wie ein Zirkuspferd, nur zu zweit und verliebt. Weiter hinten spielt ein Straßenmusiker Saxofon, aber er hat heute nicht so viel Glück mit dem Verdienst.

Ich erfahre von einem Mann namens Herbert, dass er sich hat scheiden lassen, als ich die ersten Haribo kriege. Ich tausche die Haribo gegen den Hochzeitsmarsch, den ein Mädchen für uns anstimmt.

Ein Fotograf im Rollstuhl kommt ganz dicht an Anne ran, als das Licht schon abendgelb ist, und flüstert ihr ins Ohr: »Ich habe mein ganzes Leben lang Hochzeiten fotografiert. Ihr seid so ein süßes Bild!«

Er hebt die Kamera, rollt davon in den Abend von Mallorca und hat für unser Glück 50 Euro dagelassen.

Es ist dunkel, noch eine halbe Stunde bis zur Entscheidung. Die gelben und weißen Lampen werfen glänzende Streifen auf das Bassin. Die Kathedrale leuchtet weiß in den dunkelblauen Himmel. Die Fontäne sieht aus wie Silberregen, und Anne sagt, dass das heute ein Tag ist, den sie nie vergessen wird.

»Ach, Anne«, sage ich und gucke sie an, und sie sagt: »Wirklich!«

Ein bisschen Salz liegt in der Luft, als wir das Geld zählen, das schon längst nicht mehr das Wichtigste ist.

Weil da die Freude ist, dass es das noch gibt, so viele Menschen, die verliebt sind. Die an die echten Gefühle glauben, die uns, Fremden, von ihren Anträgen erzählen.

Und von der Schwangerschaft.

Dem Glück nach dem Glück.

Noch nie, denke ich, noch nie habe ich an einem Tag so viel mit so vielen Menschen über die Liebe gesprochen.

»278,30 Euro«, sage ich.

Dann bin ich wieder der Alte, baue den Tisch zusammen, alles in die dafür vorgesehenen Kisten.

»Wie viel es wohl gewesen wäre, wenn jetzt Hochsaison gewesen wäre, das Wetter besser?«, frage ich Anne. »Wenn wir schon morgens angefangen hätten, gleich um zehn, und das Spiel bis 21 Uhr gespielt hätten?«

»Ach, Jan«, sagt Anne.

»Man könnte das Spiel perfektionieren«, sage ich. »Die Oliven könnte man morgen wieder mitnehmen, die werden nicht schlecht. Das Wasser kostet nicht viel, das Brot auch nicht. Und Schampus könnte von Sekt keiner unterscheiden.«

Anne senkt den Kopf und ist ein bisschen traurig.

»Man könnte in unauffälligen Momenten die Summe aufstocken, damit es mehr aussieht, und scheinbar die Chancen auf eine Hochzeit steigern.«

»Man könnte gleich am Anfang mehr Kleingeld reinlegen, damit die Hürde nicht so groß ist, der Erste zu sein.«

Man könnte so viel machen – und ich bin so beglückt.

»Diese Nummer könnte man jeden Tag woanders machen. Klapptisch auf und los. Heute in Palma, morgen in El Arenal und übermorgen in Andratx. Wenn der Süden durch ist, fährt man nach Norden hoch, und nächste Woche an die Côte d'Azur.«

Man müsste nichts tun, nicht mehr tun als jetzt.

Man wäre das Paar der Liebe.

Als David endlich da ist, brechen wir auf, raus aus Palma, so schnell es nur irgendwie geht. Das Risiko, dass wir die Leute von vorhin wiedertreffen und sie fragen: »Und, hat es geklappt?«, ist plötzlich einfach zu groß.

Das Risiko ist zu groß, dass wir lachen und uns freuen – uns aber nicht küssen und nicht von Heirat sprechen.

Das wäre nicht gut, peinlich. Wir fahren raus aus Palma, Fischessen, irgendwo an einem einsamen Strand. Viel Fisch, der mehr kostet, als er wert ist.

Im Hotel, und da wird die Sache dann doch noch schwierig, treffe ich beim Frühstück einen Teil unserer Gönner. Ich weiche ihnen aus, aber ich erkenne nicht alle.

Einer fragt: »Und wann ist Hochzeit?«

»Das ist Spanien, das ist die Liebe«, sagt die Dame von der Hotel-PR.

***

»Dienstag oder Mittwoch, wie sieht es da bei Juri aus?« Stella, die Kindermodelagentin, die Juri jetzt jede Woche anfragt, hat Anne aufs Band gesprochen.

Neo, der Kleine, jetzt sei es so weit. Fünf passende Babys würden durchfotografiert für einen Spielzeugkonzern.

Anne hört das Band ab, und ich sehe, wie ihr ein Lächeln übers Gesicht huscht, wir ihr das gefällt, die Mutter von zwei Rising Stars zu sein.

»Schade, dass du nicht noch mehr Kinder hast«, sage ich.

Dann lege ich mich zum Meditieren aufs Sofa, weil Anne das möchte. Anne sagt, wenn ich das nicht endlich ausprobiere, müssten wir Petra und Achim anlügen, wir hätten das versprochen.

Ich habe ein blütenweißes Handtuch über den Augen, sodass ich fast nichts mehr sehe, liege lang, die Hände über der Brust gefaltet.

Anne drückt auf »Start«.

»Das ist doch albern! Was mache ich hier eigentlich?«, rufe ich, aber die Musik läuft weiter.

Eine Stimme fordert mich auf, mich ganz tief sinken zu lassen. »Gaaanz tief.«

»Tiefer!«, fordert die Bass-Stimme.

»Tiefer!«

»Ihr Körper wird schwerer! Ganz schwer!«

»Mhh«, schnurre ich, biege mich, lache.

»Sie fühlen sich jetzt wohl!«

»16«, sage ich und lache.

»19«, stoße ich hervor und nehme meine Hände über den Kopf, kreiselnd, als würde ich etwas auffangen.

»Tiefer!«

»32«, rufe ich. »Die will ich tief! Die will ich tiefer!«

»7«, brülle ich.

»Mann, Anne, so kann ich nicht. Das kann ich nicht!«

Ich will keine Zahlen meditieren, ich bin nicht Petra, nicht Achim. Mir kommt nichts bei ihrer Lotto-Meditier-CD.

»Hallo Anne und Jan«, haben sie heute Morgen geschrieben. *»Was ist aus Eurem Lottoschein geworden? Haben in der Zeit einige Hundert Euro gewonnen …*
Gruß Petra und Achim«

Jetzt antworten wir.

»Hallo Ihr beiden, wir spielen Eure Zahlen fleißig weiter, sie sind auf jeden Fall besser als unsere. Vielleicht holen wir ja den Jackpot. Ganz liebe Grüße, Anne und Jan«

Es dauert nicht mehr lange, und Petra und Achim, die glücklichen Lottomillionäre aus Norddeutschland, teilen uns mit, dass sie jetzt auch noch ihren Esel berühmt machen wollen. »Manchmal«, sagt Achim, »frage ich mich, ob Petra und ich wirklich so gut sind oder ob das alle nur so sagen.«

Manchmal, wenn es mir nicht gut geht, frage ich mich, ob wir zu den Buberts nicht doch zu nett sind und ob wir nicht auch Gefahr laufen zu verbubern.

Achim sagt, er sei im Tonstudio gewesen, um einen Joschi-Song aufzunehmen, in dem der Esel der Star ist. »IA, IA, ich bin ein großer Star, IA IA, ich komme immer klar.«

Für den Joschi-Song, also für das Video zum Lied, das Joschi berühmt machen soll, braucht Achim jetzt noch ein Eselskostüm.

»Weißt du, wo man eins kriegen kann?«, fragt er. Im Internet hat er eins gesehen für 1200 Euro.

Petra soll es anziehen, und hinterher würde dann Zeichentrick draus gemacht. Achim kichert.

Die 16, 19 und die 32, wir spielen sie nicht, natürlich nicht. Aber sie holen zusammen einen Dreier, und dieser Dreier ist mehr wert als die CD.

***

Eine dreiviertel Stunde vor dem RTL-Termin sieht es noch gut aus. »Viel Glück, mach sie rund«, schicke ich Anne eine SMS. Sie ist schon auf und hat alles vorbereitet.

»Alles schon filmset-schick!«, schreibt sie zurück.

Um zehn Uhr sollen sie da sein, um halb elf kommt die nächste SMS von Anne: »Die stehen noch im Stau!«

Ich gehe zum Bäcker, esse in den Allee-Arkaden eine Bulette mit Kartoffelsalat. In der U-Bahn kommt um 11:03 Uhr die nächste SMS. »Sind weg. War gut!«

Was gut bei Anne heißt, denke ich. Es ist das erste Mal, dass wir 60 000 Euro kriegen. Ich fühle mich, als müsse ich bei der nächsten Wahl die FDP wählen. Eigentlich bin ich jetzt schon Guido Westerwelle.

Es ist ein merkwürdiges Gefühl, wenn plötzlich Geld kommt, für das man nicht gearbeitet hat. Das einfach runterregnet.

Es ist ein erhabenes Gefühl, man stellt sich über die Arbeitenden und denkt: Irgendetwas mache ich verdammt richtig, dieser ganze Stress, der Rücken, jetzt lohnt es sich.

Nicht aufhören soll es, einfach weitergehen.

Dann bin ich im Büro, und Anne ist endlich auch da, mit Kaffee für sich und Cappuccino für mich, geholt vom Bäcker.

Ihr Blick ist klar und aufgeräumt. Sie sieht zufrieden aus.

»Wir hatten alles perfekt vorbereitet. Mein Mann hat extra

noch eine Miles-Davis-CD aufgelegt. Er hat alles so zufällig dekoriert für die. Da standen noch Schuhe rum, so loftlässig.«

Super, denke ich. Alles gut gemacht.

Vojta wäre stolz auf dich.

»Die waren zu dritt, eine Producerin mit Pferdeschwanz und Parka, so eine Zackige, die Aufnahmeleiterin, so eine lustige Dicke, und ein Typ mit Bart, der Ausstatter. Der Location-Scout war ganz glücklich, dass er uns präsentieren durfte.«

»Und dann?«

»Es war echt schräg. Die eine, ich glaube die Producerin, schlich gleich um die Säulen rum. ›Mist, die sind ein Problem.‹ Sie redeten die ganze Zeit vom toten Winkel, liefen alles ab. Ich habe ihnen gesagt: ›Ihr könnt hier fast alles machen!‹« Sie habe ihnen sogar angeboten, eine Wand zu ziehen vor dem Schlafzimmer, damit die Kamera dahinter verschwinden könne.

Ich nippe an meinem Becher, sehr gut, sehr gut!

»Der Typ war total aus dem Häuschen. ›Perfekt, perfekt.‹ Das sei dann die Big-Brother-Lösung, hat er gesagt.«

Die Producerin hätte sich aufs Sofa geschmissen. »Ah, so ein Sofa will ich auch!«

Der Ausstatter meinte: »Wenn ihr mal ein neues Sofa braucht, ich habe super Kontakte. Ich besorge euch eins.«

Dann sind sie endlich weg, Annes Mann hat noch an der Tür gehorcht, ob sie was sagen, und gehört, wie ihre Stimmen leiser wurden.

»Die fanden das Ding total cool. Wow, fanden die das gut. Die kommen noch mal wieder.«

»Wann fällt die Entscheidung?«

Anne hält ihren Kaffee fest, hat die Beine übereinandergeschlagen. »Diese Woche!«

Heute ist Montag.

Diese Woche – das ist eine ziemlich lange Zeit!

Wir sind gerade beim T-Shirt-Mann, da klingelt das Telefon, der Location-Scout mit aufgeregter Stimme. »Es klappt wahrscheinlich!«

Der Ausstatter habe leider seine Papiere liegen lassen, er komme noch mal zurück, um sie zu holen. In 20 Minuten.

Er kommt und sagt, es seien nur noch zwei andere Lofts im Rennen, und die seien beide nicht geeignet.

»Ihr seid ganz vorne!«

Alles ist ganz wunderbar. Es ist so wunderbar, wie man sich das nur vorstellen kann. Einzig die Summe, die ist jetzt ein bisschen kleiner.

Der Dreh wurde verkürzt. Und für die Auf- und Abbautage zahlen sie nur die Hälfte. Aber, na und?

***

Bin ich noch normal? Ich muss jetzt immer öfter ins Auto steigen und einfach fahren, über die Hügel, durch die Felder, Gas geben, schalten. Ich will dann keine Menschen, ich liebe die Natur, die Bäume. Große Bäume, alte. Nie war ich den Menschen so fremd wie in den letzten Wochen. Ich komme mir vor wie eine eigene Spezies.

»Du bist ein Jan«, sagt Anne.

Ich komme mir so zerrissen vor. Man gehört nicht mehr dazu zu den Menschen, zu denen man vorher gehörte, aber auch noch nicht richtig zu den anderen.

Es liegt eine Verletzung in diesem Gefühl, ein bewusstes Auf-Abstand-Gehen. Wie ein Wolf beinahe.

***

Wir steigen ins Auto und fahren. Wir fahren lange, bis wir in Starnberg sind. Es ist anders diesmal, die Hecken kommen mir nicht mehr so hoch vor, durchlässiger. Die schweren schmiedeeisernen Tore nicht mehr abweisend, sondern schön.

Über die vielen Prominenten, die alle schon bei ihm waren, wolle er nicht sprechen, sagt mir der Schlossherr vom Schlosshotel Oberambach, als wir vor seinem neuen Badeteich stehen. »Ein Hotelier genießt und schweigt.« Und dann erzählt er uns trotzdem von dem Comedy-Star, der bei ihm geheiratet hat, von den Adeligen, von Tina Turner, von Azzaro, dem Modeschöpfer.

Die Nationalmannschaft hat mal bei ihm geschlafen.

»Ich habe meinen Kicker hochgebracht. Und Herr Lehmann und Herr Deisler haben gespielt.«

Jetzt gerade, pst, da sei in der Suite auch prominenter Besuch, der Herr Boysen sei da und studiere gerade »Parsifal« für seine nächste Lesung ein. Ich kenne keinen Herrn Boysen.

Der See spricht.

Gestern saßen wir im Bayerischen Yacht-Club, der den Gauweiler von der CSU nicht haben wollte, und haben uns bei Pflaumenkuchen mit Sahne erklären lassen, wie wir Mitglied werden können. Ich habe nicht gesagt, dass ich noch kein eigenes Boot habe, und den See geradeaus auf zwölf Uhr gelobt. Und betroffen geguckt, als ich gehört habe, dass der Liegeplatz-Engpass wirklich ein Problem sei.

Der Teppich war super, so mit weichen blauen Wollfäden wie blaues Gras. Es gab einen Kamin und einen großen Flatscreen, wo man bestimmt auch schauen kann, wie die Nationalmannschaft spielt, aber der Herr Deisler hat ja schon lange aufgehört.

»Guckt, ich fahre nach Frankreich und nehme französischen Wein mit!«, hat ein Mann zu mir gesagt, der schon ein eigenes Boot hatte. Teak-Holz oben, blauer Rumpf, Fortune heißt sein Schiff. Er fährt damit jetzt nach Saint-Tropez.

Ich habe gelacht, als er gefragt hat, ob ich den Witz kenne.

Der Witz ging so: »Segelst du noch oder golfst du schon?«, und hatte den Tenor, wer noch segele, habe noch Sex.

Da habe ich auch gelacht. Obwohl ich noch nicht segele, und Anne nachher noch golfen wollte. Und da haben wir Tschüss gesagt zu dem Mann mit dem bayerischen Sakko und uns verabschiedet, damit wir noch pünktlich waren unten in Beuerberg auf dem Golfplatz, bevor die Sonne zu tief stand.

Er ist in seinen Cayenne gestiegen und durch das Tor, das er extra für uns aufgemacht hatte, wieder rausgefahren.

Der Cayenne war geliehen, er hat halt gute Beziehungen zu Porsche. Und dann waren wir auch schon unten auf dem Golfplatz, der laut seinem Chef ein ganz, ganz besonderer Club ist. Dann saßen wir im Edel-Club unter den deutschen Golfplätzen und aßen noch mehr Kuchen, da, wo Heiner Lauterbach am nächsten Loch steht oder Howard Carpendale oder Viktoria Brams aus dem »Marienhof«. In dem so viele Sänger und Schauspieler und andere Prominente an den Löchern stehen, weil sie andere Plätze nicht mögen. Dort, wo sich die deutschen Schauspieler wohlfühlen, und auch die Sänger. Weil es dort rauschende Feste gibt nach den Turnieren. Sascha Hehn und Carlo Thränhardt haben dort schon abgeschlagen, Oli Kahn, Ursula Prinzessin zu Hohenlohe-Oehringen und wie sie alle heißen.

Ich kann es sehen: das letzte Loch. Sie kommen auf die Terrasse zu. Mit den Korbstühlen mit den weißen Lammfellen und den Tischen mit den Karodecken. Sie haben die Berge im Hintergrund, den Kaffee vor Augen.

Wir stehen da, der Schlagersänger hockt, der Schauspieler puttet.

Das Spiel ist aus. Einer hat verloren.

Jetzt wird noch schnell die Hand geschüttelt, wie immer, dann wird abgerechnet, wie immer. Man setzt sich hin an den Tisch, schreibt, der Schlagersänger schreibt, der Schauspieler guckt. Der Schauspieler sieht brauner und fitter aus, der Sänger kaut Kaugummi und wirkt sehr entspannt.

Es wird geredet und geredet, verglichen und verglichen. Der Sänger ruft: »Ja, wir zocken ein bisschen!« Dann gehen die Geldbeutel auf. Dann wechseln sie die Scheine, nur kleine heute, und dann kommen sie zu uns.

Der Schauspieler fragt, ob Anne auch mal will, ein paar Abschläge. Dann verschwindet er mit ihr auf der Driving Range.

»Haben Sie einen Schläger?«, fragt er sie.

Er macht einen Probeschlag, zeigt es ihr.

Sie macht es auch.

Ihr zweiter Schlag ist schon besser als der erste, findet der Schauspieler, immer noch nicht ganz so gut, wie man es hier in Beuerberg gewohnt ist, aber immerhin.

»Die Brille ist auch nicht weiter geflogen als der Ball. Das ist ein gutes Zeichen«, sagt der Schauspieler und hebt Annes Sonnenbrille auf.

Das Telefon klingelt, sie hätte es ausmachen sollen.

Das Hotel.

»Hier ist Maximilian Schwabe«, sagt der Sohn vom Chef. »Wir haben noch mal nachgeschlagen, ich wollte es noch sagen: In Ihrem Zimmer 54 war 2001 Michael Ballack.«

»Michael Ballack hat in meinem Bett geschlafen?«, frage ich und nehme Anne den Hörer ab. »Der spinnt ja!«

***

»Das sind Vorschusslorbeeren«, sagt Anne, als ich wieder am Steuer sitze Richtung Heimat, denselben Weg zurück, den ich schon mal gefahren bin vor ein paar Monaten.

»Die behandeln uns, als würden wir dazugehören«, sagt Anne. »Sie lassen uns in ihre Mitte, weil wir reich werden wollen und sie das spannend finden.«

»Wieso Vorschusslorbeeren?«, frage ich. »Wir waren doch in Saint-Tropez, überall.«

»Ja«, sagt Anne da und guckt mich an, als würde ich nicht begreifen. »Genau! Aber wir haben noch kein Vermögen. Das ist alles nichts.«

Wir sammeln jetzt die Geschäftsideen von Prominenten: Wenn Sie noch nicht reich wären und würden heute noch mal neu anfangen, womit würden Sie versuchen, reich zu werden?

»Chinesisch lernen«, hat der Schauspieler empfohlen, »China!« Da sei die Zukunft. »Ein Pulver, mit dem man kontrollieren kann, ob Geldscheine wirklich echt sind«, hat der Sänger vorgeschlagen.

Udo Walz sagt, er mache das ja, neu anfangen, er wolle jetzt nicht nur Haare schneiden, die mindestens so schön sind wie die von Frau Merkel, er wolle jetzt auch Massagen anbieten.

Ich solle reich heiraten, hat Detlev Buck gesagt.

Ich habe mich gefragt, wer dafür infrage kommt.

Sandra sei doch eine gute Partie, findet Anne, so reich, so schön, so lässig. Und die hätte auch meinen Humor.

Als ich Sandra meine nächste SMS schicke, wann wir noch mal zocken, bin ich ehrlich gesagt etwas verspannt, weil ich doch weiß, dass sie einen Freund hat. Weil der wirklich ganz nett ist, und sie wahnsinnig verliebt.

Mit Josef Ackermann hat Anne auch gesprochen.

Josef Ackermann hat Anne gesagt, »was mit Film würde ich machen, was mit Kultur«.

Und dann hat er noch gesagt: »Es macht gar nichts, wenn man stolpert. Das gehört dazu. Wichtig ist, dass man weitermacht. So wie ein Skifahrer wieder aufsteht und den Schnee abschüttelt. Wer das kann, kann es schaffen.«

***

Auf der Buchvorstellung von Isa Gräfin von Hardenberg treffen wir viele alte Kollegen von früher, mit denen ich mir nicht mehr ganz so viel zu sagen habe. Sie gucken so, als fänden sie es nicht gut, dass wir uns ins Gästebuch eintragen.

Sabine Christiansen ist da, Nadja Auermann soll da sein, ist es aber nicht. Dafür Prinzessin Elisabeth in Bayern, die ich für Nadja Auermann halte und mit der ich anstoße, als ich noch denke, sie sei Nadja Auermann.

Mit Tita, der netten Tochter der Gräfin Hardenberg, unterhalte ich mich ziemlich lange, und der russische Botschafter erfährt von mir, dass ich ein Buch über schnellen Reichtum schreibe.

Das gefällt ihm, und wie. Und da lachen wir zusammen, er ziemlich kehlig.

»Herr Nürnberger, Ihr Buch, Sie haben Ihr Buch vergessen«, kommt uns mitten in der Nacht eine Hostess bis auf die Straße nachgeflitzt und will mir unbedingt das handsignierte Buch der Gräfin schenken.

Ein Herr Nürnberger, der nicht einmal mit Anne verwandt ist, ist da noch auf dem Fest.

***

Die T-Shirts sind fertig. Unsere erste eigene Kollektion. Die Farben, wie sie sein sollen. Die Folie mit dem Fotoaufdruck besser als gedacht. Tote Baby-Püppchen für die Brust von allen, Straßenkreuze, schlimme Plattenbauten. Sie liegen jetzt bei Anne im Auto und warten darauf, dass Deutschland sie entdeckt.

Sie lassen uns nicht mehr in Ruhe, die So-fies-Potenziale, die da drinstecken, wenn wir erst mal angelaufen sind und »So fies ist Hamburg« machen oder »So fies ist Dortmund«, »So fies ist Schalke«.

In den Zeitungen steht alles voll von der Bambi-Verleihung. Es ist die »Tribute to Bambi«-Charity-Veranstaltung. Marietta Slomka moderiert. »Brisant« macht eine Sondersendung,

»Da müssen wir hin. Da sollten wir sein«, sage ich. »Da müssen wir die auf den roten Teppich kriegen, irgendwie. Und dann müssen die Kameras da draufgehen. Auf ›So fies ist Brandenburg‹.«

Anne sagt, das könne eine Nachricht sein oder ein Nebenfoto, genau das, was wir für den Anfang brauchen, unsere Kollektion schreie nach Aufmerksamkeit.

Ganz glücklich ist sie für einen Abend, den Abend vor der großen Hilfs- und Spendengala. Ich bin auch ganz glücklich und freue mich auf morgen.

Nachts werde ich wach und freue mich nicht mehr ganz so doll, weil ich Angst habe, dass wir vielleicht entfernt würden von Sicherheitsleuten.

Ich schlage Anne vor, dass wir bis zum Comedy-Preis warten und es dann da versuchen, mit allem Drum und Dran, weil die da vielleicht mehr Spaß verstehen und der Rahmen ein anderer ist.

Es ist nicht ganz leicht, aber wir sagen die Aktion ab und kommen mit der Entscheidung ganz gut zurecht.

Am nächsten Morgen schlage ich die *Bild* auf. 800 Prominente wären da gewesen, und alle waren bester Stimmung. Katharina Witt, Henry Maske, Barbara Becker, Peter Maffay, Verona Pooth, Jenny Elvers.

Ich bin ein bisschen traurig.

»Macht Barbara Becker nicht auch in Mode?«, frage ich mich und bin schon wieder am Nachdenken.

Hat die Elvers nicht auch immer gern provoziert?

Wir beschließen, dass wir uns wirklich einen Promi suchen, der die Dinger für uns groß macht.

***

Samstag, zehn Uhr. Die T-Shirts werden zum Sehnsuchtsprodukt. Ein dunkelhaariges Model fährt im Cabrio vor unserem Büro vor. »Leona«, sagt sie, und ich gebe ihr die Hand.

»Leona«, sage ich. »Schön, dich kennenzulernen!«

Sie war gerade bei der Fashion Week in New York, so sieht sie auch aus, so steigt sie aus, so steht sie da. Ihre Jeans-Beine gehen bis zum Hausdach hoch, 15 Zentimeter hoch stehen ihre Füße auf den Absätzen.

Ihre Haare glänzen, sie hat schwarze Fingernägel und einen wollenen Schal, gewickelt um einen schönen Hals unter einem schönen Gesicht. Ich fühle, dass Leona die Richtige für unser Shooting ist. Es gibt Dinge, die fühlt ein Mann einfach.

Das erste Bild machen wir in der Kreuzberger U-Bahn. Leona sitzt zwischen lauter Kindern. Sie hat an, was ich mir ausgedacht habe.

Es sieht geil aus, denke ich, bis ein kleines Mädchen mit schwarzen Zöpfen plötzlich fragt: »So fies ist Brandenburg, was heißt das?«

Leona zuckt, sagt aber, das mache nichts, dass die Mädchen fragen. Sie hätte die Shirts ja nicht gemacht, das sehe sie professionell.

Die Fotografin, die die Fotos macht, hat uns die Kindermodelfrau ausgeliehen. Sie will die Bilder so lässig machen, so jung-cool.

Leona posiert auf einem Bahnsteig, vor einer Wand, an einer Treppe. Sie macht mal offensiver, mal die Schulter runter. Mal den Kopf ein bisschen quer!

»Gut so!«, lobe ich Leona.

»Danke!«, antwortet das schöne Mädchen. Sie ist ein ganz liebes Mädchen, wirklich.

Damit ich mich nützlich machen kann, halte ich das Licht. Leona friert. Ich reiche ihr die Lederjacke für die Momente zwischen den Bildern. Die Haare fallen ihr ins Gesicht, ich streiche sie ihr raus.

Foto-Shootings sind eine tolle Sache!

Die T-Shirts werden mein Durchbruch, denke ich, sie verbinden alles, Glamour, Promis, Medien. Meine Kreativität.

Ich fühle mich auserwählt.

Ich habe jetzt Frauen um mich, die schöner sind als alles je Dagewesene. Diese Frauen machen, was ich ihnen sage.

Das Licht wird immer dunkler, ich wedele Leona mit einem großen Reflektor zurück ins Helle.

»Ausziehen! Ausziehen«, rufen zwei Idioten.

»Leona, soll ich dir einen Tee holen?«, frage ich.

»Wo ist das Licht?«, schimpft die Fotografin.

Zum Abschied frage ich Leona, ob ich ihr nicht ein Shirt schenken dürfe. Sie dürfe sich eines aussuchen. Als Andenken.

Danke, sagt sie. Aber sie wolle keins. Das mache sie nie.

***

»RTL«, verkündet der Location-Scout. Jetzt sei es so weit. Der Regisseur, er wolle es sich unbedingt noch einmal ansehen, dann falle die endgültige Entscheidung. Gut sehe es aus, sehr gut. Wir seien Favorit.

Es geht nicht mehr um die 60 000 Euro, wegen ein paar Abzügen. Aber immerhin noch um 13 500.

Der Regisseur, der im Radio Moderator ist, kommt nicht alleine. Eine ganze Karawane bringt er mit, sechs Leute, die Aufnahmeleiterin, den Mann von der Requisite.

Anne grüßt auch die drei, die sie schon kennt. Aber die sind so anders diesmal. Sie tanzen um einen großen unrasierten Mann herum, der eine merkwürdige Zipfelmütze trägt und aussieht, als käme er gerade vom Joggen.

»Ey, kannst du mal da auf- und abgehen!« Er brauche das

für den Trittschall, erklärt er Anne, die gar nicht weiß, wo sie mittanzen soll, weil alle so auf wichtig machen.

»Oh, das ist ganz okay!«, sagt er.

Der Regisseur stellt sich in Annes Schlafzimmer, gibt Anweisungen von neben dem Bett, er stellt sich neben das Sofa, gibt Anweisungen. Das ganze Loft vibriert von Menschen, die seinen Anweisungen Folge leisten. Dann stellt Anne sich wieder so hin, dass sie jede Frage schnell und unkompliziert beantworten kann.

»Da müsste Farbe ran!«, befindet der Regisseur, der heute die Entscheidung fällen will, und meint die Wand hinter dem roten Sofa.

»Könnt ihr ja machen, vielleicht gefällt uns das ja hinterher«, versucht es Anne auf die Vojta'sche.

»Das glaube ich nicht«, sagt er auf die Ungemütliche, »das wird Pink oder Flieder!«

Er war streng, sagt Anne später, es war wie bei der Visite, wenn der Arzt entscheiden muss, ob der Patient operiert werden kann oder stirbt.

Niemand mochte den Arzt bei seiner Entscheidung stören.

»Ich hoffe so sehr, dass wir hier drehen«, flüstert die Aufnahmeleiterin, die immer noch auf Annes Seite steht. »Es ist ja so, so perfekt hier. Das ist das Beste, was wir gesehen haben. Das ganze Team will es, alle.«

Der Zipfelmützen-Arzt wirkt ein bisschen unentschlossen. Der Zipfelmützen-Arzt, auf dem die Hoffnungen ruhen, muss jetzt erst mal einen der Äpfel kosten, die in der Schale auf dem Küchentresen stehen. »Ich nehme mir mal einen«, sagt er. Dann geht er einfach raus.

Die Karawane von sechs Menschen, die alle nicht viel zu melden haben, überlegt und tanzt ihm aufgeregt hinterher.

»Wir drücken Ihnen die Daumen«, flüstert eine aus dem Team. »Sie haben ja sogar eine Sauna. Das ganze Team will es, alle.«

Vielleicht ist der Regisseur ja immer ein bisschen Arschloch, versuche ich mich zu beruhigen, als alle weg sind. Vielleicht ist er ja gerne ein bisschen König. Jeder Staat hat seinen König.

Wir haben ja noch keine Absage.

Es ist ein schlimmer Tag. Den ganzen Tag gelingt mir nichts mehr, gar nichts, nicht für unsere T-Shirts und auch sonst nichts. Es ist so schlimm, weil ich so eine Willkür spüre, mir ist ganz rosa. Es tut weh, ich fühle mich ausgeliefert. Ein Typ mit Zipfelmütze läuft durch unseren Deal und mosert. Ich habe Wut in mir, ganz unfassbare Wut. Ich fühle mich betrogen. Vielleicht irre ich mich ja auch.

»Das war's. Anne, das ist doch scheiße«, sage ich.

»Ist doch noch gar nichts verloren«, versucht sie mich zu beruhigen.

Ich bin gut darin, Anne runterzuziehen, und sie erfolgreich darin, sich immer neue Sachen auszudenken, warum es vielleicht doch noch klappt.

»Der Raumschall war super, hat er selbst zu mir gesagt.«

Der Location-Scout ruft an.

»Hallo, Anne. Versteh ich auch nicht, warum der so auf Diva macht«, befindet er. »Das kenne ich gar nicht von ihm.«

Ich bin so enttäuscht, dass ich fast darüber nachdenke, auf das ganze Geld zu verzichten, selbst wenn er es uns noch geben will.

Zwei Wochen geht das Drama noch, und das Geld habe ich schon abgeschrieben. Wir gehen im Preis runter, zur Sicherheit. Wir sind jetzt nicht mehr bei 13 500, sondern bei 12 000, aber wir kriegen es ja sowieso nicht.

Wir hören, dass der Regisseur sich jetzt noch ein anderes Loft angucke, nur für sein eigenes Gefühl, dann noch ein anderes, dann doch lieber eine Altbauwohnung. Aber unsere Chancen, die stünden immer noch ganz gut.

»Ihr seid Favorit!«, sagt der Location-Scout.

Am Ende entscheidet sich der Regisseur, es muss ihm schwergefallen sein. Er nimmt ein Loft von einem anderen Location-Scout, das allererste, das er schon gesehen hat, bevor er bei Anne war.

Er nimmt es nicht von unserem Location-Scout, sondern von einem anderen.

Unser Location-Scout, das hören wir, sei darüber ganz schön sauer, aber er kommt darüber hinweg. Er macht uns bald ein neues Angebot. Irgendwas mit Dessous. Ein bisschen weniger Geld, aber immer noch ganz ordentlich bezahlt, sagt er.

»Da wärt ihr Favorit!«

Er macht uns noch andere Angebote. Ich halte ihn jetzt für einen, der den ganzen Tag den Leuten irgendwas erzählt, was ihm nützlich ist.

***

Unsere Seite www.fieses-land.de ist jetzt online, seit 1.33 Uhr nachts. Ich stehe als Geschäftsführer einer GbR drin. Unsere Adresse musste auch rein, so will es das Gesetz. Anne hat Schiss, dass jetzt irgendwelche humorlosen Idioten kommen und die Scheiben einschmeißen, weil sie denken, dass wir Brandenburg nicht gerne mögen. Wir sind uns auch noch nicht so sicher, ob wir das hier an die Medien rausschicken sollten, aber es liest sich doch so gut.

NICHT SHORT DENKEN, SHIRT TRAGEN
PRESSE-INFORMATIONEN

Sehr geehrte Damen und Herren,

wir freuen uns außerordentlich, Ihnen unsere T-Shirt-Kollektion »So fies ist Brandenburg« präsentieren zu dürfen.

Deutschlands erste Mode, die Brandenburg verändern will.
Rechts – Abgestürzt – Arbeitslos – Verroht – Pervers – Tot.
So heißt der Leitfaden unserer Arbeit für ein besseres, friedlicheres Bundesland.
Mit aufrüttelnden Motiven wie
- *Babys im Blumenkasten (Gruppen-Bild, Portrait)*
- *Blutige BHs im Wald*
- *Kippen auf dem Arbeitsamt*
- *Ausgebrannte Platte*
- *Tod am Straßenrand*
- *Springerstiefel mit Eichel*

wollen wir den Menschen zeigen, was ist in Brandenburg. Und: Was weg muss. Nicht short denken, Shirt tragen: Das ist die Idee von »So fies ist Brandenburg«. Man muss sich die Probleme anziehen, sie müssen die Menschen berühren, dann gehen sie auch unter die Haut.
Unsere Kollektion für ein schöneres Oderland bieten wir in Schwarz, der Farbe zum Land. Für 19,95 Euro gewährleisten wir allen Brandenburg-Verbesserern Tragekomfort in allen gängigen Größen. Einen Fact-Sheet mit den wichtigen Daten liefern wir als Argumentations-Erinnerung in Bus, Tram und Bahn gratis dazu.
»Man darf die Augen nicht verschließen«, sagt Jan Rentzow, der Macher der Kreation. »Die Verrohung, die Arbeitslosigkeit und der rechte Rand in Brandenburg brechen mir das Herz. Das Leben muss für alle Brandenburger wieder schön werden, auch wenn sie zu Hause sind.«
Natürlich ist nicht nur Brandenburg fies. Auch in Berlin, im Saarland, überall gibt es Probleme. Die nächsten Kollektionen sind schon in Arbeit.
Gerne stehen wir für Berichte zur Verfügung. Auf der Seite www.fieses-land.de finden Sie jederzeit weitere Informationen.

100 Prozent Baumwolle. 100 Prozent Hilfe. Dafür steht »So fies ist Brandenburg« mit seinem Namen.

Mit herzlichen Grüßen,
Jan Rentzow

***

Ich versuche auf uns draufzuschauen wie ein Vogel von oben. Ich sehe zwei Menschen, die ein bisschen lachen über das, was sie sich da ausgedacht haben. Ist es richtig, wenn Anne sagt, dass sie dafür ihren Job verlieren kann? Für eine Satire?

Ich kann mir das nicht vorstellen, dass sich ein Vogel wirklich mit solchen Fragen beschäftigt, ich glaube, dass Anne ihren Job behält.

Was zieht man an, wenn Journalisten kommen? Anzug geht ja wohl schlecht, denke ich, die Shirts sind die Idee eines Wohltäters, der sagt, er wolle Brandenburg retten, der ist ja kein Yuppie.

Ich rede von mir in der dritten Person.

Ich zerre meine kaputten Turnschuhe aus dem Schuhregal, meine schwarze Kapuzenjacke, die ein bisschen zu ausgewaschen ist. Jeans dazu, die Haare ein bisschen speckig. Wenn die jetzt kommen, sehe ich aus wie ein Student.

»Ich habe vier Jahre in Brandenburg studiert, das war keine schöne Erfahrung«, lege ich mir zurecht. »Man muss die Probleme doch anpacken. Wenn die Politik das könnte, wäre es doch längst geschehen. Wir müssen alle was tun. Mit diesen Shirts kann jeder helfen. Wir brauchen das Bewusstsein, die Shirts holen das Bewusstsein für die wirklichen Probleme der Menschen zurück.«

Gestatten, mein Name ist Rentzow, ich bin T-Shirt-Politiker.

22 Presseerklärungen mit Fotomappen, mit Promo-CDs und T-Shirts sind es geworden, alles Hochglanz, akkurat und fein.

Ach, Harald, denke ich bei Harald Schmidt. Ein weiterer Brief geht an Stefan Raab, einer an den Regisseur, der Annes Loft nicht wollte. Vielleicht schluckt er ja die Shirts, der Arsch!

An fast alle Radiosender, fast alle Zeitungen, überallhin gehen die Päckchen mit unserer Botschaft.

Stefan Raab kriegt die toten Babys in M, Schmidt ist größer, dem schicke ich sie in L. Vom *Berliner Kurier* erwarte ich den meisten Protest. Nicht, weil sie uns da nicht lustig finden würden, sondern gerade deshalb.

So funktioniert doch der Boulevard.

»Anne, verdammt! Wieso melden die sich nicht? Wollen die wirklich nicht über unser T-Shirt berichten?«, frage ich am Tag, nachdem die Päckchen raus sind, und denke immer wieder an die Freundin, die gesagt hat, dass alleine sie zehn weitere Freundinnen habe, die die Shirts kaufen wollten. An die Freundin meines Bruder, die sofort eins wollte für 19,95 Euro.

Drei Tage nach Päckchenversand, an einem Sonntag, an dem ich schon glaube, dass wir auf unserer Erstauflage sitzen bleiben, geht es los. Ein Anruf mit verdeckter Nummer.

»Schönen guten Tag, W. vom *Berliner Kurier*, spreche ich mit Jan Rentzow?«

Eine klare, freundliche Stimme, männlich.

»Sie haben uns ein T-Shirt geschickt. Wir würden gerne darüber berichten, das ist ein Thema, über das unsere Leser vorzüglich diskutieren können.«

Das weiß ich, denke ich. Wird ja auch mal Zeit.

»Ja, das können Sie machen. Können Sie mich in einer Viertelstunde noch einmal anrufen?

»Ja, das mache ich. Ich melde mich in einer Viertelstunde.«

15 Minuten. Der Unfug beginnt, denke ich, jetzt wird es ernst. www.fieses-land.de aufmachen, wieder zu. Rauf aufs Klo, wieder runter.

»Der Brandenburg-Hasser macht sich vor Angst in die Hose!«, denke ich. Schöne Zeile.

Meine Schritte klackern über die Dielen unseres kleinen Büros, vor, zurück höre ich meine Schritte. Die Gedanken sausen mir weg.

»Ein falsches Wort, und die machen dich fertig! Du hast es doch selber so gewollt! Wir wollen das doch groß, brauchen die Boulevard-Presse, die Aufregung!«

Wir wollen doch nur zeigen, wie es geht mit dem Kommerz, und *dass* es geht. Ist doch Satire.

Wenn morgen einer meine arme Mutter anruft, weiß die noch nicht mal, worum es geht.

Zwölf Minuten. Ich rufe Anne an. Sie ist bei der Arbeit, dass sie ausgerechnet heute arbeiten muss.

»Der *Kurier* hat angerufen«, sage ich, Ostberlins größte Boulevard-Zeitung.

»Ja, wirklich? Toll! Und?«, fragt Anne.

»Wir machen das in der Tradition des britischen Humors«, pflanzt sie mir ein. Sie weiß, wie sie mich ruhig kriegt. Sie sei stolz, sagt sie, dass sich die Arbeit gelohnt hat.

»Sag: Wir wollen mit unseren Shirts Bewusstsein wecken, zum Hingucken animieren, zum Wachsamsein!«

Zum Schlechten nur Gutes sagen, sich auf nichts einlassen, ausweichen.

Dann klingelt wieder das Telefon.

Ein Räuspern. Die Stimme ist wieder da. Die Stimme, die sich über eine Geschichte freut.

»Hallo!«

»Ist es für Sie besser jetzt?

»Ja. Perfekt.«

»Haben Sie denn da mal schlechte Erfahrungen mit den

Brandenburgern gemacht, dass Sie jetzt sagen: Ich mache so eine Kollektion?«

»Das war eine Idee, die wir mit Freunden gemeinsam hatten. Wir haben uns gefragt, was müsste man eigentlich machen, um mehr Aufmerksamkeit zu erzeugen für die Probleme, die da sind und die Menschen beschäftigen. Was kann man da tun?«

»Okay.«

Ich merke, das interessiert ihn nicht.

»Es ist ein Satire-Shirt. Es soll ein bisschen zum Schmunzeln anregen und wachrütteln. In der Tradition des britischen Humors.«

Ich höre, dass er das nicht hören will. Es interessiert ihn nicht, aber er tut trotzdem so, als höre er mir ganz genau zu.

Er sagt, er wolle gerne noch ein bis zwei Sätzchen zu meiner Person schreiben. Dann wisse der Leser mehr über mich.

»Das können wir gerne machen. Ich wäre Ihnen aber dankbar, wenn Sie mir vorher noch einmal schicken, womit Sie mich zitieren.«

»Das können wir gerne machen.«

»Was sehr interessant wäre für uns, ist die Frage, ob wir Sie vielleicht selbst zeigen dürften? Wir würden gerne die T-Shirt-Motive zeigen und auch ein Bild von Ihnen. Ich weiß nicht, ob Ihnen das recht ist und ob Sie mir vielleicht ein Bild von sich schicken könnten?

»Ja, das könnte man bestimmt machen!«

Wenn schon, denn schon, denke ich.

»Es wäre super, wenn Sie mir ein Foto zuschicken könnten. Es muss nicht hochauflösend sein, ein Porträt, was immer Sie haben.«

Anne kommt. Kurz vor dem Andruck des *Kuriers* macht sie ein paar Brote, Pflaumen und Bananen für uns fertig.

»Henkersmahlzeit«, sagt sie.

»Ich rechne mit nichts Gutem«, sage ich. Anne beißt von ihrem Weißbrot ab. »Wir wissen ja, welche Geister wir gerufen haben.«

Alle werden mich hassen, denke ich. Und Anne ist fein raus.

Wir klicken noch ein bisschen auf der Homepage vom *Berliner Kurier*. Der Freund, der mein Feind ist, denke ich. Noch ist Helmut Kohl auf Seite 1. Ich halte es fast nicht mehr aus.

Was wird passieren? Machen die es oder machen die es nicht? Und wenn ja, wie groß? Wer wird morgen noch mit mir reden?

Ab ins Auto, zum Bahnhof Alexanderplatz. Das Auto im Halteverbot vorm Roten Rathaus geparkt, dem Moment der Wahrheit entgegen.

Es ist dunkel, Vollmond und klirrend kalt – und sehr leer am Alex, »Tatort«-Zeit. Ein Typ mit Kapuzenshirt kommt uns entgegen, eine Zeitung unterm Arm.

»Ist das der *Kurier?*«, frage ich.

»Ja, da hinten am Eingang, da steht der Verkäufer.«

Gewichte wie Klötze an den Beinen, die Stunde der Wahrheit. Werbung oder Nicht-Werbung? Die haben es nicht gemacht, sonst hätte schon jemand angerufen, sage ich zu Anne. Zittern. Wir schlagen die Zeitung auf – noch nie war ich so aufgeregt, eine Zeitung aufzuschlagen.

Seite 2 nicht, Seite 3 nicht, Seite 4, Seite 5.

»Die haben es nicht gemacht«, denke ich. Der Artikel steht auf Seite 6. Es steht nichts anderes mehr auf Seite 6, ich sehe nur meinen Kopf, das Model, die Motive, nur mich und das Model und unsere Shirts.

Und die Zeile: »Die Brandenburg-Hetzer von Prenzlauer Berg.«

Sie zeigen alle. Eins, zwei, drei, vier, fünf, sechs, sieben. Alle Motive. Sieben Mal steht da: www.fieses-land.de. Oben die Platte, das Arbeitsamt, die Babys – für das Ossi-Gefühl. Unten das Kreuz, die BHs und die anderen Babys. Und in ganzer Größe unser schönes Model.

Wir sind nach der S-Bahn die wichtigste Geschichte.

Was für eine PR! Eine Ausstellung! Auf den *Kurier* ist Verlass.

Anne und ich, wir fallen uns in die Arme, wir jubeln und fragen uns, wann wir die ersten Motive nachdrucken müssen und was ist, wenn jetzt ganz Berlin die BHs haben will.

Um 22.36 Uhr ruft draußen einer: »Ihr Hetzer!« und springt fast gegen die Scheibe – nur ein Freund.

Um 23 Uhr klingelt das Telefon. Ich kann noch nicht wieder mit Fremden sprechen, ich lasse es klingeln.

Morgen werden sie bestellen. Ganz bestimmt! Die Überzeugung vom Guten überdeckt die Angst vor dem, was kommen könnte. Wir hängen die Seite vom *Kurier* an die Wand. Wie eine Trophäe hängt sie da. Unsere erste Seite.

Es wird eine sehr unruhige Nacht für Berlins meistgehassten T-Shirt-Verkäufer. Es ist hier nicht der richtige Ort, darüber zu sprechen, was ich geträumt habe.

***

»Juri, was hast du denn da an der Nase, da oben, das ist ja ein ganz roter Fleck«, frage ich Annes Sohn im Auto, der langsam berühmter wird als ich.

»Weiß ich nicht, eine Schramme! Hier am Mund habe ich auch überall Stellen«, sagt er und streicht sich über die Lippe.

»Die schminken mir das alles weg«, sagt er und guckt aus seiner Kapuzenjacke. Seine Winterschuhe mit dem Klettverschluss wirken viel zu groß.

Kaum sitzt das vorne zahnlose Kind im Auto, ruft es: »Mama, Hunger, Hunger«, und es kommt mir schon ein bisschen verzogen vor. Anne verspricht ihm, dass es noch einen Bäcker gibt auf dem Weg, aber er sieht ihn nicht, und da beginnt er zu weinen.

Wenig später hat Juri das letzte verfügbare Schoko-Croissant im Mund.

»Gekommen, was gewollt«, ruft er.

Er hat kein Problem damit, Prinz zu sein. Manchmal ist es für seine Aufraggeber besser, dass auf dem Weg in die Konzernzentrale noch ein Bäcker liegt.

Ob denn die Schminke gar nicht störend ist, will ich von ihm wissen.

»Die Schminke stört mich gar nicht. Die juckt nur ein bisschen«, sagt er. »Nur beim ersten Mal war mein Gesicht danach ganz rot.«

Er könnte jetzt auch Fernsehmoderator sein und seinen Fans erzählen, wie sein Leben ist.

»Aber jetzt hat sich mein Körper schon daran gewöhnt, weil ich ja jede Woche da hingehe. Das Gesicht kann ja nicht jede Woche purpurrot werden.«

Nein, das kann es nicht. Gut so, dass es das nicht kann.

Vor dem Friedrichstadtpalast verkeilt sich Anne beim Wenden. Schnell noch den Rest von dem französischen Kuchen in den Mund gestopft, einmal drübergewischt, dann sind wir bei diesem Online-Modekonzern.

»Hast du genug Geld dabei?«, fragt Juri.

»Wofür?«, fragt Anne.

»Na, für meine Überraschung.«

Rein durch die Drehtür, in der man sich vorzüglich die Finger einklemmen kann.

Überall sind Klingeln in Erwachsenenhöhe, aber der kleine Juri kommt an alle wichtigen ran, wenn er einen ganz langen Arm macht.

Jetzt stolziert er vorneweg, als ginge er hier in den Hort, als sei da hinten, wo gleich der Fotograf wartet und die Frau mit den Kleidern, als sei dort sein Reich.

Er läuft vorneweg wie ein Prinz. Wie schnell das ging.

Mitten rein ins Fotoatelier mit wenig Tageslicht, wo eine Asiatin gerade frische Oberteile in Szene setzt. Weiter durch an einem verwaisten Bearbeitungsrechner vorbei, durch den Gang mit der Fotowand, den ganzen schicken erwachsenen Männern und Frauen, stolz ist er, zu Hause, und platzt direkt in den Höhepunkt eines Wäsche-Shootings.

In den Hauch von Paris.

In einen Hauch von Nichts, der nicht für Kinder ist.

Wo ein bildhübsches Model gerade etwas kleines Schwarzes anhat und die Hände vor den Oberkörper nimmt und den Kopf zurückwirft und Wind in den langen blonden Haaren hat, der niemanden interessiert.

Wind ist in solchen Momenten ja immer ziemlich egal.

Wenn Juri zehn Jahre älter wäre, käme er jetzt genau richtig! Aber jetzt ist er falsch. Jetzt ist er total falsch.

»Könnten wir vielleicht alle noch mal rausgehen«, blafft der Fotograf, der es nicht gerne hat, wenn kleine Juris dabei sind.

»Könnten wir vielleicht noch mal rausgehen, jetzt, wo wir die Wäsche fotografieren?«

Juri bleibt stehen und guckt genau dorthin, wo er auch hingucken würde, wenn er zehn Jahre älter wäre.

Auf die Brüste!

Brav, Juri, brav.

Also wieder raus. Und ein bisschen über das Raumschiff diskutieren, dass er gerne hätte, wenn das mit dem Brüste gucken und ein bisschen modeln vorbei ist.

Von seiner Gage!

Ich habe noch keine Ahnung, wie ein Kinder-Shooting funktioniert. Was Juri da machen wird und ob er es gut macht.

Aber er muss es ja offenbar gut machen, sonst würden sie ihn nicht ständig buchen.

Der muss doch mal wieder zum Friseur, denke ich. Anne kämmt ihn, aber die Haare sitzen nicht.

»Das machen die gleich«, sagt Anne.

Von drinnen blitzt es immerzu, die Blonde mit der Wäsche, als sich eine Dame mit Pferdezopf nähert. »Ach, dich kenne ich ja schon«, sagt sie und nimmt ihn dorthin mit, wo sich die Blonde jetzt wieder anzieht.

In die Maske.

»Wie heißt du noch mal?«

Juri sitzt ganz Star auf seinem Stuhl vor einem Spiegel mit zehn Glühlampen, die alle sein Gesicht ausleuchten.

»Kann ich?«, fragt er und schnorrt sich einen Pfefferminzbonbon.

Auf dem Tisch vor ihm steht eine Wasserflasche, Puder, Puder, Pinsel. Und wer ist das da, möchte man fragen? Das ist Juri!

Seine Schmink-Dame ist etwa 25 oder leicht drüber. Sie haben ein professionelles Verhältnis, die beiden. Die Augenbrauen schön dunkel, die roten Flecke weg.

Die Blonde ist wieder aktiv. Juri kann sie mit großen Augen durch den Spiegel sehen, mit Räkeln und allem Drum und Dran.

»Mein Papa ist selber Fotograf«, sagt er und weiß, dass das ankommt.

»Mach mal Augen zu«, sagt die Maske, dann kommt der große Pinsel und fährt ihm über die Augen.

»Es ist ganz schön, wenn du ein bisschen in Rückenlage kommst«, jubelt der Fotograf. Blitz. Blitz.

»Perfekt!«, jubelt die Maske und macht einen zufriedenen Gesichtsausdruck. Die Schmink-Dame ist fertig. Juri sieht jetzt wirklich aus wie ein Model, mit ebenem Gesicht. Die Haare sitzen perfekt.

Er weiß noch nicht, was er gleich anziehen muss, Hosen, Jacken, Hemden, T-Shirts, bessere Klamotten, als er selber hat, er weiß noch nicht, was er anziehen soll, er ist eine Puppe, klarer Fall.

Juri will jetzt wissen, wie groß das Raumschiff wird, und weil Anne es ihm nicht sagen will, macht er auf Sirene, was aber auch nicht gut ist.

»Nicht weinen! Du bist doch geschminkt!«, ruft Anne.

Das große Tränenvergießen.

Er ist ganz in seinem Element, heulen, um zu kriegen. Als er neue Pfefferminzbonbons bekommt, sagt er: »Die sind ganz unwiderstehlich.«

Ich stelle mir vor, wie ein Fernsehmoderator sich vor der Sendung auch Pfeffis kommen lässt und ganz jammerig ist und unberechenbar.

Nur, dass dessen Pfeffis keine Bonbons sind, aber der ist ja auch schon groß und kriegt wahrscheinlich ein größeres Raumschiff für sein Geld.

Es ist noch ein bisschen Zeit. Juri guckt noch ein bisschen Männer-Models. Die Frisur hätte er gerne, die Mütze, die Muskeln.

Der da, der ist cool. Der sieht aus wie James Bond, ein bisschen geheimagentig. James Bond hat eine Sonnenbrille auf und einen Anzug an.

Die Dunkelhaarige unten links, die findet er von den Frauen am besten, die sieht aus wie in einem Actionfilm.

»Juri! Umziehen!«

Es geht los!

Auch Paula ist jetzt da, ein dunkelhaariges Mädchen mit Zöpfen, die gerade noch gekämmt werden.

Juri sitzt da wie zu Hause, trödelt.

»Juri, könntest du dich bitte ein bisschen schneller ausziehen?«

Er steht da im schwarzen Unterhemd, kriegt eine graue Jogginghose und ein rotes Poloshirt an, eine dunkelblaue Trainingsjacke.

»Die hätte ich gerne. Sie sind so schön flauschig und warm.«

Gut, dass das keiner hört. Man könnte ja denken, er hätte sonst keine warmen, flauschigen Sachen.

Gut, dass er sich gleich wieder beruhigt und nicht wieder sein Croissant-Geheule anstimmt.

»Könntest du dir bitte die Socken hochziehen?«, fragt die Umkleide-Dame.

Sie kriegt auch eine Antwort vom Star: »Das geht nicht. Die sind zu groß!«

Letztes Frisur-Richten. Zwei Damen, ein Juri.

»Wie geht es dir heute?«, fragt der Fotograf, und Juri knipst das Lächeln an. Wie auf Knopfdruck.

Wie ein Erwachsener.

Und zieht vor die Kamera.

Er stemmt die Arme an die Seite wie ein Prinz. Dreht sich lachend, dreht sich ernst, läuft, hüpft, springt. Hopsasa und fidelbumm.

Nimmt die Arme vor und schwingt damit. Knips, knips macht die Kamera auf den kleinen Geldverdiener. Knips macht das Lachen in seinem Gesicht, knips, da ist es wieder weg.

Es ist beängstigend.

Er ist jetzt ein Knipser-Juri mit verdrehtem Kopf, wirft den Kopf rum, dass die Haare fliegen.

Nebenan auf dem Schirm sieht es aus, als würde er vor einer weißen Wand stehen. Das mit den fliegenden Haaren funktioniert ganz toll. Super! Man ist schon ganz beeindruckt.

Juri muss das bezopfte Mädchen, das er gar nicht kennt, an die Hand nehmen und mit ihr auf die Kamera zulaufen. Sie haben Spaß, die beiden, wie Profis. Mal lässt er sich von dem Mädchen ziehen, mal zieht er sie.

Die Modekonzern-Damen sind ganz entzückt, rufen seinen Namen. Juri, Juri!

Man kann überhaupt nicht mehr glauben, dass das eben noch Juri war mit der roten Stelle auf der Nase. Aber die rote Stelle ist ja jetzt auch weg.

Man kann überhaupt nicht glauben, dass dieser Quengel-Juri vor der Kamera so gut aussieht.

Er hat jetzt sogar vergessen, dass er so gerne das Raumschiff hätte.

»So, sehr schön! Umziehen!«

»Mama, können wir die Hose kaufen?« Aber das geht nicht. Nicht jetzt. Die Hose, die er anhat, gibt es erst in einer Woche im Internet.

Er will. Er will. Haben. Haben.

»Mama, dann gehen wir zu Karstadt, dann kaufen wir die da!«

Nächste Runde. Er kriegt jetzt ein Paar Jeans an, eine andere Jacke, grau, mit Muster. »Mama, ich will die Hose!«

Er soll sich jetzt auf ein rotes Sofa-Teil lümmeln, die Hand unterm Kinn, damit er lustig aussieht.

Er legt sich auf den Rücken. Das Glückskind mit den blonden Haaren, den weißen Zähnen.

»Der lacht aber süß«, sagt die Asiatin am Schirm.

»Total«, bestätigt die andere.

Sie haben schon ganz warme Gefühle für den Kleinen auf dem roten Sofa. Wenn man jetzt nicht aufpasst, nehmen sie ihn mit.

Strahle-Bilder. Knips, knips.

»Juri, versuche mal den Rücken gerade zu halten, nicht so einzusacken«, bittet die Asiatin den kleinen Jungen. »Haltung bewahren!«

Er drückt, er stemmt.

Es klingt fast ein bisschen barsch, es ist Anne peinlich, sie zieht den Kopf ein. »Erschöpft«, sagt sie. Entschuldigend.

Aber jetzt hält er den Rücken ja auch schon wieder gerade und rutscht ein bisschen dichter an Paula ran.

»Wir haben eins«, ruft die Asiatin und meint ein Bild. Das einzige, was sie wollen, ist eins. »Umziehen!«

Noch ein Outfit. Dann ist Juri durch.

Die Mutter von Paula zwinkert mir zu, sie sitzt hinten auf dem Sofa, eine Berlin-Mitte-Mutti in der Mitte ihres Lebens. Sie denkt, dass ich Juris Papa bin, ganz sicher. Dass wir beide schöne Kinder haben, die sich gut verstehen.

Sie schreibt eine SMS vom Sofa, ihren coolen, grünen Parka neben sich.

Dann sind sie alle fertig. Die eine Frau sitzt auf Juris Hose. Das Model Juri hat seine Schuldigkeit getan.

Paulas Mutter hat wirklich einen sexy Hintern. Ach, haben wir beide hübsche Kinder!

»Haste gut gemacht!«, lobt Anne ihren Großen.

»Ja, ich weiß.«

Wir gehen raus.

»Paula sieht ganz gut aus«, sagt Juri. »Aber zum Sprechen taugt sie nicht.«

Sie hat die ganze Zeit kein einziges Wort gesagt.

***

Ob sich der Juri das zutrauen würde, ruft Stella an, Juris Agentin. Er sei jetzt professionell genug für kleine Filmrollen, den nächsten Schritt.

»Wir werden jetzt versuchen, Casting-Einladungen zu bekommen für verschiedene Drehs, Werbespots und erste Nebenrollen beim Film.«

»Oh ja«, sagt Juri. »Bei ›Harry Potter‹, das wäre toll.«

***

Sie sind wieder weg, die Leute vom Fernsehen, das Telefon steht zum ersten Mal still, ich nehme mir ein Wasser und komme mir vor wie ein Politiker, der eine lange Rede gehalten hat.

Ich muss Anne nicht fragen, ob ich gut war, ich weiß es alleine. Sie sagt mir nicht, dass ich bei den BHs einmal ein bisschen gepatzt habe, sie sagt, dass es jetzt laufen wird, jetzt seien unsere T-Shirts ein Selbstläufer.

»Ich hätte das nicht gekonnt«, sagt sie. »Aber gut, dass ich da war, oder?«

Morgens um 8.30 Uhr war ich noch im Coffeeshop, und der Mann, der mir den Kaffee verkaufte, las den *Kurier*.

Er war schon über mich drüber und auf Seite 34. Er hat mich nicht erkannt, obwohl ich dieselbe Strickjacke anhatte wie in der Zeitung.

Er ist noch ganz normal gewesen.

Um 9.25 Uhr klingelt zum ersten Mal das Büro-Telefon. »Schönen guten Morgen, das BB-Radio hier. Wir haben den *Kurier* gelesen.«

Ich sage ihnen ein Interview zu.

Um 9.48 Uhr klingelt das Telefon, ich gehe wieder ran, und eine eifrige Reporterin ist dran, die am liebsten gleich losfahren würde und fragt, ob ich genügend Models da habe.

»Schönen guten Tag, das ›Schöner-Vorabend‹-Fernsehen hier, Herr Rentzow, wir würden Sie gerne zum Tagesthema machen!«

Ich gebe ihr noch mit auf den Weg, dass ich das nur machen würde, wenn sie fair mit mir umgehe. Ich bitte doch sehr um eine faire Berichterstattung, es gehe doch um die gute Sache.

Um 11.01 kriege ich eine SMS von dem Kumpel, der uns die ganze rechtliche Beratung im Vorfeld gemacht und unsere AGBs geschrieben hat. Er gratuliert mir zu dem großen Zuspruch, und ich bitte ihn, uns treu zu bleiben, falls ich patze und doch mal etwas Falsches sage.

Er sagt: Klar!

Die Moderatoren vom BB-Radio begrüßen mich zwar sehr nett in ihrer Sendung und sagen lieb: »Guten Morgen, Herr Rentzow«, aber dann sind sie widerspenstig.

Ich muss leider gleich streng werden und widerspreche dem Moderator, als er feststellt: »Die T-Shirt-Kollektion ist aber schon ein ganz schöner Schlag ins Gesicht für einen Brandenburger.«

Nein, das sei die Kollektion auf keinen Fall, sage ich. Sie sei Kunst, mit der wir aufrütteln wollten.

Noch ein Radiosender ruft an, eine Brandenburger Zeitung.

Mein Puls steigt, ich beruhige mich mit dem *Kurier* und damit, dass ich die Attacken von BB schon hinter mir habe.

Star FM ruft an. Bei Star FM bin ich schon lockerer.

Ich kämpfe mit dem Lachen während des Gesprächs, muss gegen die Wand gucken, damit ich nicht lospruste, ich erinnere mich an Norbert Vojta und mache aus dem schlimmen Brandenburg-Hetzer, den der *Kurier* aus mir gemacht habe, einen Brandenburg-Freund.

»Es sind keine Hass-Hemden, wie es im *Kurier* stand, das sind Helfer-Shirts! Das ist ganz wichtig zu begreifen.«

Ich sage, wir würden die Shirts in Zukunft in ganz Deutschland machen. »Für alle Bundesländer, für alle Städte.« Und schiebe hinterher, dass wir als Bürger alle Verantwortung für unser Miteinander hätten.

Die Moderatorin versteht.

Ich sage: »Von wo auch immer wir Hinweise herbekommen, da machen wir die nächste Kollektion.«

Die Moderatorin versteht. Ich darf jetzt eigentlich schon alles sagen.

»Tragen sollen unsere Shirts alle, die die Nase voll haben von den Problemen, die es gibt. Die sich sagen: Ich nehme mir das Problem auf die Brust.«

Die Moderatorin sagt: »Okay.«

Als das »Schöner-Vorabend«-Team, das um elf Uhr losgefahren ist, um kurz nach zwölf bei uns anrückt, ist kurz ganz schön große Aufregung. Man findet unser Büro nicht gut genug. Ich muss in den Büroflur, und die Redakteurin muss für das Interview auf einen Eimer, damit wir auf Augenhöhe sind.

Ich habe einen Schal um wie Karl Lagerfeld und spreche so konzentriert es nur geht in die Kamera und zu der Frau auf dem Eimer.

Der Kameramann findet, dass die Shirts nicht so doll sind. Die Reporterin findet, dass der Kameramann jetzt bitte mit seiner Meinung haushalten solle, damit ich nicht noch abspringe und sie dann umsonst gekommen wären.

Mitten in unserem netten Flurgespräch hört Anne den Haustürschlüssel knirschen. Anne drückt mit beiden Händen gegen die Tür. Aber unser Vermieter Hannes drückt stärker, er will rein.

»Wir drehen«, flüstert Anne. »Sorry!«

»Ey, das geht gar nicht«, ruft er einen Tick zu laut und klingt wahnsinnig genervt. Anne öffnet die Tür einen Spalt. »Noch fünf Minuten!«

»Das müsst ihr vorher anmelden«, sagt er. Anne sagt mir, Hannes habe Angst, dass sein Firmenschriftzug, der auf dem Foto im Flur ist, im Film zu sehen sein könnte. Er habe Angst um sein Image.

Wir ziehen um ins Büro.

Die Redakteurin will, dass ich möglichst fies pose und vor der Kamera auch ein bisschen böse rüberkomme. Das sagt sie mir zwar nicht, aber sie sagt, dass ich mal die Arme verschränken soll und fies gucken, im Film später wirke das natürlich alles ganz anders.

Ich sage ihr, dass ich total gerne die Arme verschränken würde, dass das aber keine typische Gestik von mir sei und ich deshalb lieber darauf verzichte.

»Ich brauch Bilder, dass man T-Shirts, T-Shirts, T-Shirts sieht«, ruft sie und wirft einen Haufen unseres Berichtgegenstands auf den Boden.

»Das sieht aber schlampig aus«, sage ich, Hannes bringt Bügel, Anne hängt die Shirts fein säuberlich über die Sofalehne.

»Ich finde das T-Shirt ja auch gut, muss ich sagen«, sagt die Tonfrau, die die Shirts besser findet als der Kameramann.

»Welches gefällt dir denn am besten?«, fragt Anne sie.

»Mir reicht schon, dass da steht, so fies ist Brandenburg.«

Am Ende sitze ich an meinem Schreibtisch, an dem ich reich werden will, und halte die Shirts in die Kamera, eins nach dem anderen. Mein Schal rutscht mir einmal runter, ich sei nachher in der Sendung schon der »Aufreger«, sagt die Reporterin.

»Aber Sie machen das fair mit mir, oder?«, frage ich. »Sonst müssen wir das abbrechen.«

Dann zeige ich weiter, was ich zeigen möchte.

»Also dieses Shirt hier, das steht für den Wohnungsleerstand in Brandenburg. Dieses Shirt«, ich zeige das nächste, »steht für die vielen, vielen Verkehrstoten in Brandenburg, für die Söhne und Töchter, die sich um die Bäume wickeln.«

»Du hast in die Kamera geguckt«, sagt der Kameramann.

»Dann mach ich's noch mal«, sage ich, und irgendwann sind sie dann weg.

Um 16.44 Uhr beginnt die Sache zu wirken, da haben wir die ersten Bestellungen. Platte, Kreuze, Springerstiefel. Gleich drei Stück. Ein großer Mann, XL. Die Rechnung ist auch sehr gut. 62,75 Euro.

Die erste Hass-Mail geht ein, aber deren Inhalt kann mich nicht schocken. »Herr Rentzow!«, heißt die Begrüßung. »Herr Rentzow, Sie machen ein paar Prozent der Brandenburger zu 100 Prozent und hoffen auf ein Geschäft! Sie sind nicht ganz gesund!«

Ich fühle mich fabelhaft, denn im Fernsehen kommt gleich eine gute Sendung mit mir. Ich bin der Teaser dafür. Die beiden Moderatoren halten ein Shirt in die Kamera, die ausgebrannte Platte, die für den eklatanten Wohnungsleerstand steht, dann kommt erst noch das Wetter, und dann komme ich gleich wieder. In dem Beitrag, der ziemlich lang ist und in dem ich eine Hauptrolle spiele, kommt ein Psychologe zu Wort. Er vergleicht unsere Kampagne mit der von Benetton. Die Praktikantin fährt in unserem Shirt auf einer Rolltreppe. Die Brandenburger lieben sie.

Ich schwitze vor Glück und nehme meinen Schal ab.

***

Manchmal sind die Hoffnungen von heute das Große von morgen, und manchmal ist alles, was man sich heute erträumt, morgen gar nichts. Ob wir nicht Rainald Grebe treffen könnten, frage ich Anne, den Komiker, der schon vor ein paar Jahren einen Hit hatte: »Es gibt Länder, wo was los ist, und es gibt Bran-den-buuuuuuuuuurg!«

Wenn wir ihm sagen würden, dass er unser großes Idol sei, ob er dann vielleicht unsere Shirts anzieht, die »Platte« vielleicht?

Wir treffen Rainald Grebe. Er sitzt da und sagt, er hätte vielleicht das »So fies ist« weggelassen. Nur »Brandenburg« hätte völlig gereicht und die Aussage vielleicht sogar noch verstärkt.

Ich finde, er hat recht, aber nur einen Nachmittag.

Wir waren auch schon wieder in München bei unserem Verlag, der das Buch machen will, in London, jetzt fahren wir nach Sylt zu Manfred Baumann, der dort das legendäre Krebsessen für alle seine Duz-Freunde organisiert und neben dem Johannes B. Kerner jetzt wohnt.

Er ist ein absolutes Werbe-Genie.

Manchmal nenne ich es Tournee, was wir jetzt machen.

Ich finde es komisch, aber je mehr wir unterwegs sind, desto mehr denke ich, dass ich kein Zuhause mehr habe. Es fehlt mir manchmal ziemlich doll, ich will es wieder.

Ich habe Sehnsucht nach früher, den Freunden in meiner Küche, dem Balkon. Aber wenn ich dann da bin, auf meinem grauen Sofa sitze, fühle ich mich fremd. Wie ein Gast beinahe in meinem alten Leben, auf dem jetzt Staub liegt.

Es sammelt sich ganz schön viel Staub an, wenn eine Wohnung länger alleine ist.

Unterm Bett.

Es fühlt sich so falsch an, weil es ein Leben mit begrenzten Möglichkeiten war.

Weil ich mich immer wieder frage, wo und was ich wohl wäre, wenn ich früher angefangen hätte, wenn ich schon früher aufgestanden wäre, um aus meinem Leben mehr zu machen als ein graues Sofa, Dielenfußboden und einen kleinen Balkon.

Ich bin ungerecht zu meinem alten Ich und verfluche das neue Leben, das nicht schnell genug reich macht und mich so viel kosten lässt vom Großen, vom Schönen.

Am neuen Ralph-Lauren-Shirt für 100 Euro, das ich nur gekauft habe, weil alle anderen schmutzig waren.

Am »Ich muss mal wieder raus« und eine Limousine holen, wenn ich mal raus will.

Am Sachs- und Reichgefühl.

Am Gefühl, so beweglich und so unabhängig, so geflissentlich und so selbstverständlich zu sein wie die anderen Großen, die richtig Großen der Republik.

Für die alles selbstverständlich ist.

Ich komme dann nach Hause und frage mich: Wo bin ich? Herr Rentzow, ist jemand da, will ich dann fragen, aber es ist niemand da.

Nur ein junger Mann, der gut aussieht, bei Udo Walz war und schöne Polohemden anhat.

Nur ich.

Ich bin nicht der Einzige, der jetzt mehr nachdenkt. Eine Freundin, die drei Monate Paste und Copy in einer Agentur machen musste, eine ziemliche Deppenarbeit, sagt: »Ich frage mich schon manchmal, wo der Sinn liegt, ob es nicht einen tieferen Sinn gibt.« Und dann sagt sie: »Meine Mutter ist früher auch mit der Straßenbahn zur Arbeit gefahren und hat nicht gejammert.«

Die Freundin und ich, wir schweigen danach. Sie hat andere Probleme.

***

Ob wir nicht das Video, das wir mit dem Guru gedreht haben für das Seminar, das immer noch nicht stattgefunden hat, bei eBay verkaufen sollten? Ich frage Anne, ob das nicht mal Zeit würde.

Wir schneiden es und erfreuen uns am Guru, am Grün im Hintergrund, den Bäumen und ihrem Rauschen. Ein unscharfes Bikini-Mädchen, das jeden Moment scharf sein könnte, fummelt sich bei Regel fünf, »Finde wahre Liebe«, an ihrem Oberteil rum.

Elf Lebensregeln sollten es werden, und Jack hat extra vorher die Regelnummern angesagt, damit die Seminarteilnehmer wissen, wie weit sie schon sind. Leider hat er die Neun vergessen. Wir retten das im Schnitt.

»Ist das nicht ein bisschen dick?«, frage ich Anne, als sie mir den Werbetext für die DVD »Ihr Weg zu mehr Erfolg« zeigt. Ich bin wirklich ein bisschen besorgt, weil der Text ganz schön viel verspricht, woran nicht jeder im ersten Moment glaubt.

»Jeder hat das Talent, Millionär zu werden. Man muss es nur wollen. Es ist ganz einfach, es ist logisch.«

Jawohl, logisch, das ist es!

»Es funktioniert mit Nature Mathematics. Sie brauchen: Vertrauen in das eigene Gefühl, den Link zum Tiefen-Ich, die Kraft der Angst. Lebens-Lehrer Jack Morgan erklärt, wie Sie Ihr Leben mit den zehn Regeln von Nature Mathematics auf Erfolgskurs schicken. Im Leben ist nichts Zufall. Alles hat seine Zeit, seine Bestimmung, seinen Ort. Nature Mathematics hilft Ihnen, den richtigen Weg zu finden, den Start in ein neues Leben ...«

Acht Minuten 50 Sekunden dauert der Start in ein neues Leben, er kostet 14,98 Euro und steht jetzt bei eBay neben einer Sammlung mit vier CDs zum Thema Erfolg für 29 Euro und dem Hypnose-Seminar für 299 Euro. Damit soll man dann allerdings in Shows auftreten können, was man mit unserem wahrscheinlich erst kann, wenn man wirklich Millionär geworden ist.

»Was nichts kostet, ist nichts wert«, sagt Anne.

Als die DVD online ist, kriegt Anne Angst, dass sie kommen und sie verhaften.

Wir lassen sie trotzdem drin, ich bestehe darauf, das könnten wir ja alles gut erklären, und Anne schläft schlecht.

»Der Jack ist echt gut«, findet ihr Mann, und dann gibt es einen Kunden, der mich fragen lässt, ob die ganze Welt wirklich völlig irre ist und alles glaubt, alles glauben will, oder doch nicht.

Ich bin da ziemlich hart.

»Anne, das gibt es doch alles nicht«, rufe ich.

Ein Mann aus Österreich ist der erste Käufer, und als Anne ihm die DVD nicht geben will und sagt, er brauche nicht zu zahlen, das sei alles nur ein Test gewesen, besteht er auf seinen Kauf. eBay muss schlichten.

Wir sind froh, dass Sandra anruft, zwei Wochen nachdem wir sie verabschiedet haben. Ob wir sie vom Flughafen abholen könnten? Es ist der Tag, an dem ich ihr um den Hals falle und mit unseren Erfahrungen von Baden-Baden Versöhnung schließe.

Gut 3000 Euro gibt sie uns, in Dollar, wir tauschen die selber. Sandra hat in Vegas noch einmal gespielt für uns, und als ich ihr in den Armen liege, sagt sie, dass wir das gerne auch noch öfter machen könnten.

Das ist es, was ich will.

***

Abends fahren wir jetzt immer unsere T-Shirts aus, das tägliche Brot. Wir sind eingeladen bei diesem großen Internet-Modehaus, für das Juri immer modelt. Sie überlegen, ob sie unsere Shirts mit aufnehmen sollen als junges Trend-Label.

Das sei vielleicht was für die Weihnachts-Specials, so als Geschenk könne sie sich das gut vorstellen, sagt die Frau vom großen Online-Shopping-Club mit der so schnell wachsenden »E-Commerce-Community«.

»Es muss ein begehrtes Produkt sein, das wir aufnehmen, es muss nachgefragt sein«, sagt die Dame. »Wir sind nicht die Bedarfsdealer, wir sind Bedarfsdecker.«

»Wir sind auf Sie gekommen, weil Sie so jung und so lässig sind«, sagen wir ihr mehr als einmal. »Unsere Kundenstruktur wächst schnell, die Kunden sind im Schnitt unter 35.«

Sie schickt ein großes Dankeschön per E-Mail. Und sagt ein paar Tage später ab. »Der Einkaufschef …«

Die Idee, dem jungen Playboy-Millionär, bei dem wir in Saint-Tropez auf die Jacht wollten, ein Status-Training zu verpassen, verfällt leider, bevor er selbst davon weiß. Er hat jetzt Grippe, sagt seine neue Presse-Beraterin.

Wenn man glaubt, was sie sagt, ist es eine schlimme Grippe, von der sich der Patient leider so schnell nicht erholen wird.

Es tue ihr leid. Sie hätte auch schon so Schnupfen.

Anne hat Howard Carpendale ein Stück Mauer angeboten, das wollte er aber nicht haben. Ob er sich vielleicht vorstellen könne, eine Seite in unserem Erfolgs-Buch zu kaufen, eine, auf der er sich darstellen dürfe, alles, was er immer schon über sich lesen wollte, hat sie ihn auch gefragt. Wir haben ihm eine E-Mail geschrieben und die Eckdaten des Deals zusammengefasst.

»Es gibt nur ein Foto. Und den Prominenten-Text. Ungekürzt, solange er auf eine Seite passt. Insgesamt zehn Seiten werden von uns verkauft. Wir wären sehr froh, Sie dabei an Bord zu haben. Vielleicht wäre das ja wirklich was für Sie?«

Auf die E-Mail hat er dann allerdings nicht mehr geantwortet.

Wochenlang bitte ich Anne, den guten Kontakt ihres Sohnes zu einem Millionärskind zu nutzen. Man müsse nutzen, was da ist, was sei denn dabei.

Der Papa mache doch was mit Internet, wir wollten doch immer was mit Internet machen, ein richtiges Start-up.

Wir hätten uns doch schon die Idee, das »Zukunftsportal«, überlegt, die Online-Zeitung, die den Leuten die Ängste vor der Zukunft nimmt.

Vielleicht könnte der Papa uns ja mit seiner Infrastruktur helfen, vielleicht mit ein bisschen Startkapital, so 50 000 Euro.

Anne sagt, ich würde spinnen, das käme nun wirklich nicht infrage. Nein, sagt Anne, sie werde, wenn die Mama des Kleinen jetzt eine große Party mache, sich nicht extra anbieten, beim Schnittchenmachen zu helfen. Das solle ich mir mal schön abschminken, dass sie sich absichtlich beliebt mache.

Ich weiß jetzt, wie böse Anne werden kann, und schäme mich für meinen übereifrigen Vorstoß.

Als ich drei Tage vor Weihnachten, nachdem alle Geschenke schon gekauft sind, bei meinem neuen Arbeitgeber vor die Wahl gestellt werde, ob ich denn nun weiter reich werden wolle oder arbeiten, da verliere ich den zweiten Job während meines Reichwerde-Prozesses. Anne fragt einen unserer Coaches, wie er das einschätze, ob er die Gefahr sehe, dass sie ihren Job auch verliere. Er sagt: Ja, damit sei leider zu rechnen.

Anne hat jetzt nach mehr als zehn gemeinsamen Jahren eine Mail geschrieben, vom Ton her ist sie sehr nett.

> *»Lieber Chef,*
> *habe heute den Erhalt der Kündigungspapiere abgezeichnet. Ist alles noch eine große Umstellung, aber ich komme klar. Ich wünsche Dir und der Zeitung alles Gute und weiter viel Erfolg. Danke für die vielen Jahre des gemeinsamen Weges. Herzliche Grüße, Deine Anne«*

Er hat auch geantwortet, nett und freundlich wie immer, er ist ein wirklich freundlicher Mann. Er brüllt nie.

Er freue sich, wie fair sie miteinander umgingen. Er nennt den Umgang vernünftig. Er drücke die Daumen, wünsche viel Erfolg und Ruhm. Anne möge doch bitte auf ihre Gesundheit achten. »Wirklich!«

Ich finde es ehrlich gesagt nicht ganz so angenehm, dass aus dieser Job-Situation ein gewisser Druck entsteht, noch mehr Geld zu verdienen als bisher, und wir drucken jetzt Postkarten von den neun Babys, nur vom großen Kultmotiv, und verteilen die überall.

Anne hat jetzt manchmal Angst vor mir, sie sagt, ich verschiebe die Wahrheit hin und her, wie ich sie brauche. Nur weil ich gerade eine Kreuzfahrt nach Dubai erfunden habe, traut sie mir nicht mehr über den Weg.

Was hat das denn damit zu tun, ich wollte doch nur den beiden Männern imponieren, die uns die Rechte an der Mauer gegeben haben.

Wir haben jetzt nämlich die Exklusiv-Vermarktungsrechte der letzten Original-Mauerteile für den gesamten arabischen Raum und uns einen »Letter of Authorization« unterschreiben lassen. Der gilt noch bis Ende des Jahres.

Es war ehrlich gesagt gar nicht so einfach, den zu kriegen. Wir mussten erst einen befreundeten Architekten beauftragen, um dem Mann, den wir schon kannten, und einem anderen freundlichen Herren zu erklären, worauf »der erfolgreiche Araber« so alles abfahre. Er hat mit den Scheichs nämlich häufiger zu tun.

Der befreundete Architekt zog sich weiße Slipper und ein Orienthemd an, er hatte selbst ein Interesse, uns zu helfen.

In seinem entfernten Bekanntenkreis gebe es einen Scheich mit engstem Draht zur saudischen Königsfamilie, betonte er immer wieder, aber ein Essen, auf dem unsere riesige Powerpoint-Präsentation mit der Mauer als »Mahnmal der Freiheit« präsentiert werden soll, wird bisher ständig verschoben.

Jetzt ist ein einflussreicher Lobby-Chairman, den wir über einen Anwalt kennen, mit unseren Präsentationsmappen auf dem Weg nach Oman und gibt sich sehr optimistisch, dass er da Interessenten finde.

Das kann gut sein, wir haben die wichtigsten Fakten extra ins Arabische übersetzen lassen.

Anne hat ständig Angst, den beiden Mauer-Herren über den Weg zu laufen, weil sie sie dann nach Dubai fragen könnten und sie nicht mehr weiß, wie heiß es da war, als wir nicht da waren.

Und dass dann das Vertrauen kaputt ist.

Einmal lief der eine schon vorbei, als wir gerade im Biergarten ein Steak aßen, da haben wir uns hinter der Karte versteckt.

Es geht um Provisionen für uns von über einer Million Euro, um 1,3 Millionen, um genau zu sein.

Es ist, ehrlich gesagt, ganz schön vertrackt, und ich überlege die ganze Zeit, ob wir das den beiden Mauer-Menschen mal sagen sollten, dass wir sehr froh sind, mit ihnen zusammenzuarbeiten, dass wir am Anfang ein bisschen getrickst haben, aber jetzt auf Vertrauen setzen.

Wir hatten die Einladung für Dubai ja wirklich, aber dann war einfach so viel zu tun, und wir konnten nicht weg.

Wir haben Einladungen, viele. Für die Fashion Week, zu Michael Michalsky, wir sind bei den MTV Music Awards auf der Gästeliste.

Meine Freunde kriegen Kinder und geben ihnen komische Namen. Wie soll ich da mitreden? Soll ich sagen: Anne und ich, wir kriegen ein Vermögen?

Die Buberts kleben an uns dran und fragen, wann wir ihre Zahlen, die wir immer noch spielen, aber nur noch einmal die Woche, in Hamburg auf dem Fischmarkt verkaufen wollen. Es war auch da ganz schön schwierig.

Wie soll man für den Verkauf von Lottozahlen, die einem ja nicht mal selber gehören, eine Genehmigung vom Finanzamt kriegen?

Egal, das hat unser Steuerberater gut hingekriegt.

Achim Bubert sagt, er habe schon wieder gewonnen, er schreibe jetzt an einem Buch über seinen verstorbenen Vater, den er nicht immer so gerne mochte. Der Bubert-Esel »Joschi« ist jetzt Hauptdarsteller in dem Bubert'schen Kinderbuch, ich habe ihn kennengelernt. Er war ganz grau, aber er konnte die Lottozahlen mit den Ohren erwackeln. Das war lustig, besonders für Anne, die das mit der Kamera gedreht hat.

Überhaupt wird jetzt ziemlich viel gedreht.

Unser Stoff ist jetzt bei der ARD, beim SWR und überall im Angebot.

Man spricht davon, ob man uns als Dreiteiler machen solle, und fragt sich, ob der Stoff das hergibt.

Eine Filmproduktionsfirma, die für den Grimme-Preis vorgeschlagen war, will sich darum kümmern, lässt sich aber noch ein bisschen Zeit.

Es geht jetzt drunter und drüber, Anne versucht das Loft zu verkaufen, für mindestens eine halbe Million. Es hat mal 150 000 Euro gekostet, aber weil jetzt der Boden gestrichen ist, sieht es ein bisschen teurer aus.

Sie war bei einer namhaften Agentur, die sich auf Luxus-Immobilien spezialisiert hat, und dann sind schon wieder Leute gekommen, die Bilder gemacht haben.

Wir haben uns jetzt doch noch mal bei Günther Jauch beworben.

Liebe »Wer wird Millionär«-Redaktion,

meine Lieblingskuh hieß Lisa, ich habe sie selbst gemolken, weil sie so schön still hielt. Auf dem Hof meiner Großeltern lebte Lux, ein Hund, der tanzen konnte. Abends holte ich mir das Frühstücksei aus dem Stall.
Jetzt gibt es dort keine Tiere mehr, nur noch meine Oma, und die Scheune, die zerfällt. Ich habe versprochen, mich um die Reparatur zu kümmern, aber ich weiß nicht wie.
Sie können mich alles fragen! Wenn es sein muss auch über Amerika oder Australien, über China und Mao.
Bitte laden Sie mich ein. Meine Oma soll noch einmal lachen wie früher!

Ihr Jan Rentzow

Meine Oma ist in Wahrheit eine glückliche ältere Frau, und wenn ich ihr erzählen würde, was wir hier machen, sie würde wirklich gut lachen. Lisa, die Lieblingskuh, ist frei erfunden.

Anonym! Tagelang klingelt es anonym. Bei anonym gehen

wir schon lange nicht mehr ran, es könnte ja eine Falle sein, der Guru, der sauer ist, oder irgendwas, auf das man nicht vorbereitet ist. Wir telefonieren ja nicht mehr ohne Spickzettel. Wir bereiten uns immer ganz genau vor.

Es klingelt und klingelt.

»Soll ich?«, frage ich.

»Ja«, sagt Anne, »los, mach schon!«

Ich gehe ran.

»Sie haben uns einen Brief geschrieben«, sagt der Mann am Telefon. »Normalerweise ist das nicht der klassische Weg, aber wer so nett schreibt, kommt auch ins Telefon-Casting.«

Im iPhone finde ich später einen Artikel, dass jeden Tag 10 000 Bewerbungen eingehen, nur 100 würden angerufen.

Die erste Frage im Casting ist, ob ich zur Aufzeichnung am 23. oder 24. kann.

»Ich kann!«

So geht es los, das Gespräch.

Ich versage leider total, weiß vor lauter Aufregung nicht einmal, ob die Schlümpfe nur blau sind oder auch weiß. Und ob Müller wirklich die vier Tore bei der WM 2010 geschossen hat oder Klose.

Anne ist auch eine von den 100 unter 10 000, die zufällig angerufen werden, weil auch sie so nett geschrieben hat.

Liebes Millionärs-Team,
als ich ein kleines Mädchen war, hat meine Mutter mich in den Arm genommen, ich könne mal Bundeskanzlerin werden, so klug sei ich.
Ich gehe zur Zeitung, jeden Tag Zeilen machen, Schlagzeilen, gute und böse.
Ich will keine »Mamamama«-Rufe von meinem Kleinen mehr, wenn ich morgens das Haus verlasse, und keine

vorwurfsvollen Blicke von meinem Großen, wenn ich abends wiederkomme. Ich will für sie da sein. Wenn ich bei Ihnen gewinne, kündige ich.

Beste Grüße, Ihre Anne Nürnberger
Anlagen: Fotos von mir und meinen beiden Jungs

Ihr Gespräch läuft echt mies, sie hat einfach zu viel Angst, wahrscheinlich weil sie ja schon gar nicht mehr zur Zeitung geht.

Long John war bei mir zu Hause, der beste Pornodarsteller Europas, auf dessen Homepage steht, dass er gerne Klöße von Mutti mag, Snoop Dog und Tulpen. Der privat ein sanfter Mann sein soll, mit 4,5 Zentimetern Durchmesser.

Als alles vorbei ist, bin ich froh, dass sie alle ihre Hosen wieder anhaben, und die Küchenrollen werden wieder eingerollt.

Ich habe das Angebot, das noch mal zu machen und mein Sofa noch einmal für 250 Euro zur Verfügung zu stellen, und man traut mir zu, dass ich auch selbst mal mitspiele. Es gibt immer noch Optionen für einen guten Stundenlohn.

Den Prominenten in Deutschland gehen leider die Ideen aus, wenn sie zu prominent sind.

»Leider lässt der Terminkalender von Herrn Heck zurzeit keinen Spielraum, sodass wir Ihnen leider absagen müssen.«

»Vielen Dank für Ihre Anfrage. Leider wird Ihnen Herr Riewa nicht zur Verfügung stehen können, wir wünschen dennoch viel Erfolg!«

»Frau Berben bekommt im Moment sehr viele ähnliche Anfragen.«

Ich bin ein bisschen enttäuscht, und dann sagen auch noch Christoph Maria Herbst und Katharina Witt ab.

Anne tröstet mich, sie sagt, das habe alles nichts mit mir

zu tun, die hätten ja wirklich alle viel um die Ohren, und wenn ich mal ehrlich sei, ich würde meine Idee ja auch nicht in die Welt pusten.

»Ihr habt doch vier Computer, mehrere Kameras, einen tollen Drucker, einen tollen Fernseher, ihr habt zwei Tacker, euch geht es doch gut«, findet Annes Sohn Juri. »Ihr seid doch eigentlich schon ziemlich reich. Und wenn ihr wollt, lade ich euch von meinem Geld zum Schnitzel ein.«

Anne sagt, ich hätte keine Schwächen, außer dass ich hin und wieder schreie.

Anne sagt, man sehe im Gesicht der Menschen, ob sie böse sind oder lieb. Sie glaubt, sie entdecke da jetzt manchmal gewisse Härten bei sich im Gesicht. Sie hofft noch, dass die wieder weggehen.

Einmal ist sie beim Vater vom besten Freund ihres Sohnes und holt Juri ab. Alles ist ganz normal und sehr nett, sie lachen im Auto, und als sie nach Hause kommt, denkt sie, was wohl wäre, wenn uns das Geldverdienen für immer die Unschuld nimmt.

Ich habe über das Schreien nachgedacht.

Wenn ich geschrien habe, bin ich am besten, denke ich manchmal. Ich brauche das, ich habe gebleichte Zähne und das Gefühl, dass die Zahnärztin mich beschissen hat, weil vorne alles schon wieder nachdunkelt. Ich stehe vor dem Spiegel und fletsche davor rum, dass Anne sich schon Sorgen macht.

Ein Mann meldet sich, er will Annes Loft anmieten, lange, sehr lange. So lange, dass Anne mal nachguckt, wer er eigentlich ist und ob seine Firma ihn wirklich schickt und das alles zahlt. Er hat zwei Millionen Dollar Schulden und steht auf der Betrügerliste Kanadas.

Was ist Moral, frage ich mich seitdem öfter und fletsche meine Zähne vor dem Spiegel, ich trinke jetzt keinen Kaffee mehr und esse nur noch weiße Sachen, aber das nützt nichts, und ich schreibe der Zahnärztin einen Brief, dass ich die 500 Euro nicht bezahlen will, den ich dann aber Zähne fletschend nicht abschicke.

»Das mit der Mauer, das wird was.«

Es ist ein Spiel für mich, alles.

»Geil, das mit den T-Shirts.«

»Das mit dem Mega-Loftverkauf, Anne, das wird was!«

Es entgleitet uns ein bisschen.

Ich sage ihr: »Mach das, mach das!«

Und sie macht das dann, und ich sage, da könnten noch 50 000 her und da. Und das müssen wir noch machen.

Wenn ich wieder fünf Optionen offen habe, fühle ich mich besser. Alles muss in Bewegung sein, wo Bewegung ist, sind Strudel, ist Wind. Wo Wind ist, passiert was.

Wenn nichts mehr passiert und niemand mehr anruft und keine Option mehr offen ist, bin ich traurig. Dann fühle ich mich leer und arm.

Einmal fahren wir raus an den Wannsee, und da sitzt eine Kröte auf der Straße, und diese Kröte hat so lange Beine und ist wirklich riesig und sehr bedrohlich. Ich bilde mir ein, dass es knirscht, wenn sie geht, sie zieht ein Bein nach.

»Das ist unser alter Chef«, sage ich, gebe Gas und versuche sie zu erwischen, fahre vor, drehe um und versuche es erneut, aber das ist schon in der Phase, wo ich kurz vor dem Burn-out stehe, diese Kopfschmerzen habe, diese Rückenschmerzen. Diese Angstanfälle. Wo wir uns eigentlich schon nach Brandenburg aufs Land zurückgezogen haben, hinter die Hecke, wo uns niemand sieht und wir niemanden sehen müssen.

Wo ich plötzlich diese Angst habe und diese Wut, dass uns das alles so entglitten ist, wo ich so viel jammere wie noch nie, gerne wieder Kind wäre, über die Moral in Deutschland schimpfe und Christian Wulff, den Bundespräsidenten.

Was ist das für ein Land, in dem ich lebe, frage ich mich da schon. Ganze Landstriche tanken in Polen und sparen sich das Hartz IV. Landstriche werden mit Windrädern zugebaut, und die Windrädermacher fahren mit Daimler unten durch.

Nicht mehr die Besten, sondern die am wenigsten Gefährlichen kriegen die Jobs.

»Zeitungen schreiben nichts Böses mehr, weil die Leser lieber Schönes über die Heimat lesen«, denke ich da. »Das Fernsehen spielt Frauentausch mit gecasteten Armen. Beamte warten nur noch auf die Verbeamtung auf Lebenszeit, um dann Dienst nach Vorschrift zu machen.«

Manchmal frage ich mich auch, was ich eigentlich für eine Beziehung zum Lügen habe, und dann habe ich wieder diese Sehnsucht nach Ruhe.

Nur Anne, ich und der Makler, der das Loft an Superreiche abgeben will, sind jetzt noch da.

***

Es ist alles so dumm, was mit dem Makler zu tun hat. So schrecklich dumm. Die Agentin von dem Stargeiger, der das Loft unbedingt kaufen will, die sei so dumm, dass sie einfach den Termin nicht organisiert kriegt.

Aber das mache ja nichts, da müssten wir jetzt aber gar nicht traurig sein, denn in der nächsten Woche, da käme ja schon der Amerikaner, »ein einflussreicher Mann aus Hollywood, wahrscheinlich schwul«.

Er habe da schon recherchiert, es könne sich nur um Kevin Spacey handeln, aber da sollten wir jetzt mal »pst« machen.

Mein Kopf dröhnt. Ich will das glauben, ich will es einfach. Wie geil wäre das denn, wenn so einer das nimmt?

Und dann gibt es ja noch diesen anderen, den Engländer, ein Produzent von »Harry Potter«, sagt der Makler. Das dürfe er jetzt ja auch nicht sagen, aber weil wir es seien. Das sei ein fabelhafter Käufer, der kaufe Lofts wie andere Leute Brötchen.

Das klingt gut, denke ich. 600 000 Euro, hat er gesagt, die könne man locker kriegen.

Jetzt zeigt es sich, dass es sich lohnt, den Makler gewechselt zu haben, weg von der anderen großen Agentur. Gut, dass der sagt, das Loft gehe schnell weg, ganz sicher. Gut, dass er die Idee hatte, dass wir den Kunden erzählen, dass es einen Garagenplatz gebe, den wir gleich organisieren wollten. Dass es da eine Balkonoption gebe, die es noch gar nicht gibt, Balkone seien so gefragt, gerade in dem Segment.

»Letztes Mal hat der ›Harry-Potter‹-Mann nicht nur ein Loft genommen, sondern gleich zwei, für jeweils 400 000 Euro.«

Wir hören zu, die Ohren fühlen sich an wie geschwängert.

Der Makler, bei dem immer ziemlich viel ziemlich doll dumm läuft, macht eine eifrige Stimme.

»Wissen Sie, was der da gesagt hat? Die muss ich mir doch nicht angucken, ich gehe lieber ein Bier trinken.«

Das hat er dann gemacht!

Und noch etwas, das sage er auch, er, der Makler, und deswegen sei ja sowieso alles gut. »Der braucht die Lofts für seine Frauen.«

»Wie bitte?«

»Er sagt immer, er mache Party in Berlin. Diesmal trifft er sich mit einer, die kein Visum kriegt für England.«

Alles in allem könnten wir jetzt wirklich zufrieden sein, dass es so gut laufe. Die von uns geforderten 600 000 Euro, die hätte der »Harry-Potter«-Mann jetzt aber wirklich billig gefunden, auch wenn es sicher weniger wert ist.

So reich sei der und so verrückt, dass er glatt gefragt habe: »So billig? Was ist denn da faul an diesem Loft?«

Ich lege Hoffnungen in diesen Mann, vielleicht geht da ja noch mehr, muss ja, wenn der so dumm ist, dann gehen da bestimmt 700 000 oder 800 000.

Und hier läuft ja jetzt alles so dumm.

Und ich bin gar nicht dumm, ich bin zwar so erschöpft, aber klug.

Weiß ich, wie das in diesen Klassen läuft, wenn da mal einer sein Zaubersäckchen aufmacht?

Was weiß ich denn von dieser großen weiten Welt, und wenn jetzt das Glück kommt?

Habe ich Zweifel an der Geschichte?

Ja, habe ich.

Na und?

Neulich war eine Prinzessin im Loft, eine Bekannte vom Makler, im kurzen Rock mit Ballerinas, die für einen Kunden guckte, der in Paris lebe.

Glaube ich das, dass die wirklich so begeistert war?

Nein.

Aber das ist doch gut, wie der tickt. Es ist doch groß, wie der spielt. Wenn der alle anderen auch so anlügt, wer wird dann gewinnen?

Wir oder die?

Wer ist denn klüger?

Wir oder die?

Ja, es ist perfide, wenn man Menschen, die einen anlügen, gut findet, weil man weiß, dass sie andere auch anlügen und lügen schon ein Wert ist. Und dass der gewinnt, der am besten lügt, am dreistesten, am schönsten.

Es ist so perfide, aber man muss das können.

Ich werde gerne belogen, wenn das am Ende nützlich ist, wir haben das ja auch gemacht, hin und wieder, ein klitzeklein wenig.

Der arme »Harry-Potter«-Mann, jetzt konnte er leider doch nicht zur Besichtigung kommen, weil er noch einen

Marathon mitlaufen will. Der sei eben sehr sportlich und sehr spontan. Das verstünden wir doch?

Na klar, das verstehen wir.

Der arme reiche Schauspieler aus Hollywood. Von dem hören wir ja alle gar nichts mehr.

Na klar, das verstehen wir, der hat bestimmt große Engagements, so ist es eben, Hollywood. So unberechenbar wie eine Krake mit zwölf Beinen.

Der arme »Harry-Potter«-Mann, jetzt könne er leider wieder nicht zur Besichtigung kommen, weil er sich doch verletzt habe, ein Motorradunfall. Er war doch schon in Berlin, er war doch schon auf dem Weg ins Loft. Er, der Makler, er habe ja schon vor der Tür gewartet und sich nur noch eine Cola geholt. Was für ein Pech wir hätten. Das sei wirklich so dumm.

Ja, stimmt, schade, da haben wir Pech, kein Problem.

»Ist natürlich nur ein bisschen dumm, weil wir jetzt die 200 Kilometer nach Berlin reingefahren sind von unserer Sommerresidenz, es geht uns ja nicht ums Geld, aber die Kinder, die wären so gerne ein bisschen geschwommen heute.«

Aber in drei Wochen, da sei er ja wieder da, der »Potter«-Mann, und nächste Woche, da komme noch jemand, der das Loft interessant finde.

Ja, klar, gar kein Problem. Da freuen wir uns aber, dass das Loft so interessant für so viele ist.

»Ich weiß nicht, ob Ihr Mann das erzählt hat, aber wir haben jetzt eine Kooperation mit denen, die auch die Wohnungen in den Trump Towers verkaufen. Die zahlen Millionen für eine Garage mit 2,50 Metern Deckenhöhe.«

Ja, natürlich, das machen sie.

Anne steht in der Küche, lehnt sich gegen den Spültresen, die Arme hängen an ihr, als gehörten sie nicht zu ihr. Die Tränen laufen lautlos über das Gesicht.

»Ich kann nicht mehr!«, sagt sie. »Ich will das nicht mehr.«

»Ich kann wieder, ich will noch«, sage ich, weil ich weiß, dass der Verlag, der unser Buch drucken will, nicht glücklich mit unserer Ausbeute ist. Dass, wenn wir jetzt nicht aufpassen, auch das nicht gut wird.

Ich fasse sie mit den Händen an den Schultern.

»Alles wird gut«, sage ich und versuche, sie zu beruhigen. »Nun komm schon, Anne. Der Makler ist doch gut!«

»Und dann kommt dieser Typ und erzählt einem so einen Scheiß«, fährt es aus ihr raus.

Ich sehe, wie sie zusammenbricht, und fühle mich schon wieder schwach, mir wird so grau im Kopf.

Ich weiß, dass mir jetzt wieder Haare ausfallen vor Stress, büschelweise, dass ich gleich wieder ins Bad gehe, um zu kontrollieren, wie viele es wirklich waren.

»Ich lasse mir eine Glatze schneiden«, sage ich zu Anne. »Wie das dann aussieht, ich habe gar kein Glatzengesicht.«

»Ach, Quatsch«, sagt sie und wischt sich die Tränen aus den Augen. »Da sind noch total viele Haare da.«

»Ich bin zu gutmütig, zu gutmütig«, jammere ich. »Wir müssen das anders machen. Größer. Ich will mir nicht mehr einreden, ich sei der netteste von den Betrügern«, sage ich.

Und Anne sagt: »Ich will nicht mehr.«

Epilog

Anne hat dem Makler gekündigt, per SMS. Und er hat irgendwas geantwortet wie: »Danke für die Info. Viel Erfolg mit der Alternative!«

Wir haben jetzt eine neue Maklerin, wahnsinnig kompetent und ultraseriös, und sind immer noch da bei Annes Onkel auf dem Hof.

Da, wo Brandenburg aufhört und Mecklenburg fast schon beginnt. Ganz im Norden, im Ostzipfel. Wo sie unsere Shirts nicht kennen und die Buberts uns nicht erreichen, wo wir im Dorf alle grüßen und niemand weiß, wer wir sind.

Wenn man nicht aufpasst, sagen die Leute hier, wo nichts ist, nur Felder, die morgens golden leuchten, dann sitzt der Pole mit drin beim Telefonieren in die Stadt. Wechselt automatisch das Netz.

Oft gibt es gar kein Netz.

Der Onkel hat gerade Himbeermarmelade gekocht mit Beeren aus dem Garten, neben unserem Frühstückstisch unterm Pflaumenbaum sumsen die Hummeln in den pinkfarbenen Blumen, stopfen ihre dicken Körper rein und wackeln in der Blüte.

Kopulierende Hummeln, die jetzt bald verschwinden.

Noch zwei Wochen, dann sind die Pflaumen reif, eben ist schon eine runtergefallen, direkt neben meinen Kopf, wie bei Sachs der Zapfen.

Wie ich es liebe, alles so unendlich liebe, diese Ruhe, wenn ich die Augen zumache und nichts höre, nur eine dicke

Hummel in der Blüte und singende Bäume, aus denen die Vögel schießen, wenn ich untendurch gehe. Die Stare.

Wie ich alles langsam wiederfinde, was ich früher einmal hatte: die Kraft, das Vertrauen, die ruhigen Momente.

Wie die Felder duften, so sauber und trocken, besser als jedes Parfum.

Wie die Felder jeden Tag ein wenig satter werden.

Gestern habe ich die ersten Erntemaschinen gesehen, breiter als die Straße. Viel größer als früher.

Wie ich jeden Tag ruhiger werde und meine Gedanken klarer.

Ich liebe die Sonne, die jeden Tag untergeht und alles rot färbt, den Moment, wenn alles eins ist, der Himmel mit dem Land.

Dass der Onkel eine Hecke hat wie die anderen großen Deutschen am Starnberger See, aber sie gar nicht bräuchte, weil niemand da ist.

Eine schöne, hohe dunkelgrüne Hecke, von der der Onkel schon gefragt hat, ob ich ihm beim Schneiden helfe.

Alles ist wie vor 50 Jahren, das Land hat Kinder gesehen und Erwachsene, keine Leuchtreklame.

Keine Revolution in Berlin, keinen Mauerfall. Keinen Glamour. Nur sich und die Hasen und die Rehe.

Jeden Tag sehen wir welche, große und kleine, Bambis.

Wenn wir zum See fahren, den wir für uns alleine haben.

Einen von dreien im Umkreis.

Nur ich bin dann im See und Anne. Wir schwimmen auf dem Rücken und gucken in den roten Himmel, wie er immer mehr an Farbe verliert.

Das ist auch Reichtum. Das Alleinesein, die Ruhe. Weg sein, raus.

Das Grün, das Gold.

Das Riechen und Schmecken.

Es ist jetzt wie Kindheit für mich, wie bei meinen Großeltern früher auf dem Bauernhof, wie bei Lux, dem Hund, der wirklich tanzen konnte.

Es ist schön.

Frei.

Es gibt eine Freiheit, die braucht nicht viel Geld.

Es ist die Freiheit, man selbst zu sein, die Freiheit, geduldig zu warten, bis alles sich fügt.

Wir werden noch ein wenig bleiben. Brandenburg ist wirklich überhaupt nicht fies.

Wahrhaftigkeit

Dieses Buch ist kein Roman, sondern echtes Erleben. Viele Erlebnisse waren anders, als wir uns das vorher vorgestellt haben, und manches wurde erst so komisch, als wir selber immer komischer wurden.

Die Menschen in diesem Buch sind ebenfalls echt, aber wie Menschen wirklich sind, ist immer auch davon abhängig, in welcher Situation man ihnen begegnet und mit welchem Blick man auf sie schaut.

Um sicherzugehen, dass sich mit diesem Buch wirklich alle wohlfühlen, tragen ein paar wenige Personen andere Namen als im wahren Leben:

Jack Morgan, der Guru, auch »Lächelnde Sonne« genannt
Leona, das Model
Adrian, Juris Schulfreund
Johann, der Gärtner von Gloria von Thurn und Taxis
Jean-Marie und Sienna, unsere Coaches
Verena, die Nachbarin aus dem 3. Stock
Hannes, unser Vermieter
Randy, der Poker-Millionär in Baden-Baden
Gudrun von der Zeitung
Kosta, der Fotograf aus dem 2. Stock
Margaux und Maurice vom Juwelier in Monte Carlo
Fortune, die Jacht vom Mann im Jachtclub am Starnberger See
Herrmann, der Erbe von Sylt

Herr Marrakowiak vom Arbeitsamt
Cornelis, Thore, Friedolin aus der Kindermodelkartei
Stella, die Chefin der Kindermodelagentur
Alexandra, die Fotografin der Kindermodelagentur

Danksagung

Die Autoren möchten an dieser Stelle gerne Dank sagen – danke allen, die uns auf unserem Weg zum Erfolg begleitet haben.

Danke:
Den Kindern, die beim Reichwerden kein bisschen arrogant wurden.

Allen Freunden und Verwandten, die auf uns gewartet haben.

***

Jan W., Florian O., Christophe I., Steffi H. für ihre tollen Kamera- und Fernsehbilder.

***

Dr. Angelika S. für ihren kühlen, klugen Kopf.
Marcel H. für sein Vertrauen.
Britta E. für den Champagner.
Ulrich W. für seine unendliche Geduld.
Dunja R. für ihre Sorgfalt.
Petra E. und Thomas H. für die Zeit, in der sie da waren.

***

Ein besonderer Dank geht an Marriott, Europcar und easyJet.

Danke dem Stuttgart Marriott Hotel Sindelfingen, dem München Marriott Hotel, dem Riviera Marriott Hotel La Porte de Monaco, dem Hamburg Marriott Hotel, dem Renaissance Hamburg Hotel, dem Mallorca Marriott Hotel Son Antem Golf Resort & Spa, dem London Marriott Hotel West India Quay, dem London Marriott Hotel Regents Park und dem Courtyard Regensburg Hotel.

Danke dem Personal von easyJet auf den Strecken Berlin–Nizza, Berlin–London, Berlin–Basel, Berlin–Palma.

Danke Europcar, unserer Autovermietung, die uns in Berlin, Hamburg, auf Sylt, in Nizza, Basel, Baden-Baden und zu Jans Oma begleitete.

***

Danke auch an alle anderen, die für uns da waren, obwohl sie es zwischendurch nicht immer leicht mit uns hatten.

PIPER

Tim Raue
Ich weiß, was Hunger ist

Mit Stefan Adrian. Von der Straßengang in die Sterneküche. 288 Seiten mit 14 Abbildungen auf Tafeln. Gebunden

Tim Raue wächst im Berliner Wrangelkiez auf und zieht mit seiner Gang, den legendären »36Boys«, durch die Straßen – immer auf der Suche nach der nächsten Schlägerei. Die Straße ist seine Familie, dort erfährt er Respekt und Anerkennung – Dinge, die ihm die eigenen Eltern verwehren. Einzig die Stunden bei den Großeltern, die Gerüche und Geschmäcker dort, die Geborgenheit, bewahren ihn vor dem endgültigen Absturz. Raue verlässt Kreuzberg, träumt von einer Kochkarriere – und lernt seine große Liebe Marie kennen. »Meine größte Gefahr ist mein Mundwerk«, bekennt er jedoch bis heute, denn trotz seines Aufstiegs zum Koch der Berliner Republik ist er ein Kämpfer geblieben, der mit Mut, Zorn und Verstand für seine Träume einsteht.

»Es empfiehlt sich, Raues Buch zu lesen, bevor man in seinem Lokal speist. Das beste Menü ist ohne das sinnliche Gefühl, wie elementar Essen ist, eben nur die Hälfte wert.«
Die Zeit

01/1972/01/R

PIPER

Juan Moreno

Teufelsköche

An den heißesten Herden der Welt. Mit 36 Farbfotos von Mirco Taliercio. 256 Seiten. Gebunden

Juan Moreno und Mirco Taliercio haben die wirklich Besessenen unter den Köchen aufgespürt: leidenschaftliche Genies wie den Italiener Gerry Addesso, der seine Karriere den Fischen und der Liebe einer Frau verdankt. Oder Sternekoch Vincent Klink, der seinen Besuchern die Freiluftdusche im Garten zeigt, unter die er selbst im Februar steigt. Es geht um den Leibkoch Idi Amins, der mit einem zarten Ziegenbraten die Sympathien des Diktators von Uganda gewann. Und um Wam Kat, der Tausende bekocht, die von Gorleben bis Heiligendamm für eine bessere Welt demonstrieren. Doch »Teufelsköche »erzählt nicht nur von der Liebe zum Essen und der Lust am Genuss, sondern auch von teuflischem Hunger und dem Kampf ums Überleben – wie in der Geschichte von Faith, die mitten auf der Mülldeponie von Nairobi ihr Restaurant eröffnet hat.

01/1973/01/R

Andreas Altmann

Das Scheißleben meines Vaters, das Scheißleben meiner Mutter und meine eigene Scheißjugend

256 Seiten. Gebunden

Eine Kindheit der Nachkriegszeit im idyllischen Wallfahrtsort Altötting. Doch die Geschichte, die Andreas Altmann erzählt, handelt weder von Gnade noch von Wundern, sondern von brutaler Gewalt und Schrecken ohne Ende. Schonungslos blickt Altmann zurück: auf einen Vater, der als psychisches Wrack aus dem Krieg kommt und den Sohn bis zur Bewusstlosigkeit prügelt, auf eine Mutter, die zu schwach ist, um den Sohn zu schützen, und auf ein Kind, das um sein Überleben kämpft. Erst als Jugendlichem gelingt Altmann die Flucht. Die schreckliche Erfahrung aber kann ihn nicht brechen. Sie wird vielmehr der Schlüssel für ein Leben jenseits des Opferstatus. Ein Leben, in dem er seine Bestimmung als Reporter findet: »Hätte ich eine liebliche Kindheit verbracht, ich hätte nie zu schreiben begonnen, nie die Welt umrundet ...«

01/1974/01/R

PIPER

Olli Dittrich

Das wirklich wahre Leben

Mit Anne Ameri-Siemens. 232 Seiten mit 91 Abbildungen. Gebunden

Olli Dittrich war schon vieles: »Dittsche«, Beckenbauer, mit Wigald Boning »die Doofen«, mit Anke Engelke in »Blind Date«. Ihm gelingt durch seine Vielseitigkeit das seltene Kunststück, gleichzeitig massentauglich und der Liebling des Feuilletons zu sein. Hier ist er Olli Dittrich: im Gespräch mit Anne Ameri-Siemens sucht er die Orte auf, die für sein Leben und seine Karriere von Bedeutung waren. Er spricht offen und sehr persönlich, aber auch mit scharfem Blick über das, was ihm wichtig ist: über die deutsche Gesellschaft und ihre Macken, über Fußball, über die Liebe, über seine Weggefährten … Unveröffentlichte Geschichten, Szenen und Lieder machen dieses Buch zu einem ebenso amüsanten wie erhellenden Blick in das wirklich wahre Leben.

01/1975/01/R